Gerti Samel

Das Geheimnis der glücklichen Persönlichkeit

Gerti Samel

Das Geheimnis der glücklichen Persönlichkeit

nach der tibetischen Typenlehre

nymphenburger

Die Ratschläge in diesem Buch wurden von Autor und Verlag sorgfältig geprüft, dennoch kann keine Garantie übernommen werden. Jegliche Haftung des Autors bzw. des Verlages und seiner Beauftragten für Gesundheitsschäden sowie Personen-, Sach- und Vermögensschäden ist ausgeschlossen.

MIX
Papier aus verantwortungsvollen Quellen
FSC
www.fsc.org
FSC® C014496

© 2014 nymphenburger in der
F. A. Herbig Verlagsbuchhandlung GmbH, München.
Alle Rechte vorbehalten.
Umschlaggestaltung: Wolfgang Heinzel
Umschlagillustration: Lauren Bishop/picture alliance
Vignetten: Mascha Greune, München
Satz: EDV-Fotosatz Huber/Verlagsservice G. Pfeifer, Germering
Gesetzt aus 10,7 pt/14 pt Sabon LT
Druck und Binden: GGP Media GmbH, Pößneck
Printed in Germany
ISBN 978-3-485-02806-6
Auch als **book**

www.nymphenburger-verlag.de

Inhalt

Das Geheimnis der sieben Persönlichkeiten
Die ganze Welt erscheint in neuem Licht

Diese Konstitutionslehre ist ein großes Geschenk der tibetischen Kultur an die westliche Welt.

Liebe Leserin und lieber Leser,

Als ich anfing, mich in die tibetische Harmonielehre zu vertiefen, ging eine seltsame Verwandlung in mir vor: Ich begann, die Menschen anders wahrzunehmen. Ihre Vorlieben und Eigenheiten, ihre Reaktionen und Spleens – alles erschien mir irgendwie verständlicher. Ich begriff, warum meine Schwester immer so gereizt ist, wenn sie nichts zu essen bekommt, warum viele Leute nach stundenlanger Computerarbeit nicht einschlafen können und warum Kritik an bestimmten Menschen abperlt wie Wasser von den Federn einer Ente. Erkenntnisse wie diese haben mir das Leben ungemein erleichtert. So weiß ich jetzt, dass sich bestimmte Menschen ihren Egoismus gar nicht abgewöhnen können – er ist ihnen angeboren. Oder dass es vergebliche Liebesmüh ist, sich mit manchen Typen verstehen zu wollen – die Energie wird niemals stimmen. Sogar mit mir selbst komme ich besser zurecht. Ich verzeihe mir meine Unpünktlichkeit und weiß jetzt, warum ich schwüle Hitze so viel besser vertrage als kalten Wind und warum das Leben auf dem Land mich glücklich macht.
Wie alle Menschen, deren Instinkte noch einigermaßen funktionieren, hatte ich das abgelehnt, was meinem Typ nicht entsprach – allerdings ohne zu wissen, warum. Doch jetzt war von kompetenter Seite bestätigt: Ich muss mich im Winter

nicht überwinden, kalte Salate zu essen. Das entspricht nicht meinem Typ. Auch rohes Obst ist für mich allenfalls im Sommer gesund, und selbst da nur in Maßen. Stattdessen darf ich weiterhin meine geliebten sämigen Suppen essen, am besten noch mit einem Schuss Sahne obendrauf, anschließend herrlich saftige Lammkoteletts und zum Schluss vielleicht eine Schokoladenmousse, weil Süßes die Nerven besänftigt. Solche Speisen harmonisieren meine Energien. Ich vertrage sie ausgezeichnet, während sie anderen Verdauungsbeschwerden bereiten. Wenn Sie das Buch aufmerksam durchlesen, könnten Sie unschwer erraten, welchem der sieben Typen ich angehöre, aber ich verrate es Ihnen auch gerne: Ich bin ein Mischtyp aus den Grundenergien Lung und Tripa. Von der dritten Grundenergie Bäken wurde mir nur wenig in die Wiege gelegt, aber dieses Defizit kann ich prima ausgleichen, wenn ich im Garten arbeite.

Dieses Buch ist eine Besonderheit. Es bereitet die überlieferten Erkenntnisse der tibetischen Heilkunde so auf, dass Sie Ihr gesamtes Leben danach ausrichten können. Mithilfe meines Lehrers für Tibetische Medizin, Dr. Namgyal Qusar, ist es mir gelungen, das 1300 Jahre alte Wissen aus den Medizinschriften vom Dach der Welt minuziös in unsere moderne Welt zu übertragen. Und nicht nur das: Wir haben etwas gewagt, was bisher noch keiner gewagt hat – nämlich neben den drei Grundpersönlichkeiten der tibetischen Konstitutionslehre auch die vier Mischtypen zu beschreiben, zu denen immerhin der größte Teil der Menschheit gehört.

Alles in allem also eine echte, wissenschaftlich fundierte Ost-West-Transaktion, die Ihr Leben hoffentlich genauso bereichert wie meines. Finden Sie, liebe Leserin und lieber Leser, nun also heraus, welcher der sieben Typen in Ihnen steckt. Sobald Sie sich in einem von ihnen wiedererkennen, wird es Ihnen ähnlich ergehen wie mir. Sie können Ihre angeborenen

Vorlieben und Abneigungen plötzlich einordnen und Ihre Schwächen akzeptieren. Auch mit den Menschen, mit denen Sie täglich zusammen sind, werden Sie besser zurechtkommen. Der Chef, der Partner, die Freundin, die Mutter, das eigene Kind – alle reagieren doch einfach nur typisch!

Das Begreifen der unterschiedlichen menschlichen »Bauarten« ist aber nur der erste Schritt. Danach gilt es, die Wege zur Harmonie zu beschreiten. Schritt für Schritt wird Ihnen gezeigt, worauf Sie achten sollen, in der Ernährung, im Verhalten, im Job, in der Freizeit und natürlich auch in der Liebesbeziehung. Welche Lebensmittel gleichen also Ihre Energien aus, mit welchen Menschen harmonieren Sie, welche bieten Ihnen Herausforderungen, um zu wachsen, und was gilt es überhaupt im Leben zu lernen, um sich zu einer runden, glücklichen Persönlichkeit zu entwickeln? Das ist das Gute an den sieben Typen: Sie helfen bei kleinen alltäglichen Entscheidungen ebenso wie bei den großen Fragen des Seins. Leben Sie also nach Ihrer eigenen Natur. Es ist das Beste, was Sie tun können.

In diesem Sinne – Tashi Delek!
Ihre Gerti Samel

Der Ursprung

Woher kommt die Typenlehre?

Die vorliegende Typenlehre ist Teil einer der größten Heilkulturen der Welt. Die Tibeter nennen sie »soba rigpa« – das Wissen vom Heilen.

Die tibetische Heilkunde: Ein Juwel des Buddhismus

Wollte man die Herkunft der tibetischen Gesundheitslehre in einem Satz beschreiben, wäre es vielleicht dieser: Sie basiert auf der altindisch-vedischen Medizin, ist angereichert mit Elementen der chinesischen Medizin und durchdrungen vom buddhistischen Weltbild.

Die Geschichte – hier in Kürze dargestellt – besagt, dass die Grundsteine der tibetischen Medizin vor etwa 1300 Jahren gelegt wurden, zeitgleich mit dem Einzug des Buddhismus in den Himalaja. Zwei buddhistische Prinzessinnen spielten dabei eine Rolle. Eine hieß Bhrikuti und stammte aus Nepal, die andere war Chinesin und trug den Namen Wen Cheng. Beide wurden Gemahlinnen des tibetischen Königs Songtsen Gampo (617 – 649), den sie alsbald zu ihrem Glauben bekehrten. Diese Prinzessinnen brachten aus ihrer Heimat Buddhastatuen und Medizintexte mit. König Songtsen Gampo, Gründer des tibetischen Großreichs, fand Gefallen an der fremden Heilkunde und ließ sie ins Tibetische übertragen. Doch er wollte auch wissen, wie in anderen Ländern Krankheit behandelt wird. So versammelte er viele namhafte Gelehrte aus Indien, China, Persien und Griechenland an seinem Hof, ließ ihre Heilerfahrungen zusammentragen und schriftlich niederlegen.

Auch die Könige nach Songtsen Gampo luden immer wieder Ärzte aus anderen Kulturen zu sich aufs Dach der Welt. Aus dem gesammelten Heilwissen des asiatischen und arabischen Raumes entwickelte sich im Laufe der Jahrhunderte etwas ganz Neues: ein hochkomplexes, streng logisches Medizinsystem, das mit der Lehre Buddhas verwoben wurde. Es wurde hauptsächlich in den Klöstern Tibets gelehrt, praktiziert und ständig verfeinert, in Ehrfurcht vor der Natur und den Menschen. Um zum Beispiel ihre Einsichten über die Heilkraft der Pflanzen und Mineralien zu vertiefen, verbanden sich hochstehende Lamas und Mönchsärzte immer wieder mit der geistigen Welt und visualisierten sich in den Medizin-Buddha. Die in meditativer Versenkung gewonnenen Erkenntnisse über die Natur der Heilmittel verglichen sie mit der praktischen Erfahrungsheilkunde. So entstand eine »Wissenschaft mit Seele«, die heute in der ganzen Welt Respekt genießt.

Glück, Gesundheit und Harmonie aus tibetischer Sicht

Die Idee, dass Glück und Zufriedenheit ein wichtiger Teil der Gesundheit sind, ist für die Tibeter schon ziemlich alt. Der Buddhismus hatte von Anfang an nur ein einziges Ziel – alle Menschen rundum gesund und glücklich zu sehen. Rundum gesund und glücklich, das ist weit mehr als nicht krank. Die Gesundheitslehre aus dem Himalaja will, dass die Menschen auch in ihrem Lebensumfeld zufrieden sind. Es soll in der Arbeit stimmen, mit den Nachbarn, dem Partner, den Kindern. Da, wo man wohnt, soll man Kraft tanken können.

Das Faszinierende an der buddhistischen Philosophie: Sie betrachtet alles im Zusammenhang, nichts ist voneinander getrennt, Innen und Außen sind im ständigen Austausch. So sehen die Tibeter den Menschen immer als Teil der gesamten Natur, der Erde, des Universums, das ja aus den gleichen fünf Elementen Luft und Raum, Feuer, Wasser und Erde besteht, die auch in uns wirken. Vom Gleichgewicht dieser Elemente hängen die Gesundheit des Menschen und die Gesundheit all dessen, was lebt und das Universum bildet, ab. Aus diesem Grund behandelt ein tibetischer Arzt kranke Organe niemals isoliert. Er kümmert sich um den ganzen Menschen, sein Denken, seinen Glauben, sein Lebensumfeld. Krankheit entsteht nach tibetischem Verständnis, wenn die Menschen nicht im Einklang mit den Gesetzen der Natur leben. Also fordert uns die Harmonielehre auf, zu dieser natürlichen Ordnung zurückzukehren. Sie will, dass wir Verantwortung für unser Denken und Tun übernehmen und unser Leben so gestalten, dass wir gesund bleiben und glücklich sind. Gesund und glücklich bedeutet: im Einklang mit unseren Energien.

Die Lehre von den drei Energien

Wie die meisten Naturmedizin-Systeme basiert auch die tibetische Heilkunde auf drei Prinzipien. Was für die Ayurveden die drei Doshas sind, das entspricht im Tibetischen den drei Energien. Auf Deutsch heißen sie Wind, Galle und Schleim – auf Tibetisch:

• Lung
• Tripa
• Bäken

Diese Energien sind überall in der Natur vorhanden. In den Pflanzen und Tieren, in der Luft und in der Erde – in allen

Wesen und Dingen, mit denen der Mensch in natürlicher Harmonie lebt. Auch der Mensch selbst ist von diesen Prinzipien geprägt. Sie sind die Grundbausteine der tibetischen Konstitutionslehre.

Lung, Tripa und Bäken im Körper

Lung ist die wichtigste und übergreifendste der drei Energien. Man bezeichnet sie als die beseelende Lebensenergie, sie steht für alles, was sich bewegt. Es ist das dynamische Prinzip und die Steuerzentrale für alle körperlichen und geistigen Aktivitäten. Lung koordiniert Atmung, Pulsschlag, die Durchblutung und die peristaltischen Bewegungen des Darms, die Klarheit der Sinnesorgane, aber auch das Bewusste und das Unbewusste – und zwar mithilfe des vegetativen Nervensystems. Alle psychosomatischen Vorgänge, bei denen Gefühle und seelische Zustände bestimmte körperliche Symptome auslösen, haben starken Lung-Charakter.

Lung gilt von Natur aus als kühl, hat aber durch seine Beweglichkeit die Gabe, die anderen Energien im Positiven und im Negativen zu verstärken. So wie Wind ein Feuer auflodern lässt, kann Lung die heiße Energie von Tripa zum Explodieren bringen. Oder die kalte Natur von Bäken noch kälter machen. Die Lung-Energie ist an vielen heißen und kalten Krankheiten beteiligt. Im harmonischen Zustand sorgt sie für Geistesklarheit, im negativen für Irritation. Die Tibeter sagen, Lung-Typen haben das Wesen der Geier, Raben und Füchse. Wie alle anderen Energien ist Lung zwar überall im Körper vorhanden, hat aber eine Art »Stammsitz« im Bereich unterhalb des Nabels.

Tripa symbolisiert das Feuerprinzip im Körper. Alles, was Hitze braucht, um zu funktionieren, wird dieser Energie zugeordnet. Die Verbrennungsvorgänge innerhalb des Stoffwechsels und die gesamte Verdauung – von der Aufnahme der

Nährstoffe über ihre Verarbeitung bis hin zur Ausscheidung. Tripa sorgt für Hunger und Durst und für die Aufrechterhaltung unserer Körpertemperatur. Es verleiht einem Menschen auch inneres Feuer – also Temperament, Mut sowie eine vitale Ausstrahlung und steht für Wille, Durchsetzungskraft und Intellekt. Im harmonischen Zustand sorgt Feuer für Wohlbefinden, der negative Aspekt ist Reizbarkeit. Die Tibeter sagen, Tripa-Typen besitzen das Wesen von Tiger und Affe. Seinen Körpersitz hat Tripa im Bereich des Oberbauchs, zwischen Nabel und Zwerchfell.

Bäken symbolisiert das Flüssige, aber auch Stabilität und Gewicht. Alle feuchten Elemente des Körpers sind bäken-abhängig, zum Beispiel die Körpersekrete, die Flüssigkeit in den Organen, die Elastizität der Gewebe und die Gleitfähigkeit der Gelenke, ebenso die Schleimhäute der Atemorgane und des Darms. Zur Energie Bäken gehören auch die Festigkeit und Stabilität von Körper und Geist: Ein gutes Gedächtnis, charakterliche Standhaftigkeit und der Wunsch nach Schlaf und Ruhe wären hier zu nennen. In Harmonie sorgt Bäken für körperlichen und geistigen Frieden. In disharmonischem Zustand entsteht der negative Bäken-Aspekt: Trägheit und Schwere. Die Tibeter ordnen dem Bäken-Typ das Wesen von Löwe und Stier zu. Der Sitz von Bäken wird im oberen Teil des Körpers lokalisiert, zwischen Brust und Kopf.

Die Lehre von den fünf Elementen

Die zweite Säule der tibetischen Medizin ist die Elementenlehre. Sie besagt, dass alles im Kosmos aus den gleichen elementaren Bausteinen besteht: der Mensch, seine Nahrungs- und Heilmittel, die Erde, das gesamte Universum. Der inzwischen verstorbene ehemalige Leibarzt des Dalai Lama, Dr. Tenzin

Chödrak, hat dieses Prinzip einmal sehr klar beschrieben:
»Die Lehre geht davon aus, dass sowohl die äußere Natur wie
auch der menschliche Organismus aus den gleichen Elementen geschaffen sind. Die äußeren Elemente führt man sich
durch Nahrung zu, und diese muss man so zu sich führen,
dass das Verhältnis der Elemente einander entspricht und dass
man genau das zu sich nimmt, was für die inneren Elemente
des Körpers nötig ist.«

Die fünf Elemente sind:
- Raum (Äther)
- Luft
- Feuer
- Wasser
- Erde

Ähnlich wie die drei Energien kann man auch die fünf Elemente als die physikalischen Bausteine des Lebens verstehen.
Aber es handelt sich dabei ebenso um dynamische Prinzipien.
Die Tibeter betrachten alles Werden und Vergehen aus dieser
Sicht. Die Dinge entstehen, indem ein Element aus dem andern hervorgeht. Erde formt die Materie, Wasser vermehrt sie,
Feuer lässt sie reifen, Luft bewegt sie und Raum erlaubt ihr,
sich auszudehnen. Dieses Prinzip gilt im Kosmos ebenso wie
im Menschen. Auch beim Sterbeprozess sind die Elemente mit
im Spiel. Sie lösen sich nacheinander in bestimmter Reihen-
folge auf.

Das Leben als Tanz der Elemente

Zur Lehre der Elemente gehört die Idee des Mikro- und Ma-
krokosmos, die sich in vielen alten Kulturen findet. »Wie oben,
so unten«, sagten schon die alten Griechen, als sie in den Himmel schauten und die Planeten studierten. Sie meinten damit,
dass alle Elemente sich im Großen und im Kleinen widerspie-

geln. In den Gestirnen des Weltalls ebenso wie in einem Sandkorn. Dass die Dinge trotzdem verschieden aussehen, liegt an der unterschiedlichen Zusammensetzung ihrer Elemente.

Heilung bedeutet ein Ausgleichen der Elemente

In der Tibetischen Medizin werden auch Krankheiten aus »elementarer Sicht« behandelt: Der Mensch bekommt Heilmittel verordnet, in denen die ihm fehlenden Elemente enthalten sind – oder er bekommt eine Substanz, deren Elemente seine eigene Elementar-Disharmonie ausbalancieren.

Aus welchen Elementen sich eine Pflanze, ein Mineral oder ein Nahrungsmittel zusammensetzt, erkennt der tibetische Heilkundige übrigens am Geschmack.

Die Lehre von den sechs Geschmäcken

Bei den Geschmacksrichtungen unterscheidet man:
* süß
* sauer
* scharf
* salzig
* bitter
* herb (zusammenziehend)

Die Heilwirkung der einzelnen Geschmäcke

Jeder Geschmack hat eine heilsame Wirkung – auf den Körper und auf die Emotionen. Nimmt man zu viel Nahrung einer Geschmacksrichtung zu sich, verkehrt sich die Wirkung oft ins Gegenteil.

Süß

Körperlich: Wirkt regenerierend und stärkend, fördert die Entwicklung, lässt Haare besser wachsen, ist heilsam bei Hei-

serkeit und bei Lungenkrankheiten, kuriert Störungen der
Lung- und der Tripa-Energie.
Emotional: Macht zufrieden und satt, verstärkt Trägheit und
(Selbst-)Zufriedenheit des Bäken-Typs, kühlt Zorn und Ärger
von Tripa und beruhigt die Angst von Lung.
Zu viel Süßes bewirkt, dass die Bäken-Energie steigt, Fettge-
webe produziert und die Verdauung gestört wird.

Sauer
Körperlich: Lässt die Hitze steigen, fördert Appetit und Ver-
dauung, belebt den Organismus und klärt die Sinne, kann
Lung- und Bäken-Störungen heilen.
Emotional: Steigert das Bedürfnis, etwas zu besitzen, kann
neidisch und eifersüchtig machen, reduziert die Besorgnis von
Lung, fördert Aggression.
Zu viel Saures verursacht Ödeme, macht durstig, provoziert
Hautjucken und lässt die Tripa-Energie anwachsen.

Salzig
Körperlich: Erhöht die Widerstandskraft, fördert Appetit und
Verdauungshitze, nährt die Nerven, heilt Störungen der Lung-
und Bäken-Energie.
Emotional: Fördert die Lebensfreude, steigert den Lebens-
hunger und das Verlangen nach Sinnesgenüssen, kann Hedo-
nismus erzeugen, mindert die Minderwertigkeitsgefühle von
Lung, verstärkt Ärger und Zorn von Tripa.
Zu viel Salziges schwächt den Körper, macht durstig und erzeugt Falten, provoziert das Anschwellen des Gewebes (Ödeme) und Tripa-Krankheiten.

Bitter
Körperlich: Lindert zu viel Durst, wirkt austrocknend, aktiviert die Verdauung, fördert den Appetit und heilt Vergiftun-
gen sowie Störungen der Tripa-Energie.

Emotional: Macht geistig wach, erzeugt Unzufriedenheit mit sich oder der Lebenssituation und weckt dadurch den Wunsch nach Veränderung. Eine bittere Pille zu schlucken befreit von falschen Hoffnungen und Täuschungen und zwingt, sich mit der Wahrheit zu konfrontieren. Die bittere Geschmacksrichtung reduziert die Selbstzufriedenheit von Bäken und die heiße Wut von Tripa. Zu viel davon lässt die Lung-Energie steigen. Zu viel Bitteres zehrt den Körper aus und vermehrt die Lung- und Bäken-Energie.

Scharf
Körperlich: Regt den Appetit an und unterstützt die Verdauung, führt ab und reinigt den Darm, trocknet aus und wirkt damit gegen Schwellungen (Ödeme), heilt Krankheiten im Rachenraum, »putzt« Arterien und Venen und wirkt heilsam bei Lung- und Bäken-Krankheiten.

Emotional: Verstärkt die Orientierung nach außen (Extraversion) sowie das Verlangen nach Aufregung, Anregung und Intensität. Zu viel Scharfes erzeugt Irritation, Ungeduld und Ärger, macht aggressiv und gierig.

Zu viel Scharfes schwächt Körperkraft und Fruchtbarkeit, erzeugt Missempfindungen wie Schmerzen, Frösteln, kann vorhandene Hautreizungen und Verbrennungen (z.B. bei Sonnenbrand) verstärken, trocknet Haut und Schleimhäute aus.

Herb (zusammenziehend)
Körperlich: Verlangsamt alle Körperfunktionen, z.b. auch die Verdauungstätigkeit, und hilft gegen Durchfall, wirkt austrocknend, verbessert die Ausstrahlung und heilt Tripa-Krankheiten.

Emotional: Erzeugt Introversion und das Bedürfnis nach Rückzug.

Zu viel Herbes fördert die Schleimbildung in den Bronchien, erzeugt Blähungen, trocknet den Körper aus, kann Herzkrankheiten fördern, Arterien und Venen verengen. Eine Überdosierung erzeugt auch Angst und Unsicherheit, lässt den Menschen innerlich »zusammenschrumpfen«.

Welcher Geschmack in welchem Lebensmittel?

Diese Liste bietet einen groben Überblick über die Zuordnung der Geschmäcke zu den Lebensmitteln. Da einige Nahrungsmittel zwei oder mehr Geschmacksrichtungen in sich vereinen, tauchen sie auch in mehreren Kategorien auf.

Als sauer gelten:
- Produkte aus tierischem Eiweiß: Buttermilch, Hartkäse, Joghurt, Kefir, Molke, Stutenmilch
- Hülsenfrüchte: schwarze Linsen
- Früchte: grüne, unreife Früchte sowie Ananas, Äpfel, Bananen, Brombeeren, Erdbeeren, Granatapfel, Grapefruit, Himbeeren, Johannisbeeren, Kirschen, Mangos, Nektarinen, Pflaumen, Rhabarber, Sanddorn, Trauben, Zitrusfrüchte
- Gemüse: alle in Essig eingelegten Gemüse wie z.B. Gurken, Kapern, Mixed Pickles, Sauerkraut
- Gewürze: Essig

Als salzig gelten:
- Meersalz, Natron, Salpeter, Soda, Steinsalz
- alle mit Salz versetzten Lebensmittel wie Pommes frites
- Stutenmilch

Als scharf gelten:
- Öle und Fette: Senföl
- Produkte aus tierischem Eiweiß: Hartkäse
- Früchte: Sanddorn

- Gemüse: Kresse, Lauch, Rettich, Zwiebeln
- Gewürze: Cayennepfeffer, Fenchel, Frühlingszwiebeln, Kalmuswurzel, Kardamom, Knoblauch, Knollenkümmel, Koriander, Kreuzkümmel, schwarzer Kumin, Kurkuma, Meerrettich, Muskatnuss, Nelken, Peperoni, langer Pfeffer, schwarzer und weißer Pfeffer, Senf, Thymian, Zimt
- Nüsse und Samen, Senfsamen

Als süß gelten:
- alle Substanzen, die Zucker oder Stärke enthalten
- alle schwammigen, angenehm schmeckenden Lebensmittel wie Kuchen oder Pudding
- alle Getreidesorten
- alle Arten von Fleisch, inklusive Wild und Fisch
- Öle und Fette: Butter, Butterschmalz, Ghee, Sesamöl
- Produkte aus tierischem Eiweiß: Eier, Käse, Kondensmilch, Kuhmilch, Ziegenmilch
- Hülsenfrüchte: Bohnen, Erbsen, Kichererbsen, Linsen (außer schwarzen), Sojabohnen
- Früchte: getrocknete Früchte sowie Ananas, Äpfel, Aprikosen, Bananen, Birnen, Brombeeren, Datteln, Erdbeeren, Feigen, Grapefruit, Himbeeren, Kirschen, Kokosnuss, Mangos, Melonen, Nektarinen, Pfirsiche, Pflaumen, Trauben
- Gemüse: Artischocken, Auberginen, Blumenkohl, Fenchel, Karotten, Kartoffeln, Kürbis, Löwenzahn, Pilze, Spargel, Süßkartoffeln, Tomate
- Gewürze: Honig, Ingwer, Knoblauch, Koriander, schwarzer und weißer Kreuzkümmel (Kumin), Kurkuma, Melasse, langer Pfeffer, Safran, Schwarzkümmel, Süßholz, Wacholder, Zimt, Zuckerrohr
- Nüsse und Samen: Erdnuss, Leinsamen, Mandeln, Sesam, Walnuss

Als bitter gelten:
- Öle und Fette: Sesamöl
- Früchte: Grapefruit, Rhabarber, Stachelbeere
- Gemüse: Aloe, Artischocken, Auberginen, Bittergurke, Blumenkohl, Bockshornklee, Brokkoli, Chicorée, Endivien, Fenchel, Karotten (leicht bitter), Knollenkümmel, Kohl, Löwenzahn, Rosenkohl, Schafgarbe, Spargel, Spinat, Teufelskralle
- Gewürze: Kardamom, Knoblauch, Kurkuma, Meerrettich, Minze, Muskatnuss, Wacholder
- Nüsse und Samen: Kolanuss, Leinsamen, Sesam (leicht bitter)

Als herb (zusammenziehend) gelten:
- Produkte aus tierischem Eiweiß: Molke
- Hülsenfrüchte: Erbsen, Linsen
- Früchte: unreife Früchte wie Äpfel, Aprikosen, Bananen, Birnen, Granatapfel, Grapefruit, Mangos, Pflaumen, Rhabarber
- Gemüse: Artischocken, Eicheln, Esskastanien, Karotten, Pilze, Spargel
- Gewürze: Ingwer, Koriander, Zaubernuss (Hamamelis virginiana), Zimt
- Nüsse und Samen: unreife Walnüsse

Wie ein tibetischer Arzt eine Störung behandelt

Eine Pulsdiagnose (siehe Seite 26) klärt zunächst die Störung der Energien ab. Die Frage ist nun, welche Elemente sich dadurch im Ungleichgewicht befinden. Die Antwort ergibt sich aus der folgenden Zuordnung:

Energien	Elemente	Eigenschaften
Lung	Luft und Raum	kühl
Tripa	Feuer	heiß
Bäken	Wasser und Erde	kalt

Bei einem Bäken-Überschuss sind zum Beispiel die Elemente Wasser und Erde im Übermaß vorhanden. Wasser und Erde werden der Geschmacksrichtung süß zugeordnet. Pflanzen oder Nahrungsmittel, die süß schmecken, würden damit die Krankheit verschlimmern. Es gilt nun, einen Geschmack mit entgegengesetzter Wirkung herauszufinden: Die heilsame Geschmacksrichtung setzt sich aus den beiden fehlenden Elementen Feuer (Tripa) und Luft (Lung) zusammen, ist also scharf (s. untenstehende Tabelle).

Wie die Geschmacksrichtungen die Energien vermehren und vermindern

	verstärkt sich durch	wird abgeschwächt durch
Lung	bitter	sauer
	scharf	süß
	herb	salzig
Tripa	sauer	bitter
	scharf	herb
	salzig	süß
Bäken	salzig	scharf
	süß	bitter
	sauer	herb

Die Diagnosemethoden der tibetischen Heilkunde

Auch wenn die alten Medizinschriften achtunddreißig Arten der Krankheitsbestimmung beschreiben – in der heutigen Praxis gibt es nicht mehr als drei: die Pulsdiagnose, die Urindiagnose und die sogenannte Begutachtung der Person, die einen kurzen Blick auf die Zunge mit einschließt. Die Kompetenz eines tibetischen Arztes zeigt sich vor allem bei der Pulsdiagnose. Sie gilt als eine der großen Disziplinen ärztlicher Kunst. Nur wenn nach dem Fühlen der Pulse noch Unklarheiten bestehen, wird – neben dem Blick auf die Zunge – auch eine Urinprobe erforderlich. Sie ist eigentlich nur eine Zusatzmethode zur Abklärung etwaiger Zweifel.

Die Pulsdiagnose
Das Pulstasten haben die Tibeter wahrscheinlich von den Chinesen übernommen und auf ihre Art verändert. 43 verschiedene Pulsarten beschreibt die Lehre, doch nur wenige Ärzte sind in der Lage, sie alle zu erspüren. Diese hoch entwickelte Methode erfordert nicht nur ein hohes Maß an Fingerspitzengefühl, sondern auch viel Erfahrung und Intuition. Wer das Glück hat, an einen Meister der Pulsdiagnose zu geraten, erhält durch ihn einen umfassenden Überblick über seinen augenblicklichen Zustand: über akute und chronische Krankheiten, über sich anbahnende Leiden, auch über emotionale Störungen und über Probleme auf spiritueller Ebene. Sogar karmische Themen, die man aus seinem früheren Leben mitgebracht hat, und den Einfluss von Geistern oder anderen Kräften kann so ein Künstler des Pulses ausmachen. Aber das ist eine Ausnahme. Die meisten tibetischen Ärzte können zwölf oder mehr verschiedene Pulse unterscheiden. Das reicht, um handfeste Aussagen über den Zustand der Organe und Energien im Körper zu machen.
Befühlt wird der Puls an der Radialarterie am Handgelenk, und zwar mit Zeige-, Mittel- und Ringfinger. Der Zeigefinger

drückt nur das Hautgewebe, der Mittelfinger die Muskeln, und der Ringfinger tastet bis zum Knochen. Jeder Finger fühlt zwei Organe, deren Zustand mit den beiden Abschnitten der Fingerkuppen »gelesen« wird. Mit dem Zustand der Organe erkennt der Arzt, welche der Energien gestört sind, ob es sich also um eine Lung-, Tripa- oder Bäken-Krankheit handelt.

Für Gesunde: der Konstitutionspuls
Auch für gesunde Menschen ist es interessant, sich von einem tibetischen Arzt den Puls fühlen zu lassen. Ein spezieller Konstitutionspuls gibt nämlich Auskunft, wie die drei Energien im Körper verteilt sind. Wie viel Lung, Tripa oder Bäken Ihre Persönlichkeit bestimmen, kann ein tibetischer Arzt Ihnen also sehr zuverlässig sagen.

Die Prinzipien der Behandlung
Die Tibeter sind davon überzeugt, dass jede Störung, jede Krankheit und überhaupt jedes Leid auf der Welt bei den Gedanken beginnt. Negative Gedanken erzeugen negative Emotionen, denen falsches Verhalten folgt. Dieses falsche Verhalten mache krank. Deshalb setzt jede Behandlung bei der Lebenseinstellung des Patienten an.

Wichtigste Heilmethode: richtiges Denken
Ein tibetischer Arzt vergegenwärtigt sich immer zuerst die geistig-emotionale Situation seines Patienten. Er wird versuchen, dem Kranken die Folgen seiner negativen Weltanschauung vor Augen zu führen. Buddhistische Patienten werden zum Beispiel aufgefordert, ein spirituelles Leben zu führen, oder bekommen religiöse Übungen verordnet. Doch der Buddhismus ist kein dogmatisches System und weit davon entfernt, andere bekehren zu wollen. Ihren westlichen Patienten vermitteln tibetische Ärzte deshalb eine »Übersetzung« der buddhistischen Botschaft. Sie ermuntern sie zu einer posi-

tiven Lebenshaltung und erinnern an »heilsame« menschliche Qualitäten wie Liebe, Glauben, Mitgefühl, Geduld und Bescheidenheit. Auch der Arzt selbst ist übrigens ethisch zu diesen Eigenschaften verpflichtet. Liebe und Mitgefühl gegenüber dem Patienten gelten als wichtiger Heilfaktor.

Behandlung durch Ernährung und Verhaltensänderung
Parallel zur weltanschaulichen Beratung rät der Arzt bei leichteren Disharmonien zunächst zu spezieller Nahrung, um die gestörten Energien auszugleichen. Die Ernährungstipps beziehen sich auf den Konstitutionstyp. Zusätzlich bekommt der Patient Verhaltensratschläge mit auf den Weg. Meistens geht es dabei um Dinge, die er unterlassen soll: Bei Bäken-Störungen wird man ihm zum Beispiel vom Schlaf während des Tages oder vom Baden in kaltem Wasser abraten.

Tibetische Kräuterpillen
Erst wenn diese Maßnahmen nichts ausrichten können, kommen die pflanzlichen Heilmittel zum Einsatz, die im Übrigen durchweg rezeptpflichtig sind. Auch wenn die runden braunen Pillen der Tibeter in der westlichen Welt einen teilweise legendären Ruf haben, ist ihre Einfuhr in vielen Ländern reglementiert. In Deutschland ist die Einfuhr tibetischer Pillen aus arzneimittelrechtlichen Gründen nicht erlaubt.
Das ist einer der Gründe, warum viele Menschen nach Indien reisen, wo es die meisten Zentren für Tibetische Medizin gibt. Patienten aus dem westlichen Kulturkreis bekommen tibetische Pillen allerdings nicht gegen akute Infektionskrankheiten verschrieben, sondern nur bei chronischen Beschwerden – von Magenproblemen über Verdauungsbeschwerden bis hin zu Gallensteinen, Leberschwäche, Asthma, Diabetes, Bluthochdruck und Arthrosen, um nur ein paar Beispiele zu nennen. Viele Menschen nehmen tibetische Heilmittel aber auch unterstützend zu einer schulmedizinischen Behandlung. West-

liche Schulmedizin und tibetische Naturheilkunde ergänzen sich also gegenseitig und sind kein Widerspruch.

Die Krönung der tibetischen Pflanzenheilmittel sind die »magischen« Juwelenpillen. Sie enthalten pulverisierte Edel- und Halbedelsteine, teilweise sogar Gold. Bis zu hundert Einzelsubstanzen stecken in einer dieser kostbaren Kugeln. Ihre Rezeptur wird seit Jahrhunderten nur mündlich an auserwählte Schüler weitergegeben. Laut Überlieferung dürfen Juwelenpillen weder bei der Herstellung noch bei der Einnahme das Tageslicht sehen, auch ist ihre Produktion nur an astrologisch genau berechneten Tagen möglich. Kein Wunder, dass ihnen ganz besondere Heilkräfte nachgesagt werden: gegen schwere Krankheiten, gegen Umweltvergiftungen und sogar zur Verjüngung.

Das Zentrum der tibetischen Medizin

Die meisten tibetischen Pillen stammen heute aus dem Tibetan Medical & Astrological Institute (TMAI), tibetisch »Men-Tsee-Khang«. Das im nordindischen Dharamsala gelegene tibetische Medizininstitut ist das offizielle Zentrum Tibetischer Medizin außerhalb Tibets. Es wurde 1961 vom Dalai Lama gegründet. Zwei Jahre nach seiner Flucht aus Tibet gab Seine Heiligkeit der tibetischen Heilkunde damit einen neuen Sitz im westlichen Exil. Sein erklärtes Ziel war es, die traditionelle Heilkultur seines Volkes zu erhalten und dem Westen zugänglich zu machen.

Patienten aus aller Welt pilgern heute nach Dharamsala. Man verspricht Schwerkranken keine Heilung, wohl aber eine Besserung ihres Lebensgefühls und unter Umständen auch Lebensverlängerung. Vielen Kranken ist aber allein schon der Trost und Zuspruch der Ärzte eine wertvolle Hilfe.

Neben der Pillenmanufaktur, einer Apotheke und einem Forschungsinstitut beherbergt das tibetische Medizininstitut eine ambulante Behandlungspraxis und die Universität für Tibeti-

sche Medizin. Ein Medizinstudium im Men-Tsee-Khang dauert
sieben Jahre. Die dort ausgebildeten Ärzte sind im westlichen
Ausland hochbegehrte Spezialisten für ganzheitliche, Körper
und Geist umfassende Gesundheit.

Wie kommt man an einen tibetischen Arzt?

Es ist auch in Deutschland inzwischen relativ einfach geworden, einen Arzt für Tibetische Medizin zu konsultieren. Im
Anhang finden Sie eine Liste von Fördervereinen und Institu-
ten, die regelmäßig tibetische Ärzte zu sich einladen. Für einen
Termin lässt man sich auf eine Warteliste setzen und kann
innerhalb weniger Wochen mit einem Termin in Wohnortnä-
he rechnen. Eine Sitzung umfasst eine Pulsdiagnose mit an-
schließender Gesundheits- und Ernährungsberatung. Die in
Deutschland arbeitenden tibetischen Ärzte sprechen meistens
sehr gut Englisch, auf Wunsch steht aber immer ein Dolmet-
scher zur Verfügung.

Die tibetische Harmonielehre

Die Konstitution für statt gegen sich arbeiten lassen – das ist das Geheimnis innerer Harmonie.

Drei Energien bestimmen unser Leben

»Sage mir, welche Energien in dir wirken, und ich sage dir, was dich glücklich macht.« So einfach funktioniert die tibetische Typenlehre. Wie wir aussehen, was wir denken und fühlen, wie wir instinktiv reagieren, was wir gerne essen – alles hängt davon ab, wie die drei Kräfte in uns verteilt sind. Idealerweise sind sie alle gleich stark und somit in Harmonie. Aber das ist nur sehr selten der Fall. Die große Mehrheit aller Menschen, gut 90 Prozent, kommt mit einem energetischen Ungleichgewicht zur Welt. Manchmal dominiert eine Energie über die anderen beiden, manchmal gibt es zwei starke Energien und eine schwache. In dem Moment, wenn wir das Licht der Welt erblicken, steht die Gewichtung der Energien bereits fest. Ähnlich wie wir unsere Gene nicht verändern können, ist auch die Verteilung unserer drei Energien absolut unveränderbar. Sie ist quasi unser Schicksal. Viele Menschen hoffen, mithilfe der tibetischen Medizin ihre Konstitution ändern zu können. Das ist leider nicht möglich. Aber wir können sehr viel für unser Lebensglück tun, indem wir die ungleich verteilten Energien ausgleichen. Darum geht es in diesem Buch.

Harmonie beginnt mit Disharmonie

Die Typenlehre fordert uns auf, uns mit der Idee der angeborenen Disharmonie auseinanderzusetzen. Zuerst sollen wir verstehen, was uns krank und unglücklich macht. Daraus sollen wir folgern, was uns fehlt, um dann im dritten Schritt die richtigen Wege zu Glück und Gesundheit zu beschreiten. Die Tibeter glauben, dass die unharmonische Verteilung der Energien die Wurzel aller Probleme ist, mit denen wir im Leben konfrontiert werden. Schwere Leiden, leichte Alltagsbeschwerden, Wut, Ärger, Frust und Depression, die Unfähigkeit, Realitäten klar zu sehen, falsche Entscheidungen, Pech im Job, Streit mit dem Nachbarn, das Scheitern von Beziehungen – kurzum: Alles, was uns krank, unzufrieden und unglücklich macht, wurde uns in die Wiege gelegt. Drei ungleich verteilte Energien sind unser Start ins Leben. Sie bestimmen unsere Konstitution.

Die Geistesgifte sind an allem schuld

So besehen versteht man, warum die drei Energien im Tibetischen »nyepa«, also Fehler heißen: Jeder Mensch trägt durch seine Disharmonie von Anfang an die Anlage zu Krankheit in sich. Die latent vorhandene Störung wartet quasi nur darauf, durch äußere Faktoren aktiviert zu werden, wie zum Beispiel durch negative Emotionen, schlechte Nahrung, falschen Lebensstil und vieles andere.

Buddha prägte die Idee der drei Geistesgifte, die er als Ursache allen Leids bezeichnete. Sie haben eine Entsprechung in den drei Energien:

- Lung steht für das Geistesgift des Wünschens, der Anhaftung (Sucht) und der Begierde. Es fördert Krankheiten der Lung-Energie.
- Tripa steht für das Geistesgift Zorn, Neid und Hass, das Tripa-Ungleichgewichte begünstigt.

- Bäken steht für das Geistesgift einer gleichgültigen, abgestumpften, engstirnigen Einstellung gegenüber der Wirklichkeit. Es fördert Störungen der Bäken-Energie.

Die Typenlehre als Weg zur Harmonie

Hier setzt nun die tibetische Typenlehre an. Sie will uns davor bewahren, dass Leid und Krankheit über uns hereinbrechen. Ihre Grundaussage lautet: »Erkenne deine Natur und lebe nach ihr. Damit setzt du alle Faktoren, die dich beeinträchtigen oder krank machen, außer Kraft. Du beschreitest den Weg der Harmonie.«

Basis der tibetischen Typologie ist die Einteilung aller Menschen in die drei Energien.

- Wer sehr stark von einer Energie beherrscht wird, gehört zu einem der drei Grundtypen: Lung, Tripa oder Bäken.
- Sind zwei Energien stärker und eine schwächer, zählt man ihn zu den drei Mischtypen: Lung-Tripa, Tripa-Bäken und Lung-Bäken.
- Ein Gleichgewicht aller drei Energien bedeutet: Der harmonische Typ liegt vor, also Lung-Tripa-Bäken.

Der Schlüssel für Gesundheit, Glück und Wohlbefinden

Über die drei Energien zeigt uns die tibetische Konstitutionslehre, nach welchem Grundmuster wir gestrickt sind. Dieses Grundmuster zu kennen ist ein großes Geschenk. Denn damit können wir etwas wirklich Gutes für uns tun, nämlich unser Leben unserer Veranlagung gemäß gestalten.

Aber Vorsicht, hier gibt es einiges zu unterscheiden! Die große Kunst liegt darin, unserem Naturell in Maßen zu entsprechen und ihm teilweise entgegenzuwirken. Wann ist was vonnöten? Ein Beispiel: Wenn es uns gut geht und wir mit uns im Reinen sind, können wir im Grunde tun, worauf wir Lust haben, das essen, wonach es uns verlangt. Damit entsprechen wir unserem Naturell. Sinnvoll ist das aber nur in Maßen, wie gesagt. Sobald wir übertreiben, verstärken sich unsere dominanten Grundenergien. Das Ungleichgewicht nimmt zu, Störungen bahnen sich an. Mit der Zeit tauchen die ersten Beschwerden auf. Wir bekommen Kopfweh, schlechte Laune, fühlen uns unwohl, schlafen schlecht und so weiter. Symptome sind ein wichtiges Indiz in der tibetischen Heilkunde. Sie zeigen auf, welche Energien zu stark geworden sind.

Dann ist es also an der Zeit für entsprechende Gegenmaßnahmen. Detailliert wird uns gezeigt, was in allen Lebensbereichen zu tun ist: Durch bestimmte Nahrung, gezieltes Verhalten, durch Therapien und Übungen gilt es, die überaktiven Energien auf ihr normales Maß herunterzufahren.

Wie die Energien überkochen

Die Tibeter vergleichen die drei Prinzipien mit drei milchgefüllten Töpfen. Jeder Topf hat seinen angestammten Platz im Körper. Solange es uns gut geht, köchelt die Milch auf ihrem »Herd« gleichmäßig vor sich hin. Doch wenn wir uns längere Zeit falsch ernähren und verhalten, geraten die dominierenden Energien in Wallung. Dann kocht die Milch über und ergießt sich in Körperbereiche, in die sie nicht gehört. Die Störung nimmt ihren Lauf.

Für die Tibeter ist Krankheit eine Störung der drei Energien. Alle Heilmaßnahmen zielen letztlich darauf ab, uns energetisch wieder auszubalancieren.

Die beste Gesundheitsvorsorge: ein typgemäßes Leben

Eigentlich ist die Typenlehre eine Gesundheitslehre. Sie ist darauf ausgerichtet, dass wir gar nicht erst krank werden. Wer sich an ihre Regeln hält, wird sehr bald spüren, was es heißt, im Einklang mit den Energien zu leben: Leichtere Beschwerden verschwinden, die Gesundheit wird stabiler, die Nerven halten mehr aus, und man fühlt sich gut geerdet – einfach rundum wohler. Auch mit unseren negativen Gefühlszuständen kommen wir besser zurecht. Sobald wir akzeptiert haben, dass sie ein Teil von uns sind – unsere konstitutionelle Schwachstelle eben –, beginnen wir ganz automatisch, an ihnen zu arbeiten. Auch die Menschen um uns herum betrachten wir in neuem Licht. Wir verstehen, warum sich der Partner, der Kollege, die Kinder, Eltern oder Freunde so und so verhalten: Sie sind eben so »gebaut« und können gar nichts dafür. Das macht uns toleranter und nachsichtiger. Unser Typ bestimmt unsere erste Reaktion auf eine unvorhersehbare Situation. Er formt unsere Instinkte, prägt unseren Charakter, unsere Ausstrahlung. Unserer Konstitution können wir nicht entfliehen. Aber wir haben die Wahl: Wir können gegen sie leben – oder mit ihr. Wer ein Leben im Einklang mit seinen drei Energieausprägungen führt, hat sein Lebensglück in der Hand.

Welcher Typ sind Sie?

100 Fragen schaffen Klarheit

Die folgende Checkliste hilft Ihnen, Ihren Konstitutionstyp zu ermitteln. Kreuzen Sie zu jedem Merkmal immer nur eine der drei Möglichkeiten an. Wenn Sie sich nicht ganz sicher sind oder keine der Wahlmöglichkeiten auf Sie zutrifft, entscheiden Sie sich für die Antwort, die Ihnen am ehesten entspricht. Für die Auswertung ist es wichtig, dass Sie alle 100 Check-Punkte beantworten. Nehmen Sie sich also bitte ausgiebig Zeit dafür.

Bitte nicht mogeln
In Ihrem eigenen Interesse sollten Sie beim Ausfüllen ehrlich sein. Auch wenn Sie die abgefragten Eigenschaften eigentlich nicht mögen, antworten Sie bitte trotzdem wahrheitsgemäß. Es gibt keine besseren oder schlechteren Konstitutionstypen – nur richtige oder falsche Ergebnisse. Tauchen bei der einen oder anderen Frage Zweifel auf, bedenken Sie: Bei diesem Test werden Charakteristika und Vorlieben abgefragt, die Ihnen angeboren sind. Es handelt sich um Merkmale, die Ihrem ursprünglichen Naturell entsprechen, und zwar im gesunden Zustand. Lebenskrisen, Krankheiten und emotionale Störungen können unser Verhalten und unser Aussehen verändern oder Symptome auftreten lassen, die atypisch sind. Lassen Sie beim Test diese Veränderungen bitte außer Acht. Kreuzen Sie nur die Merkmale an, die vor der möglichen Störung typisch für Sie waren.

Zu Ihrer Sicherheit: ein Gegencheck

Für eine bessere Treffsicherheit empfiehlt es sich, den Test von einer nahestehenden Person gegenchecken zu lassen. Über Abweichungen können Sie gerne diskutieren. Bedenken Sie immer: Es geht darum, wie Sie als gesunder Mensch von Natur aus gemeint sind.

Die Checkliste

	Merkmale	Lung	Tripa	Bäken
1.	Körpergröße	sehr groß oder sehr klein	durchschnittlich	groß oder klein
2.	Körperbau	feingliedrig	durchschnittlich	grobgliedrig
3.	Neigung zu	Untergewicht	Normalgewicht	Neigung zu Korpulenz
4.	Kopfform	schmal	oval, kantig	rund
5.	Schultern	schmal, knochig	mittel, eckig	breit, eher rund
6.	Brust	flach, kl. Busen	gut entwickelt	voll entwickelt, üppig
7.	Hüfte	schmal	mittel	breit
8.	Haut	rau, dünn, kühl	schimmernd, warm	weich, glatt, kalt
9.	Hautton	dunkler als andere Familienmitglieder	rötlich, gelblich, bronzefarben	weiß, blass
10.	Schweiß	wenig, fast geruchlos	viel, stark riechend	normal, angenehm riechend
11.	Kopfhaut	trocken, schuppig	keine Schuppen	ölige Schuppen
12.	Kopfhaar	trocken	schnell fettend	ölig
13.	Haarstruktur	lockig, kraus	glatt	gewellt
14.	einzelnes Haar	mittlere Dicke	fein, seidig	kräftig
15.	Gesichtshaut	trocken, Neigung zu Falten	Mischhaut, empfindlich, wenig Falten	eher fett, grobporig, glatt und faltenfrei
16.	Augengröße	eher klein	mittlere Größe	groß
17.	Augäpfel	bläulich schimmernd	teils gelblich	milchig, bleich
18.	Augenfarbe	blau, grau, braun	gelbliche Sprenkel	blasse Farbe
19.	Iris	klein, teils unterschiedliche Größe	mittel	groß
20.	Blick	unruhig, seelenvoll	durchdringend, direkt	leuchtend, klar offen

	Merkmale	Lung	Tripa	Bäken
21.	Nasengröße	klein	mittelgroß	groß
22.	Nasenform	zierlich, fein, evtl. schief	gerade, spitz	grob, stumpf
23.	Lippen	schmal, fein, trocken	durchschnittlich, gut durchblutet	prall, feucht, blass
24.	Zähne	klein, evtl. unregelmäßig	mittel, gerade	groß, regelmäßig
25.	Hände	schmal, knochig, spitze Finger	sehnig, kräftig mittelgroß	breit, rundlich fleischig
26.	Nägel	brüchig, teils erhaben	biegsam	kräftig, fest
27.	Füße	zierlich, schmal	kräftig, mittelbreit	breit, gut gepolstert
28.	Hände und Füße	meist kühl und trocken	warm, oft verschwitzt	feucht und kalt
29.	Stimme	schwach, leise, teilweise rau	kräftig, durchdringend	angenehm, tief, sonor, melodiös
30.	Sprache	sprudelnd, rede viel und schnell	klar, eloquent, bestimmt	ruhig, nicht sehr gesprächig
31.	Venen	gut sichtbar	sichtbar	kaum sichtbar
32.	Fettpolster	wenig oder gar nicht	nicht viel, mehr am Oberkörper	überall am Körper
33.	Muskulatur	schwach ausgeprägt	sportlich, athletisch	sehr viel Kraft, trotz evtl. Korpulenz
34.	Haltung	oft nach vorn gebeugt, Neigung zum Rundrücken	normal gerade	betont aufrecht
35.	Gang	eher schnell, tänzelnd	dynamisch, energisch	langsam, bedächtig
36.	Aktivität	hyperaktiv und schnell erschöpft	normal aktiv	wenig aktiv, langsam
37.	Nach extremer körperlicher Anstrengung	bin ich schnell erschöpft und/oder überdreht	fühle ich mich überhitzt und unwohl	fühle ich mich wohl, bin müde
38.	Schlaf	leicht und störbar, eher unruhig, wache nachts auf	in der Regel tief, brauche wenig Schlaf	schlafe wie ein Stein, oft sehr lange, großes Schlafbedürfnis

	Merkmale	Lung	Tripa	Bäken
39.	Einschlafen	schwer	kein Problem	schlafe sofort ein
40.	Aufstehen am Morgen	unterschiedlich	stehe mühelos auf	stehe oft nur mit Mühe auf
41.	Kreativität	erfinderisch, phantasievoll, sprunghaft	gute Ideen – analytisches Denken	wenig Ideen, bleibe ihnen treu, denke eher praktisch
42.	Energie	verausgabe mich schnell	im Gleichgewicht, ausdauernd	träge, aber sehr ausdauernd
43.	Konzentration	wechselhaft	gut	mittelmäßig
44.	Gedächtnis	Kurzzeit gut, Langzeit schlecht	gut	Langzeit gut, Kurzzeit schlecht
45.	Entschlusskraft	unentschlossen, werfe Entscheidungen oft um	schnell, sicher, treffe eindeutige Beschlüsse	langsam, vorsichtig, bleibe bei meiner Entscheidung
46.	Verstand	fasse schnell auf, vergesse leicht	denke kritisch, scharfer Verstand	denke gründlich nach, vergesse nichts, was ich einmal gelernt habe
47.	Glaube an etwas	leichtgläubig, eher unstet, hinterfrage immer wieder	intensiv, mit Hang zum Fanatismus	unerschütterlich bis blind
48.	Einstellung zu Regelmäßigkeit	bin leider chaotisch veranlagt	organisiere und strukturiere mir meinen Alltag	mag Routine und regelmäßigen Tagesablauf
49.	Einstellung zu schlechten Gewohnheiten	kann Gewohnheiten nicht lange beibehalten	kann sie mir durch Willen abtrainieren	habe große Probleme, von ihnen zu lassen, werde immer wieder rückfällig
50.	Verhalten im Streit	flüchte oder diskutiere, bin manchmal irrational	fordere Klärung, verteidige meinen Standpunkt, kann aggressiv werden	behalte die Nerven, meide Konfrontation
51.	Umgang mit Geld	verschwenderisch	methodisch	sparsam
52.	Vorwiegende Geldausgabe für	Informatives, Spontankäufe, Vergnügen	Projekte, Geschäfte, Prestigeobjekte	praktische Investitionen für Haus(halt)

	Merkmale	Lung	Tripa	Bäken
53.	Geschäftssinn	schlecht, aber gute Ideen, innovativ	ausgezeichnet, kann Ideen gut umsetzen und verkaufen	übernehme Verantwortung, spezialisiere mich auf ein Gebiet
54.	Ich bin eher	ängstlich, besorgt	mutig, kühn	ruhig, stabil
55.		raffiniert, trickreich	eifersüchtig, wütend	beleidigt, will es lieber nicht so genau wissen
56.		leichtgläubig	logisch, kritisch	stur
57.		chaotisch	strategisch	ordentlich
58.		gierig	neidisch	gleichgültig
59.		defensiv	provokativ	abwartend
60.		nervös	stürmisch	lethargisch
61.		zukunftsorientiert	gegenwartsbezogen	vergangenheitsorientiert
62.		rational	engagiert	sentimental
63.		ohne Selbstvertrauen	selbstbezogen	selbstzufrieden
64.		selbstlos	egoistisch, fordernd	fürsorglich
65.		idealistisch	analytisch	praktisch
66.		intuitiv	kritisch	nachgiebig
67.		labil	aufbrausend	konformistisch
68.		empfindsam	leidenschaftlich	tolerant
69.		übersensibel	intolerant	unsensibel
70.	Ich neige zu	Ängsten, Unruhe, Funktionsstörungen von Herz und Kreislauf, Verspannungen	Leber- und Galleproblemen, fiebrigen Infektionen, Pickeln, Furunkeln	Atemwegsbeschwerden, chronischen Nebenhöhlenentzündungen, Erkältungen, Stoffwechselstörungen wie Diabetes, Ödeme u.a.
71.	Durst	unterschiedlich	sehr viel	wenig
72.	Appetit	unterschiedlich	stark	wenig
73.	Wenn eine Mahlzeit ausfällt	werde ich nervös und fahrig	fühle ich mich unwohl und gereizt	ich kann leicht auf eine Mahlzeit verzichten

Merkmale	Lung	Tripa	Bäken
74. Essverhalten	esse unregelmäßig, manchmal sehr viel, manchmal vergesse ich es	ich habe starken Appetit, esse häufig	ich esse gern und bin hinterher müde
75. Vertrage gut	eiweißbetonte, gekochte Nahrung und warme Getränke	kühlende Nahrung wie Rohkost oder Obst und kühle Getränke	warme, leicht verdauliche Nahrung und warme Getränke
76. Verdauung	unterschiedlich, störbar	sehr gut	träge, schwach, neige zu Verstopfung
77. Morgenurin*	klar	kann scharf riechen	trübe
78. Sexualität	Verlangen unterschiedlich, leicht erregbar, bin phantasievoll und sehr aktiv	spüre starkes Verlangen, bin leidenschaftlich und dominant	gleichmäßiges sexuelles Verlangen, brauche Stimulation, der Akt ist lang und ausdauernd
79. Fruchtbarkeit	unterdurchschnittlich	durchschnittlich	ausgezeichnet
80. Erinnerung an Träume	vergesse leicht, erinnere mich nur teilweise	erinnere mich gut bis ins Detail	erinnere mich nur an emotionale Träume
81. Im Gespräch mit anderen	kann mit mehreren gleichzeitig sprechen, halte gerne Monologe	führe herausfordernd, auch kontroverse Gespräche	höre lieber zu, als selbst zu sprechen, denke kritisch über das Gehörte nach
82. Sozialverhalten	bin neugierig auf neue Menschen, aber nicht besonders zuverlässig	gut, aber ich achte darauf, mit den richtigen Menschen befreundet zu sein	gesellig, habe gerne vertraute Menschen um mich, bin ein Gruppenmensch

* Um diese Frage beantworten zu können, gehen Sie bitte wie folgt vor: Trinken Sie tagsüber genau so viel Flüssigkeit, dass Sie in der Nacht nicht aufstehen müssen, um etwas zu trinken. Am nächsten Morgen haben Sie dann den Urin für Ihre Diagnose.

	Merkmale	Lung	Tripa	Bäken
83.	negative Eigenschaften im Umgang mit anderen	bin zu wechselhaft	bin zu ungeduldig oder unfair	bin zu stur oder desinteressiert
84.	Freundschaften	schließe schnell Freundschaften, habe aber meist kurzlebige Beziehungen	schließe leicht Freundschaften, aber vor allem, wenn die Freunde nützlich sind	schließe nicht so leicht Freundschaften, prüfe lange, aber dann pflege ich die Beziehung
85.	empfindlichstes Sinnesorgan	Ohren: Empfinde Lärm als störend, erinnere mich zuerst an Geräusche oder Klänge	Augen: Denke sehr bildlich, starke Farben wirken reizend auf mich, erinnere mich zuerst an Bilder	Tastsinn: Mag mich nicht immer anfassen lassen, erinnere mich zuerst an Empfindungen/Formen
86.	praktische Veranlagung	bin ein hoffnungsloser Theoretiker	bin praktisch und theoretisch veranlagt	bin sehr praktisch veranlagt
87.	Einkaufsstil	kaufe ziellos ein, tausche vieles um	mache mir einen Plan und kaufe gezielt ein	achte sehr auf Preise und kaufe auf Vorrat ein
88.	Fahrstil	fahre ungleichmäßig	fahre schnell, oft rasant	fahre gleichmäßig und auf Sicherheit bedacht
89.	Auswirkung von Stress	Angst, Panik, Übelkeit, Kopfschmerzen	Wut, Aggression, Gastritis	Hunger, Schwindel
90.	Wo machen sich die meisten Beschwerden fest?	unterhalb des Nabels: Verstopfung, Durchfall, Blähungen	zwischen Nabel und Zwerchfell: Magenbrennen, Oberbauchbeschwerden	oberhalb des Zwerchfells: Atemnot, chronisch verschleimte Nebenhöhlen und Bronchien
91.	Zu welchen Tageszeiten verschlimmern sich die Beschwerden?	Morgendämmerung und/oder früher Abend	um Mittag und/oder Mitternacht	vormittags und/oder später Abend

	Merkmale	Lung	Tripa	Bäken
92.	Bei Problemen mit den Gliedmaßen	Schmerzen, keine Schwellungen	Schwellungen und Schmerzen	geschwollene, steife Glieder und Gelenke
93.	Hobbys	kreative Tätigkeiten	Leistungssport oder Wettkämpfe	Faulenzen, ruhige Tätigkeiten, Lesen
94.	Schwimmen	weniger gern	sehr gern	ungern
95.	Sonnen	gern	ungern	sehr gern
96.	Ich liebe dieses Wetter	warm und sonnig, es kann auch warm-feucht sein	kühle, klare Tage, auch leichten Wind	warm und trocken
97.	Ich hasse dieses Wetter	eiskalten Wind	starke Hitze	kaltes, nebligfeuchtes Wetter
98.	Verhalten in den Bergen	wandere gern, bin oft unzweckmäßig ausgerüstet	erklimme zielstrebig den Gipfel	erkunde die Berghütten
99.	am Meer	schwimme, sonne mich, plaudere	surfe, will Action	plansche, sammle Muscheln
100.	im Wald	philosophiere über die Natur	suche Tierspuren, erobere den Wald	liege auf der Lichtung und träume, sammle Tannenzapfen
	Gesamtpunktzahl (Summe = 100)			

Zählen Sie nun bitte Ihre Punkte

Haben Sie alle hundert Fragen beantwortet – auch die über den Urin? Dann zählen Sie nun zusammen, wie viele Punkte Sie sich bei jeder der drei Rubriken Lung, Tripa und Bäken gegeben haben und tragen Sie das Ergebnis in die dafür vorgesehenen Kästchen ein. Das Mischungsverhältnis dieser drei Zahlen zeigt Ihnen, wie die drei Energien in Ihnen verteilt sind. Je mehr Punkte aus einer Rubrik, desto stärker tendieren Sie zu dem entsprechenden Typ. Übrigens: Es kommt so gut wie nie vor, dass man beim Checklisten-Test nur Antworten aus einer oder zwei Rubriken ankreuzt. Jeder Mensch trägt Anteile aller drei Energien in sich. So werden Sie in allen drei Rubriken Merkmale finden, die zu Ihnen passen.

So werten Sie Ihre Punkte

Haben Sie in einer Sparte mehr als 60 Punkte gezählt, sind Sie ein Grundtyp.

Damit dominiert bei Ihnen deutlich eine Energie. Zu dieser Kategorie gehören etwa 20 Prozent der Menschen.

- Bei überwiegender Punktezahl aus der Rubrik Lung sind Sie ein Grundtyp Lung. Lesen Sie die Beschreibung ab Seite 49.
- Bei den meisten Punkten aus der Rubrik Tripa sind Sie ein Grundtyp Tripa. Ihren Typ finden Sie ab Seite 87.
- Haben Sie die meisten Punkte in der Rubrik »Bäken«, entspricht Ihnen der Grundtyp Bäken. Lesen Sie ab Seite 121 mehr über Ihren Typ.

Liegt Ihre höchste Punktezahl aus einer der drei Sparten bei maximal 60 Punkten oder darunter, sind Sie ein Mischtyp.
In den meisten Fällen, bei über 70 Prozent der Menschen, herrschen zwei Energien vor, die ganz unterschiedlich gewichtet sein können. Unter den Mischtypen gibt es sehr viele Vari-

anten. Viele Menschen besitzen eher den Körperbau des einen Typs und eher die Persönlichkeit des anderen Typs. Es gibt aber auch jede Menge anderer Varianten.

- Haben Sie Ihre beiden höchsten Punktezahlen in den Rubriken Lung und Tripa, sind Sie der Mischtyp Lung-Tripa. Alles über Ihren Typ finden Sie ab Seite 149.
- Bei den meisten Punkten in den Rubriken Lung und Bäken gehören Sie zum Mischtyp Lung-Bäken. Lesen Sie ab Seite 183 mehr über Ihren Typ.
- Die überwiegenden Punkte bei Tripa und Bäken bedeuten: Mischtyp Tripa-Bäken. Ihre Typenbeschreibung beginnt auf Seite 215.

Beträgt Ihre höchste Punktezahl maximal 40 Punkte und liegt Ihre niedrigste Punktezahl bei mindestens 30 Punkten, sind Sie eine Dreier-Kombination.
Bei Ihnen sind alle drei Energien gleich oder fast gleich stark ausgeprägt. In einem solchen Gleichgewicht befinden sich nur etwa 10 Prozent der Menschen.
Ihr Konstitutionstyp ist der Mischtyp Lung-Tripa-Bäken. Lesen Sie die Beschreibung Ihres Typs ab Seite 247.

Zum besseren Verständnis der Auswertung hier einige Beispiele:

Eindeutige Punkte-Kombinationen:

- 42-mal Lung, 50-mal Tripa, 8-mal Bäken: Mischtyp Lung-Tripa.
- 55-mal Bäken, 35-mal Lung, 10-mal Tripa: Mischtyp Lung-Bäken.
- 30-mal Lung, 33-mal Tripa, 37-mal Bäken: Sie sind eine Mischung aus allen drei Typen, also Lung-Tripa-Bäken.

Erkennen Sie sich nicht wieder?

Falls Sie sich mit dem Typ, der Ihnen laut dem Test entspricht, nicht identifizieren können, hier ein Vorschlag: Gehen Sie die Checkliste zu einem späteren Zeitpunkt noch einmal ganz in Ruhe durch – am besten zusammen mit einer Person, die Sie sehr gut kennt. Schenken Sie dabei folgenden Merkmalen besondere Aufmerksamkeit: Körpertyp, Hautbeschaffenheit, Essverhalten, Verdauung, Ihre Vorliebe für bestimmtes Wetter, Ihre typischen Emotionen.

Haben Sie immer noch Zweifel, denken Sie einmal genau über Ihre Einstellung zu extremen Außentemperaturen nach: Hassen Sie Kälte, weil Sie sich zutiefst nach ständiger Wärme sehnen, haben Sie sicher dominante Lung-Anteile. Können Sie es kaum aushalten, wenn es zu heiß wird, besitzen Sie eindeutige Tripa-Dominanzen. Macht Ihnen weder Hitze noch Kälte wirklich schwer zu schaffen, können Sie davon ausgehen, dass in Ihnen die Bäken-Anteile überwiegen.

Kann sich eine Konstitution ändern?

Die klare Antwort auf diese oft gestellte Frage: Nein. Was sich aber verändern kann, ist Ihre Wahrnehmung.

Wenn Sie sich mit Ihrem Typ schon etwas länger beschäftigt haben, Ihre Nahrung entsprechend auswählen und sich bemühen, auch die Verhaltenstipps zu beherzigen, wird sich einiges in Ihrem Leben verändern. Sie fühlen sich nicht nur gesundheitlich wohler, Sie schätzen auch viele Dinge in Ihrem Leben anders ein, bewerten Phänomene anders. Auch sich selbst! Deshalb ist es ratsam, den Checklisten-Test nach einiger Zeit noch einmal zu wiederholen. Es kann sein, dass Sie beim zweiten Durchlauf viele Punkte anders beantworten. Ein ganz normaler Prozess. Kommen unsere Energien mehr in

Harmonie, nehmen wir die Dinge um uns herum anders wahr und beurteilen auch uns selbst realistischer. Wundern Sie sich also nicht, wenn Ihre Energiebilanz beim zweiten Durchlauf etwas anders ausfällt. Hin und wieder passiert es sogar, dass beim zweiten Check-Test ein anderer Typ herauskommt. Bitte keine Panik, das ist keine Katastrophe. Es bedeutet keinesfalls, dass Sie die letzten Wochen oder Monate völlig falsch gegessen oder gehandelt haben. Im Gegenteil: Sie haben durch Ihr Verhalten Ihr Selbstbild korrigiert. Das Leben nach dem »falschen« Typ hat also offenbar therapeutisch gewirkt: Es hat Ihnen geholfen, Ihr wahres Naturell zu erkennen. Viele Menschen sind so daran gewöhnt, ihre natürlichen Bedürfnisse zu ignorieren, dass sie das Gespür dafür verloren haben, wie Sie von Natur aus gemeint sind. Die Typenlehre hilft Ihnen somit auch zurück zur (eigenen) Natur.

Grundtyp Lung

Elemente Luft und Raum
*Das Prinzip Lung symbolisiert die Lebensenergie, den Geist
und die Bewegung. Es wird den Elementen Luft und Raum zugeordnet. Als lung-betonte Persönlichkeit besitzen Sie viel
Leichtigkeit. Ihre Stärken sind Flexibilität, Intuition, Spontaneität und ein schneller, brillanter Geist. Zur perfekten Harmonie
fehlen Ihnen jedoch die Qualitäten der beiden anderen Prinzipien, die Dynamik des Feuers und die Stabilität der Erde. Ihre
Arbeit und Ihr Alltag brauchen Struktur und Regelmäßigkeit.*

So sind Sie

Körperbau und Aussehen

Typisch Lung: schmale, knackende Gelenke
Lung-Menschen sind entweder klein oder groß, immer
schlank und zart, oft mager und haben schmale Schultern.
Gut möglich, dass sie ihr Leben lang mit Untergewicht zu
kämpfen haben, sich zu dünn und knochig finden. Denn egal,
wie viel sie auch essen, ihnen gelingt es nur mit Mühe, Pfunde
anzusetzen. Durch ihre schwach entwickelten Muskeln neigen sie zu Haltungsfehlern. Vielleicht tendieren sie auch zum
Rundrücken oder haben den typischen, leicht nach vorne ge-
beugten »Lung-Gang«. Deutlich erkennbar sind Menschen
dieses Typs an den beweglichen Gelenken und den hervorste-
henden Knochen. Können Sie mit den Fingern knacken oder
knacken Ihre Gelenke überhaupt sehr leicht? Dann fließt viel
Lung-Energie in Ihnen.

Die hohe Denkerstirn verrät Sie
Sie sind ein kluger Kopf, und das sieht man Ihnen an. Lung-Köpfe haben ihren Schwerpunkt am Oberkopf. Die hohe, oft ausgeprägte Stirn symbolisiert Empfindsamkeit. Ihre prägnante Mimik verrät enorme geistige Beweglichkeit. Wahrscheinlich können Sie sehr gut mit den Ohren wackeln und Grimassen schneiden. Feine Züge, schmale oder mittelschmale Lippen und sehr lebendige, manchmal unruhig-nervöse Augen prägen Ihr Gesicht. Ihre Augenfarbe könnte ins Bläuliche oder Dunkelblaue tendieren oder dunkel sein, manchmal ist eine Iris größer als die andere. Lung-Ohren sind klein und zierlich, die Haare kringeln sich gern in Locken oder sind kraus.

Ihre Haut: kühl und trocken
An der Beschaffenheit und Temperatur der Haut zeigt sich, warum Menschen mit dominanter Lung-Energie mit den Eigenschaften »kühl« und »trocken« charakterisiert werden. Wahrscheinlich haben auch Sie schon Unsummen an Geld in Feuchtigkeitscremes und Bodylotions investiert, um Ihre trockene Haut etwas geschmeidiger zu machen. Denn wenn diese nicht ständig gepflegt wird, kann sie sehr schnell rissig und spröde (und leider auch runzlig) werden, an den Füßen bilden sich leicht Hornhaut und Schwielen. Die Tendenz zur Trockenheit dürfte sich auch am Haar bemerkbar machen. Trockene Schuppen und gesplisste Spitzen sind Ihre Dauergesprächsthemen beim Friseur. Auf der anderen Seite schwitzen Sie wenig, und Ihr Schweiß riecht niemals stark oder unangenehm.
Wenn andere die Temperatur Ihrer Haut beschreiben sollten, fiele ihnen wohl am ehesten das Wort »kühl« ein. Das charakterisiert eine Ihrer typischen Eigenarten: Sie frieren ständig, selbst im Sommer. Deshalb sind Sie gerne da, wo es gemütlich warm ist, in der Sonne oder am warmen Ofen.

Die Lung-Persönlichkeit

Starke Reaktionen – aber schwache Nerven
Wahrscheinlich verfügen Sie über eine hohe Intelligenz, eine ausgezeichnete geistige Auffassungsgabe und ein hervorragendes Reaktionsvermögen. Doch Ihre reaktionsschnellen Nerven sind leider alles andere als Drahtseile. Leicht wachsen Ihnen die Dinge über den Kopf, und Sie werden nervös und gereizt. Gut möglich, dass Sie schon als Kind ein rechter Zappelphilipp waren. Trotzdem schrieben Sie in vielen Fächern gute Noten, aber nur dort, wo es ums Verstehen, ums Nachdenken und um Phantasie ging, nicht ums sture Büffeln. Lung-Typen gehören oftmals zu den Vordenkern einer Generation, es sind die Idealisten und Künstler, die Kreativen und Schöngeister. Konventionen sind ihnen ebenso ein Gräuel wie althergebrachte Regeln, überholte Traditionen und Prinzipienreiterei.

Träume und Realität
Bei Ihrer Neigung zu Höhenflügen haben Sie wahrscheinlich schon in jungen Jahren erfahren müssen, wie sich eine Bauchlandung anfühlt. Schuld daran ist Ihr nur schwach ausgeprägter Sinn für die sogenannten »Realitäten des Lebens«. Manchmal wachen Sie morgens mit einer Idee auf und glauben, des Rätsels Lösung gefunden zu haben. Stellt sich dann heraus, dass der Traum zu genial für diese Welt ist, sind Sie enttäuscht und ziehen sich zurück. Versuchen Sie, ein wenig an Ihrer Unsicherheit zu arbeiten. Ihr grundsätzlicher Mangel an Selbstvertrauen ist nämlich der tiefere Grund, warum Sie viele Ihrer Träume nicht umsetzen.

Eine gesellige Natur
In Gesellschaft von Freunden und Bekannten, mit denen Sie sich gut verstehen, können Sie richtig auftauen und ausge-

sprochen redselig werden. Dann hört man Sie lachen und gackern und viel und schnell reden. Mit Vorliebe übrigens über sich selbst, doch das sieht man Ihnen gerne nach. In guter Stimmung sind Sie ein ebenso brillanter wie eloquenter Entertainer mit viel Sinn für Komik. Sie können die Lebenslust in Person sein und aus Leibeskräften feiern, tanzen und singen. Doch wehe, es wagt jemand, Sie zu frustrieren. Dann sind Sie in der Lage, aus dem Stand heraus einen Streit anzuzetteln und Ihren Kontrahenten ungehalten zu beschimpfen. Mit etwas Glück sind die anderen dann nicht nachtragend. Sie jedenfalls haben den Vorfall schnell vergessen.

Vorsicht: Klatsch und Spott
In geselliger Runde und entsprechender Laune lassen Sie sich manchmal dazu hinreißen, über andere zu klatschen und zu tratschen, zu lästern und zu schwatzen. Man sieht Sie dann viel und heftig gestikulieren, und Ihre clowneske Mimik kann geradezu hinreißend sein. Aber Achtung! Sobald Sie in Fahrt kommen, neigen Sie zur Übertreibung, und Sie verletzen andere Menschen mit Ihrem Spott, ohne es zu merken.
So gut Sie in entsprechender Stimmung austeilen können, das Einstecken ist nicht Ihre Sache. Werden Sie attackiert oder meint es jemand nicht gut mit Ihnen, sind Sie solchen Angriffen schutzlos ausgesetzt. Durch Ihre hohe Empfindsamkeit leiden Sie sehr stark unter negativen Energien, ohne sich dagegen zur Wehr setzen zu können.
In Phasen solcher Unsicherheit denken Sie viel darüber nach, was die andern wohl von Ihnen halten mögen. Ihr ohnehin schwaches Selbstwertgefühl sinkt dann gegen null, und Sie ziehen sich in Ihr Schneckenhaus zurück. Misstrauen und Unsicherheit machen sich breit. Sie fühlen sich schlecht, schuldig und minderwertig – und Sie leiden!
Ihre Leidensfähigkeit ist geradezu sprichwörtlich. Im gleichen Maße, wie Sie sich begeistern können, sind Sie fähig, in die

Tiefen menschlichen Leids hinabzusteigen. In Krisenzeiten quälen Sie sich bis an den Rand des Wahnsinns mit Ängsten und Sorgen und grübeln über Ihr Schicksal nach, meist in der Nacht zwischen drei und vier Uhr. Wenn Sie sich mit der Ihnen eigenen Intensität in Ihr Leidensthema hineinbegeben, kommen Sie manchmal aus eigener Kraft nicht mehr heraus. Glücklicherweise wird Ihnen immer wieder wie durch ein Wunder Hilfe zuteil.

Ein windiger Geist kommt leicht ins Schwanken
Als neugieriger Mensch, immer auf der Suche nach Inspiration, begeistern Sie sich leicht für neue Ideen. Das bedeutet aber auch, dass Sie einen Plan über den Haufen werfen, sobald Ihnen ein anderer überzeugender vorkommt. Ähnlich verhalten Sie sich bei Entscheidungen. Sie stellen immer wieder alles infrage, hüpfen von einer Position zur anderen, je nachdem, aus welcher Richtung der Wind weht. Blitzschnell können Sie auch von einer Stimmung in die nächste überwechseln, Ihre Meinung ändern oder Zusagen rückgängig machen. Allerdings geschieht das nicht aus gemeiner Absicht. Ihre innere Instabilität ist die Wurzel Ihrer meisten Probleme.

Manchmal geht die Kraft aus
Eine Ihrer konstitutionellen Schwachstellen ist Ihre schwache, schnell fluktuierende Energie. Ihr Temperament kann urplötzlich ausbrechen und ebenso schnell wieder erlöschen. In den Hochphasen Ihrer Energieschübe sind Sie voller Begeisterung und Vitalität, aber danach geht Ihnen schnell die Kraft aus. Statt sich einzugestehen, dass sie müde sind und Ruhe brauchen, versuchen viele Lung-Typen, sich mit Kaffee aufzuputschen. Eine Zeit lang mag das funktionieren, aber danach folgt unweigerlich eine Phase der Erschöpfung. Wenn Sie diese ebenfalls übergehen, können Sie ernstlich krank werden.

Geld ist nicht so wichtig
Nach außen hin betonen Sie immer wieder, wie unwichtig Ihnen das Materielle im Leben ist. Ein Guthaben klug zu vermehren oder gar in Aktien anzulegen, um für schwere Zeiten vorzusorgen, dieser Gedanke ist Ihnen ebenso fremd wie Pfennigfuchserei. Aus diesem Grund sind »Lungs« nur selten reich und haben oft Geldsorgen. Ein spontaner Kaufrausch zum Monatsbeginn, wenn das Gehalt auf dem Konto ist, kann mitunter das Überleben für den Rest des Monats gefährden. Ein kleiner Tipp: Sollten Sie beim Geld nicht Maß halten können, holen Sie sich Rat bei einer Person Ihres Vertrauens. Aber Vorsicht, seien Sie bei der Wahl Ihres finanziellen Beraters kritisch! Mit Ihrer Leichtgläubigkeit sind Sie leicht übers Ohr zu hauen.

Geradezu magisch: Ihre Intuition
Mehr als die anderen Typen leben Sie gemäß Ihrer Intuition. Diese Begabung hat Ihnen im Leben wahrscheinlich schon oft geholfen. Sie wunderten sich vielleicht, warum Sie in wichtigen Augenblicken instinktiv das Richtige getan oder gelassen haben. War es der liebe Gott oder Ihr Schutzengel, der die Hand über Sie hielt? Wie auch immer Sie diese höhere Instanz nennen, Sie haben einen besonderen Draht zu ihr.

Körper und Gesundheit

Die Lung-Konstitution wirkt vor allem an der Schnittstelle zwischen Körper und Geist, also im psychosomatischen Bereich.

Die Lung-Energie zeigt sich
- in allen geistigen Funktionen,
- in den Sinnesorganen,

- im zentralen und vegetativen Nervensystem, das Atmung, Herztätigkeit, die Peristaltik der Verdauungsorgane und das Pulsieren des Bluts durch die Adern steuert,
- im Bewegungsapparat und
- in der Vernetzungsstelle zwischen Psyche, Immunsystem, vegetativem Nervensystem und Hormonsystem.

Ihre Schwachstellen

Sie sind schnell gestresst und reagieren dann mit nervösen Störungen.

Geistig-emotionale Probleme
Gerät ein Lung-Typ aus dem Gleichgewicht, zeigt sich das oft im geistig-emotionalen Bereich durch

- Antriebslosigkeit und Erschöpfung bei gleichzeitiger innerer Ruhelosigkeit,
- das Gefühl, kraft- und mutlos zu sein,
- stumpfe Augen,
- ständiges Gähnen bei gleichzeitiger Überdrehtheit und Unruhe,
- Gereiztheit, bei der kleinsten Unstimmigkeit fährt die Lung-Persönlichkeit aus der Haut, und
- die Unfähigkeit, sich zu entspannen.

Diese lung-typischen Stressfolgen zeigen, dass die Betroffenen lange über die Grenzen ihrer Kraft hinausgegangen sind. Halten solche Zustände länger an, zum Beispiel aufgrund von Dauerstress in Beruf und Familie oder durch permanente Überarbeitung, droht am Ende ein nervlicher und energetischer Zusammenbruch. Klassische Beispiele sind Burn-out und chronische Müdigkeit.

Ein großes Thema: Angst
Die Lung-Persönlichkeit hat mit vielen Ängsten zu kämpfen, zum Beispiel mit Albträumen, Phobien oder unbestimmten Ängsten, die sich bis hin zu Panikattacken steigern können. Mit den Phasen der Angst gehen oft auch unerklärliche »wandernde« Schmerzen einher, ständiges Frösteln oder das Gefühl, sich erbrechen zu müssen. Weitere Begleiterscheinungen können Stimmungsschwankungen, Unberechenbarkeit und übertriebene Impulsivität sein.

Das geistige Gift der Gier und Anhaftung
Die Gier ist ein wichtiges Thema im Leben des lung-betonten Menschen. Wie auf Seite 32 erwähnt, ordnet die buddhistische Lehre allen drei Hauptenergien Lung, Tripa und Bäken ein geistiges Gift zu, das als Grundübel allen Leids verstanden wird. Bei Lung ist es das geistige Gift der Anhaftung, also des Wünschens und des Habenwollens, das sich bis zur Gier steigern kann. Am Anfang dieser Kette steht der Wunsch nach etwas Neuem. Hat der Lung-Typ das Objekt der Begierde bekommen, will er bald mehr davon, und je mehr er hat, desto unersättlicher wird das Verlangen nach noch mehr. Für Lung-Persönlichkeiten ist eine gedankliche Auseinandersetzung mit diesem Thema auf jeden Fall lohnend. Sichtbar wird der Hang zur Maßlosigkeit auch beim Umgang mit Genussgiften. Doch während andere Energietypen Alkohol und Zigaretten »wegstecken«, leidet die Lung-Natur sehr viel stärker unter giftigen Belastungen, zu denen übrigens auch Umweltgifte wie Luftverschmutzung und der Lärm zählen.
Auch die Gefahr psychischer Abhängigkeiten sollte sich Lung bewusst machen. In zwischenmenschlichen Beziehungen verstrickt er sich oft in emotionale Abhängigkeiten, und nicht selten wird er Züge eines Workaholics an sich entdecken.

Hören, Sehen, Riechen, Tasten
Störungen des Hörsystems können Lärmempfindlichkeit, Tinnitus, Hörsturz und Schwindelanfälle auslösen. Auch Augenschwächen treten auf, und manchmal lassen Geruchs- und Geschmackssinn nach, oder Finger und Zehen werden taub.

Herz im Stress
Wenn der Stress überhandnimmt, neigen Lung-Persönlichkeiten zu nervösen Funktionsstörungen des Herzens wie Herzstechen, Herzrasen oder -stolpern, Herzrhythmusstörungen und Herzangst, aber auch Kreislaufstörungen und Bluthochdruck.

Schlafstörungen vorprogrammiert
Probleme, Stress und Überforderung rauben dem Lung-Typus den Schlaf. Da er von Natur aus Probleme mit dem Einschlafen hat und sein Schlaf störanfällig ist, kann sich das zu einem ernsthaften Problem auswachsen. Die tibetische Medizin schenkt dem Thema Schlaf zwar bei allen Typen viel Aufmerksamkeit, doch gerade dem Lung-Typ rät sie eindringlich zu sorgfältiger Schlafhygiene (siehe Seite 59 ff.), weil Lung die Nachtruhe dringend zum Auftanken der Energiereserven braucht. Während anderen eher zur Disziplinierung des Schlafs geraten wird, sollten Sie so lange schlafen, bis Sie sich wach und ausgeruht fühlen. Bis zu zehn Stunden sind völlig in Ordnung!

Dauerthema Verdauung
Zu den lung-typischen Verdauungsstörungen zählen aus tibetischer Sicht auch Essstörungen: von unregelmäßigem oder geringem Appetit über Heißhungerattacken bis hin zu Magersucht und Bulimie. Weitere Krankheiten des Magen-Darm-Bereichs, mit denen Lung-Menschen oft zu tun haben: Sodbrennen, Magenstechen und Magengeschwüre, aber auch Blähungen, aller-

gische Ekzeme (als Folge eines Darm-Ungleichgewichts) und nervöser Reizdarm mit abwechselnd Verstopfung und Durchfall.

Gelenke und ein verspannter Rücken
Knochen und Gelenke machen dem Lung-Typ meistens erst im fortgeschrittenen Lebensalter zu schaffen, in Form von Osteoporose, Arthritis und Rheuma. Die Verspannungen von Nacken, Schultern, Rücken und Lendenwirbelsäule hingegen dürften von Anfang an ein Dauerthema sein. In diesem Bereich manifestieren sich alle Ängste, Sorgen und Depressionen.

Wann die Lung-Energie generell steigt
Alle Beschwerden treten zu bestimmten Zeiten besonders stark auf. Es sind die Phasen, in denen sich die Lung-Energie von Natur aus ansammelt:

- im Morgengrauen
- in der Abenddämmerung
- im Spätsommer
- im Herbst des Lebens

Verschlimmernde Faktoren
Auch äußere Umstände können Lung-Symptome verursachen oder verschlechtern. Die folgenden verschlimmernden Faktoren sollten Sie nach Möglichkeit meiden:

- Wind
- Kälte
- viel gedankliche Arbeit
- zu viel Fernsehen oder Computerarbeit
- leichte und kühle Nahrung
- Hunger

Wege zur Harmonie

Sie brauchen keine Rosskuren. Sanfte Therapien entsprechen Ihrer sensiblen Natur am ehesten.

Was hilft und heilt

Immer schön behutsam
Bei Ihnen schlagen die zarten Heilimpulse von Homöopathie, Bachblüten, Akupunktur und Pflanzenheilkunde gut an. Gerade bei nervösen Beschwerden oder psychosomatischen Störungen helfen die Ansätze der ganzheitlichen Naturmedizin, weil sie die Psyche mit einbeziehen. Überlegen Sie also, ob Sie bei Beschwerden zusätzlich zum Hausarzt vielleicht auch einen Heilpraktiker konsultieren. Leiden Sie unter Ängsten oder Depressionen, empfiehlt sich eine Psychotherapie. Chronisch verspannte Rückenmuskeln, ein häufiger Grund für Spannungskopfschmerzen übrigens, sind am besten mit Massagen und modernen Körpertechniken zu behandeln.
Eine spezielle Empfehlung tibetischer Ärzte lautet: Alle Entspannungsübungen, die den Atem mit einbeziehen, sind gut für Lung, aber Vorsicht mit Meditationen, die sehr viel Konzentration erfordern oder mit inneren Bildern arbeiten. Dabei könnte Ihnen Ihre ohnehin sehr lebendige Phantasie zum Hindernis werden. Stille Meditationen sind jedoch auch diesem Typ sehr förderlich.

Maßnahmen gegen schlechten Schlaf
Die tibetische Heilkunde empfiehlt gegen Schlafprobleme folgende Maßnahmen:
Verwenden Sie vermehrt Gewürze wie Muskat, Asafoetida (Asant), Kümmel, Gewürznelken, Knoblauch und Zwiebeln und essen Sie viel Sesam. Trinken Sie hin und wieder zum Mittag- oder zum Abendessen ein Glas Rotwein.

Meiden Sie alles Aufputschende wie Kaffee oder Cola, alles Kalte wie Rohkost und Salate, alles Scharfe wie Pfeffer und Chili und zu viel Süßes.
Gewöhnen Sie sich an, kurz vor dem Zubettgehen einen Schlaftrunk zu sich zu nehmen. Zu empfehlen sind

- ein Glas warme Milch oder
- eine Tasse Knochenbrühe vom Lamm, die Sie mit folgenden Zutaten herstellen: Wasser, etwas Fleisch von der Lammschulter, ein bis zwei Schwanzknochen vom Lamm, Bergsalz.

Wenn Sie Knoblauch in großen Mengen vertragen, probieren Sie auf der Basis dieser Knochenbrühe die folgende Spezialität:

Tibetische Spezialpaste gegen Schlafstörungen
Zutaten:
- 1 Tasse Lammbrühe
- 2 ganze (!) geschälte Knoblauchknollen
- 1 TL frische Butter

Geben Sie die Lammbrühe in einen Topf und lassen Sie den Knoblauch mindestens 10 Minuten darin kochen, bis er weich ist. Zerdrücken Sie den Knoblauch in der Brühe und rühren Sie alles um, bis eine Paste entsteht. Zum Schluss kommt noch ein Teelöffel frische Butter hinzu – fertig.
Vor dem Schlafengehen essen.

Wenn Sie ungewöhnliche Rezepte mögen, könnte auch dieser Einschlaftipp etwas für Sie sein:

Weintherapie aus dem Himalaja
Zutaten:
- 1 Glas mehrere Jahre alten Rotweins
- 1 TL abgelagerte Schafsmilchbutter
- 1 TL Zuckerrohrmelasse
- 1 Msp. Ingwerpulver

Alle Zutaten in einen Topf geben, eine gute Zeit lang kochen lassen und warm zu sich nehmen.

Schlafförderndes Verhalten
- Verbannen Sie alles aus Ihrem Schlafzimmer, was nervös macht, allem voran Computer und Fernseher.
- Legen Sie nach Feierabend ein Ritual zum Abschalten ein. Damit schaffen Sie ganz bewusst eine Trennung zwischen Arbeit und Freizeit und Ihr Gehirn wird auf »Entspannen« programmiert. Beispiele für ein solches Ritual sind beruhigende Musik, ein Bad, eine Tasse Tee oder ein Spaziergang.
- Versuchen Sie, abends am besten gar nicht mehr fernzusehen und auch im Radio keine Nachrichten mehr zu hören.
- Nehmen Sie ein reichhaltiges Abendessen zu sich, aber nicht allzu spät, und gönnen Sie sich zum Essen hin und wieder ein Glas Wein. In Maßen genossen hilft es Ihnen, sich zu entspannen.
- Insgesamt sollten Sie abends nicht mehr allzu viel reden und eine Stunde vorm Zubettgehen nur noch ruhigen Beschäftigungen nachgehen.
- Vermeiden Sie Streit und anstrengende Diskussionen.
- Wechseln Sie nach einer schlaflosen Nacht die Bettwäsche, um die Energie an Ihrem Schlafplatz zu erfrischen.
- Nehmen Sie sich zum Tagesabschluss Zeit für eine stille Meditation, eine Massage oder eine Atemübung. Anregungen hierzu finden Sie im Abschnitt »Bewegung und Wellness«.

Antistress-Räucherstäbchen

Unter tibetischen Räucherstäbchen gibt es eine stark entspannende Sorte mit echt medizinischer Wirkung gegen Stress, Unruhe und Schlaflosigkeit. Ihr Name: rlung-poe. Die heilsamen Räucherstäbchen werden aus denselben Heilkräutern hergestellt wie tibetische Pillen, in diesem Fall hauptsächlich aus dem nervlich beruhigenden Holz des Agarbaums. Zünden Sie Ihr rlung-poe etwa eine Stunde vor dem Zubettgehen an und lassen Sie es einfach bei geschlossenem Fenster abbrennen. Sie können den Rauch auch ganz gezielt inhalieren, dann aber bitte nur fünf Minuten lang. Bezugsquellen finden Sie im Anhang.

Ungesunder Lebensstil und Herz-Kreislauf-Probleme

Wenn Sie Herz-Kreislauf-Probleme haben, könnte sich ein Versuch mit den tibetischen Kräuterpillen Padma 28 lohnen. Studien haben gezeigt, dass dieses nach einer alten tibetischen Rezeptur in der Schweiz hergestellte Heilmittel nachweislich gegen Arteriosklerose und alle damit verbundenen Folgen wirkt. Falls Sie eine Kur damit planen, sind die besten Zeiten für den Lung-Typus Herbst, Winter und Frühling. Mehr über das Präparat lesen Sie am Ende des Buches auf Seite 266.

Besser leben

Gestalten Sie Ihr Leben typgerecht

- Anregende, schöngeistige Gespräche in ästhetischer Umgebung sind für Sie allerbeste Seelennahrung und Ihr wichtigstes Heilmittel zugleich. Verbringen Sie möglichst viel Zeit mit engen Freunden und reden Sie mit ihnen über Ihre Gefühle. Ein offener Gedankenaustausch und ehrliche Anteilnahme sind wichtig für Ihr seelisches Gleichgewicht. Das Feedback von nahestehenden Menschen dient

Ihnen als soziales Regulativ, wenn Sie verwirrt, ängstlich, zu euphorisch oder zu emotional sind. Entscheiden Sie sich im Zweifelsfall lieber für wenige Freunde und pflegen Sie mit ihnen eine innige Beziehung.

- Sorgen Sie für eine liebevolle Atmosphäre im privaten Bereich. Eine vertrauensvolle Partnerbeziehung ist für Sie von großer Bedeutung. Wie schon angedeutet, reagieren Sie stärker als andere auf zwischenmenschliche Schwingungen und können sich gegen negative Energien nur schlecht abgrenzen.
- Bleiben Sie bei schlechtem Wetter im Haus. Spaziergänge bei Wind und Kälte lassen Ihre Lung-Energie zu stark ansteigen.
- Arbeiten Sie an Ihren schlechten Gewohnheiten. Achten Sie ganz bewusst darauf, nicht beleidigend zu werden, wenn Sie sich ärgern. Versuchen Sie etwas pünktlicher und ordentlicher zu sein und üben Sie die Kunst der Gelassenheit an den kleinen Dingen des Alltags. Bilden Sie sich eine Meinung mit Bedacht und lassen Sie sich weniger von Ihren Stimmungen leiten. Disziplinieren Sie Ihre Süchte und Abhängigkeiten.
- Sorgen Sie dafür, dass Ihr Körper immer warm ist. Kleiden Sie sich so, dass Sie nicht frieren oder frösteln.
- Ziehen Sie sich dicke Socken an oder bereiten Sie sich ein Fußbad, sobald Sie kalte Füße haben.
- Nehmen Sie sich Zeit, um immer wieder zu sich zu kommen, zum Beispiel durch Entspannungsübungen, die den Atem mit einbeziehen. Ein Abend oder ein Wochenende allein mit einem guten Buch bringt Sie mit sich selbst ins Reine. Sehr zu empfehlen sind Spaziergänge in schöner Natur.
- Achten Sie auf Ihre Körpersignale, denn Sie neigen dazu, sie zu übergehen. Sind Sie müde, ruhen Sie sich aus, haben Sie Hunger, essen Sie sofort etwas und so weiter. Geben

Sie auch Ihren körperlichen Bedürfnissen sofort nach. Unterdrücken Sie zum Beispiel ein Gähnen oder Niesen nicht.
• Versuchen Sie, mehr Struktur und Regelmäßigkeit in Ihr Leben zu bringen, auch wenn es Ihnen innerlich zuwider ist. Gehen Sie zum Beispiel immer zur gleichen Zeit ins Bett, möglichst nicht nach Mitternacht.

Die richtige Ernährung

Nahrung und Essverhalten sind in der tibetischen Heilkunde – neben geistiger Disziplin – die wichtigsten Maßnahmen überhaupt. Mit ihrer Hilfe kann man Krankheiten nicht nur heilen, sondern ihnen sogar vorbeugen.

Lieber fette Suppen als Fasten

Da Sie schlank sind und nur schwer zunehmen, dürfte das Kalorienzählen für Sie noch nie ein Thema gewesen sein. Die tibetische Ernährungslehre geht hier aber noch ein Stück weiter: Sie rät Ihnen dringend von Hungerkuren jeder Art ab, auch vom Heilfasten, weil das Ihren gesamten Energiehaushalt schwächt. Wie Sie den für Ihren Typ konzipierten Essregeln (Seite 65 ff.) entnehmen können, empfiehlt sie genau das Gegenteil: ganz bewusst auf gute, nährende Kost zu achten. Warme, ölige, schwere Speisen, fette Suppen und reichlich Eiweiß erden Ihre leichte Natur und geben ihr die nötige Schwere. Sie sollten immer so viel essen, dass Sie sich anschließend satt und zufrieden zurücklehnen können (nicht überessen). Ausgewogene, regelmäßige Mahlzeiten sind Futter für Ihre Nerven und geben Ihnen Energie. Und noch etwas rät Ihnen die tibetische Medizin: Essen Sie Fleisch! Als einzige unter den sieben Typen tut Ihnen etwas »Tierisches« wirklich gut. Sogar Süßes zum Dessert und das besagte Gläschen Wein zum Essen dienen Ihrer Gesundheit. Schlemmen Sie also mit Genuss – das rundet Ihre Mahlzeit erst so richtig ab.

So überraschend es klingt, Salate, rohes Obst oder rohes Gemüse braucht Ihr Körper nicht unbedingt. Wahrscheinlich haben Sie es ohnehin schon bemerkt: Sie vertragen Rohkost nur in kleinen Mengen. Essen Sie rohe Sachen wirklich nur, wenn Sie Lust darauf haben, jedoch möglichst nicht abends.

Ihre wichtigsten Essregeln

- Ernähren Sie sich gut und reichlich mit warmen, nahrhaften, gesunden Mahlzeiten. Das steigert Ihre Lebenszufriedenheit.
- Essen Sie zu regelmäßigen Zeiten.
- Essen Sie in Ruhe.
- Lassen Sie niemals Hunger aufkommen. Ein leerer Magen macht Sie nervös und reizbar.
- Nehmen Sie oft warme Suppen zu sich, sie dienen Ihrem Wohlbefinden.
- Geben Sie gekochten oder gedünsteten Speisen den Vorzug vor rohen.
- Trinken Sie viele warme Getränke.
- Ihre Kaltgetränke sollten nicht gekühlt sein, sondern Zimmertemperatur haben.

Die Geschmacksrichtungen für Ihren Typ

Die Tibeter sind es gewohnt, auch die Geschmacksrichtungen den Elementen beziehungsweise Energieprinzipien zuzuordnen. Für den Lung-Typ gilt als

- empfehlenswert: süß (in Maßen), sauer, salzig,
- nicht zu empfehlen: scharf, bitter, zusammenziehend.

Mehr über die tibetischen Geschmacksrichtungen lesen Sie auf Seite 19 ff.

So könnte Ihr Essen für einen Tag aussehen

Ein gutes Frühstück
Ein gutes Frühstück entscheidet über Ihr Wohlergehen am Tag. Hier zwei Vorschläge:

- warmer Porridge mit Joghurt und dazu ein oder zwei Stücke Obst
- eine Scheibe Vollkornbrot mit Butter und Käse oder Honig und ein gekochtes Ei

Dazu leichten schwarzen Tee mit viel Milch, ein Glas warme Milch oder ein Glas frischen Obstsaft.

Das Mittagessen
Das Hauptgericht kann auch einmal kalt sein, solange zumindest ein Teil des Mittagessens warm ist. Ein Sandwich oder ein Salat sind also in Ordnung, aber Sie sollten einen warmen Tee dazu trinken. Besser wäre allerdings eine warme Suppe. Essen Sie mittags immer nur leichte Speisen, damit Sie sich nicht müde fühlen. Sie können sich auch gern eine süße Nachspeise gönnen, die Ihr Essen abrundet.

Im Laufe des Nachmittags
Nachmittags sollten Sie etwas Warmes trinken.

Am Abend ein ausgiebiges Mahl
Abends brauchen Sie eine warme und reichhaltige Mahlzeit. Als Vorspeise eine Suppe, danach ein Gericht mit Lamm, Huhn, Fisch oder Tofu, gekochtem Grüngemüse und Nudeln oder Reis. Eiweißhaltig und nahrhaft sind auch Hülsenfrüchte mit Getreide kombiniert, etwa Couscous mit Kichererbsen oder Reis mit Bohnen.

Hiervon sollten Sie viel essen

Die folgenden Nahrungsmittel sind für Sie besonders heilsam, weil sie Ihre »kühle« Lung-Natur ausgleichen.

Getreide und Gemüse:

Avocado	Knoblauch
Blumenkohl	Lauch
Bohnen	Linsen
Brokkoli	Reis
Gerste	Rettich
Hirse	Rote Bete
Kartoffeln	Spargel (in Maßen)
(in geringen Mengen)	Weizen
Kichererbsen	Zwiebeln

Kräuter und Gewürze:

Asant	Muskatnuss
Basilikum	Oregano
Brennnessel	Petersilie
Fenchel	schwarzer Pfeffer
Gewürznelke	(in Maßen)
Im Winter: Ingwer	Safran
(mit Honig)	Senf (in Maßen)
Kardamom	Thymian
Kurkuma (Gelbwurz)	Zimt

Früchte:

Essen Sie nur kleine Mengen von rohem Obst, am besten zum Frühstück oder zum Mittagessen. Empfehlenswert ist auch, die Früchte leicht zu dünsten oder als Kompott zu genießen.

Äpfel	Erdbeeren
Aprikosen	Orangen
Bananen	

Nüsse und Samen:
Cashewnüsse
Mandeln
Sesam (sehr gut!)
Sonnenblumenkerne
Walnüsse

Fette:
Butter
Olivenöl
Senföl (in Maßen)
Sesamöl (sehr gut!)

Milchprodukte:
Buttermilch
Joghurt
Käse
Kuhmilch (nicht so viel
    im Winter)

Sahnequark
Schafsmilch
Stutenmilch
Ziegenmilch (bei
    Atemwegsproblemen)

Genussmittel (in Maßen):
Wein

Darauf sollten Sie verzichten

Vor allem wenn Sie unter Beschwerden leiden, sollten Sie auf bestimmte Nahrungsmittel verzichten. Die folgenden Getränke und Nahrungsmittel vermehren Ihre Lung-Energie – entweder durch für Sie nicht zuträgliche Geschmacksrichtungen (bitter, zusammenziehend, scharf) oder weil sie kühlend oder aufputschend wirken:

Bier (vor allem Weißbier,
    wegen der Hefe)
Essig
Fast Food
Geräuchertes
scharfe und gebratene
    Gerichte
sehr kalte oder eisgekühlte
    Getränke

stimulierende Getränke
    wie Coca-Cola oder
    Energydrinks
scharfe Gewürze wie Chili
zu viel grüner Tee
Hefe
Kaffee
kohlensäurehaltiges
    Mineralwasser

Pfefferminztee   Schweinefleisch
Rosmarin   starker Schwarztee
Schnaps

Lung – ein Suppentyp

Warme Suppen sind eine Wohltat für Magen und Nerven des Lung-Typs. Die beiden folgenden Original-Suppen-Rezepte aus dem Tibetischen gelten als hervorragende Lung-Heilmittel.

Am Abend: Knochensuppe
Die Knochensuppe eignet sich als Vorspeise zum Abendessen oder zum besseren Einschlafen kurz vor dem Zubettgehen.

Zutaten:
- 4 Stücke Markknochen vom Lamm (Es sollten auch Schwanzstücke dabei sein. Falls möglich, besorgen Sie sich die Knochen vom Biometzger.)
- 2 TL Salz
- 1 l Wasser
- 3 Knoblauchzehen
- 1 kleine Zwiebel
- 2 Prisen frischer grüner Koriander
- 2 TL Butter
- 1/2 Glas Weißwein
- Bindemittel oder Geliermittel
- 1/2 TL Muskatnusspulver
- 1/2 TL gemahlener Kümmel

Die Zwiebel schälen und schneiden und den Knoblauch pressen, die Korianderblätter waschen und in kleine Stücke schneiden. Nun die Knochen zusammen mit Muskatnusspulver, Butter, Kümmel, Salz, Knoblauch und Zwiebeln ins Wasser geben und bei mittlerer Hitze eine halbe Stunde lang kochen lassen. Dann erst das Bindemittel hinzufügen. Anschließend den Wein zugeben und das Ganze nochmals eine Minute aufkochen lassen. Ganz zum Schluss werden die Knochen entfernt und die Korianderblätter in die Suppe gegeben.

Für mehr Power: Brennnesselsuppe
Eine energetisierende Kraftbrühe – gut zum Mittag- oder Abendessen.

Zutaten:
- 200 g frische Brennnesselblätter
- 1/4 TL Zimt
- 1/4 TL Muskatnuss
- 1/4 TL Kümmel
- 1/4 TL Kumin
- 2 Gewürznelken
- 100 g Lammfleisch vom Bein
- 1 kleine Zwiebel
- 2–3 Knoblauchzehen
- 1 Tasse Wasser
- ein Spritzer Schnaps
- 1 TL Salz

Das Fleisch in das kochende Wasser geben und 15 Minuten kochen lassen, dann alle Gewürze und den zerkleinerten Knoblauch hinzufügen. Als Nächstes kommen die klein geschnittenen Brennnesselblätter in den Topf, die aber nur eine Minute kochen sollten. Zum Schluss den Wein hinzugeben, alles umrühren und fünf Minuten abkühlen lassen.

Tibetischer Glühwein für den Winter
Ein wärmendes, sämiges Getränk, das Sie in der kalten Jahreszeit kurz vor dem Schlafengehen trinken können.

Zutaten für 2 Personen:

- 2 Tassen Rotwein
- 2 EL Zuckerrübensirup
- 2 EL Butter
- 4 EL Tsampa (das Rezept finden Sie auf Seite 199f.)

Den Wein langsam erhitzen, aber nicht aufkochen lassen, dann die Zuckermelasse und die Butter hinzugeben. Langsam die Tsampa einrühren, bis eine breiige Paste entsteht. Das Ganze kurz noch einmal erhitzen, fertig.

Wellness

Sie sind der ideale Kandidat für ganzheitliche, sanfte Körper-Seele-Programme.

Nur leichter Sport

Da Sie von Natur aus gelenkig und musikalisch sind, liegen Ihnen leichte, spielerische Bewegungsformen. Tänze, leichtes Joggen, Schwimmen oder Gymnastik – besonders solche für Ihre chronisch verspannten Schulter- und Rückenmuskeln – sind empfehlenswert, aber kein Muss. Am ehesten entsprechen Ihrem Wesen die meditativen Körperübungen, denen eine fernöstliche Lebensphilosophie zugrunde liegt – von Tai Chi über Qi Gong und Yoga bis hin zu Butoh. Trainieren Sie eine halbe bis eine Stunde vor dem Frühstück, dies ist Ihre ideale Zeit. Beschränken Sie in den kalten Jahreszeiten (und vor allem bei kaltem Wind) das Bewegungsprogramm auf geschlossene Räume.

Ein ideales Heilmittel: Warmes Wasser

Als kühl und trocken klassifizierter Typ brauchen Sie zum Wohlfühlen genau das Gegenteil von kühl und trocken, nämlich: warmes Wasser. Baden und planschen Sie, sooft Sie können, in heißen Quellen, in Thermalbädern oder in der eigenen Badewanne. Die tibetische Heilkunde empfiehlt diese »Warmwassertherapie« speziell im Frühling und bei Gelenkschmerzen. Planen Sie eine Kur, dann wählen Sie die Zeit zwischen März und Mai. Nicht in den alten Schriften aus dem Himalaja erwähnt, aber von tibetischen Ärzten für gut befunden, sind die bei uns modernen Entspannungstherapien in warmem Wasser. Sie nennen sich zum Beispiel Aqua-Relax, Wasser-Shiatsu (Watsu) oder Liquid Sound. Wollen Sie sich weitere Körper-Seele-Behandlungen gönnen, entscheiden Sie sich für Fangokuren, Moor- oder Kreideschlammbäder und andere Methoden, bei denen mit warmem Schlamm gearbeitet wird. Haben Sie beim Saunieren die Wahl, tut Ihnen die (Kräuter-)Dampfsauna besser als die finnische Trockensauna.

Mantra-Gesänge für Herz und Seele

Ihrer Seele tut es gut, beruhigende, von Herzen kommende Melodien zu hören. Wenn Sie mögen, singen Sie mit oder wiegen Sie sich im Rhythmus der Melodie.

Vor allem die tibetischen Mantragesänge sind Nahrung für Ihre Lung-Seele. Eine besondere Empfehlung aus diesem Bereich sind die CDs der tibetischen Sängerin Dechen Shak-Dagsay. Die Künstlerin hat sich auf heilende meditative Mantragesänge aus ihrer Heimat spezialisiert, die sie mit sphärischen Klängen intoniert. Ein Genuss, der Herz und Seele der reinen Lung-Natur und aller Mischtypen mit Lung-Anteilen weit öffnet und schwingen lässt. Mehr dazu im Anhang.

Beruf und Berufung

Kreative Berufe entsprechen Ihrem Naturell. Ausgleichend und harmonisierend wirken eher ruhige Tätigkeiten.

Finden Sie Ihren Kompromiss
Optimal für Ihre Nerven wäre ein sicherer, klar geregelter Job, in dem Sie viel Routinearbeit verrichten können und keinen Existenzrisiken ausgesetzt sind. Doch auf Dauer würden Sie sich dabei nicht wohlfühlen. Ihr unruhiger, nach neuen Impulsen süchtiger Geist käme nicht auf seine Kosten. Also gilt es, eine Balance zu finden zwischen einer Tätigkeit, die nicht allzu vielen Veränderungen und nicht allzu starren Arbeitszeiten unterliegt und die gleichzeitig interessant genug ist, um Sie bei der Stange zu halten.

Von Ihrem Ideenreichtum und Ihrer geistigen Beweglichkeit profitieren Sie in allen kreativen Sparten. Sicher werden Sie auch als Journalist, Graphiker oder Moderator erfolgreich sein, weil dabei Ihr Gespür für Trends zum Einsatz kommt. Aber Sie müssen wissen, dass Medienberufe die Lung-Energie verstärken. Stress, Hektik, ständige Veränderungen und Arbeitsplätze, die Schleudersesseln gleichen, provozieren bei Ihnen Nervenkrisen und Burn-out. Lernen Sie in solchen Berufen, sich regelmäßig Auszeiten zu nehmen und Stress abzubauen.

Sehr geeignet sind Lung-Typen für Heilberufe. Als Masseur, Arzt, Heilpraktiker, Hebamme, Tanz- oder Maltherapeut oder Astrologe können Sie Ihr Einfühlungsvermögen und Ihr Feingefühl mit Ihrem Idealismus verbinden. Und wenn Sie medial begabt sind: Viele Kartenleger, Seher und Geistheiler haben starke Lung-Anteile.

Da Sie dazu neigen, sich begeistert in eine Aufgabe zu stürzen, und dann nicht merken, wann Sie aufhören müssen, rät Ihnen die tibetische Harmonielehre dringend, sich nicht zu überarbeiten!

Berufe, die Ihrer Natur nicht entsprechen, sind: Rechtsanwalt, Richter, Lehrer und alle handwerklichen Berufe, bei denen Sie sich körperlich sehr anstrengen müssen.

Das Liebesleben des Lung-Typs

Lung und Lung als Paar

Zwei romantische »Lungs« verliebt im Himmelbett – das klingt wie mitten aus dem Paradies. Aber es klingt eben nur so. Nach einer Zeit himmelhohen Jauchzens beginnt sich über den Turteltauben langsam ein Chaos aufzutürmen, über dem sie leicht den Überblick verlieren. Aber zunächst zu den positiven Seiten dieser Verbindung: Der weibliche und der männliche Lung-Typ mögen und verstehen sich auf Anhieb. Sie können sich sehr gut in die Situation des anderen hineinfühlen und spüren ohne Worte, wie es dem anderen geht. Da beide starke geistige Interessen haben und sich immerzu über die großen und kleinen Fragen des Lebens austauschen möchten, kann ihnen der Gesprächsstoff gar nicht ausgehen. Zudem ist das Lung-Paar zu intensiven Gefühlen fähig und liebt es, diese auch auszudrücken.

Langweilig wird es garantiert nicht
Da Lung-Wesen sehr unkonventionell, offen und experimentierfreudig sind, kann die Zeit der ersten Verliebtheit zu einem unvergesslichen Traum werden. Phantasievolle Liebesbeweise, romantische Ausflüge, verrückte Orgien, spontane Heiratsanträge – hier ist einfach alles drin.
Die ersten Schwierigkeiten beginnen, wenn es darum geht, die hochfliegenden Pläne im ganz realen Leben umzusetzen. Allein der Gedanke, ein Hochzeitsfest zu organisieren, kann das Lung-Paar in Panik versetzen. Themen wie Struktur und Logistik sind dem Lung-Wesen völlig fremd und überfordern es leicht. Was, wenn alles schiefgeht (was ganz danach aussieht)? Da sollte unbedingt ein Hochzeitsplaner mit ins Boot. Auf der anderen Seite findet das Paar klassische Hochzeiten eigentlich ohnehin viel zu spießig und könnte in letzter Sekunde die gesamte sorgfältige Planung über den Haufen werfen und spon-

tan beschließen, zu einer unmöglichen Zeit an einem unmöglichen Ort mit unmöglichen Menschen zu feiern. In solchen Fällen nimmt es keiner dem anderen übel, wenn alles über Nacht umgeworfen wird. Zumal die Feste, die dann wirklich stattfinden, ungewöhnlich schön, lebendig, und fantasievoll ausfallen: Wenn sie mit Gleichgesinnten feiern, tanzen, lachen, singen können, sind Lung-Paare ganz in ihrem Element und verbreiten die wunderbare Leichtigkeit des Seins.

Wo bleibt die Ruhe?

Doch es kommt unweigerlich der Zeitpunkt, an dem die Schattenseite der Lung-Lung-Verbindung zutage tritt. Zwei so wechselhafte, sprunghafte, wandelbare und eigenwillige Charaktere haben ein Problem damit, Stabilität und Kontinuität in ihr Liebesleben zu integrieren. In dieser Konstellation fehlt einfach das Element Ruhe. Zu sehr sind Lung und Lung damit beschäftigt, Pläne zu schmieden, Visionen nachzuhängen oder ihre Liebe zu feiern. Von sich aus kommen sie nicht auf die Idee, gemeinsam zu schweigen oder einen stillen Augenblick zu genießen, es sei denn, es handelt sich um ausgemachte Yogis oder Mediationsexperten, die es gelernt haben, den fehlenden Ruhepol in sich zu schaffen und ganz gezielt den heilenden Ausgleich in erdenden Tätigkeiten zu suchen.

Feste Rituale geben Halt und Struktur

Grundsätzlich mangelt es Lung-Typen an Kontinuität und festen Gewohnheiten. Die Stimmung und die Umstände in ihrem Paarleben verändern sich zu oft und zu schnell. Um ein vorschnelles Scheitern dieser hochlebendigen, inspirierten Beziehung zu vermeiden, sollte das Paar gezielt Rituale in seinen Alltag einbinden. Zu gerne suchen die beiden im anderen Halt und Bodenhaftung. Doch es gehört zur Lebensaufgabe der Lungs, sich diese Qualitäten selbst anzueignen.

Nichts ist sicher!
Nächstes Problemthema der Verbindung: die Zuverlässigkeit. Leider können sich Lung-Frau und -Mann weder auf ihre gegenseitigen Treueschwüre noch auf ihre Zusagen verlassen. Zu verführerisch sind die Verlockungen des anderen Geschlechts, zu sprunghaft das eigene Wesen. Und ist das ursprünglich blinde Vertrauen einmal dahin, können sich Abgründe tiefer Verzweiflung öffnen. Künstlerehen, wie es sie zwischen Lung und Lung häufig gibt, drohen oft an den Banalitäten des Lebens zu zerbrechen.

Beispiel
Sissi, 65 Lung, 18 Tripa, 17 Bäken, und
Walter, 67 Lung, 20 Tripa, 17 Bäken

Walter, 24, groß, schlank, ein unauffälliger junger Mann, lebt seit dem Abschluss an der Kunstakademie zusammen mit seiner großen Liebe Sissi in einem kleinen Häuschen auf dem Land. Er hat sich im Gartenhaus ein kleines Bildhaueratelier eingerichtet, sie hat ihre Ausbildung als Grafikdesignerin abgebrochen und macht jetzt eine Ausbildung an der Heilpraktikerschule in der Stadt. Das Paar hat nicht viel Geld zum Leben. »Arm, aber glücklich«, sagt Walter oft. Aber innerlich spürt er genau, dass es ihm nur schwer gelingen wird, für ein sicheres Einkommen zu sorgen. Obwohl seine Skulpturen außergewöhnlich sind, interessieren sich Galerien und Kunsthändler nicht dafür. Um einigermaßen über die Runden zu kommen, fährt Walter nebenbei Taxi. Auch Sissi weiß, dass sie es einmal schwer haben wird, als Heilpraktikerin zu überleben, zu groß ist die Konkurrenz mittlerweile. Aber sie ist nun mal sehr idealistisch und fühlt sich zum Heilen berufen.
Eines Tages wird Sissi überraschend schwanger. Beide freuen sich zwar sehr, wissen aber gleichzeitig, dass ihr Leben nun noch schwerer wird. Sissi fühlt sich außerstande, im schwangeren Zustand zur Heilpraktikerschule in die Stadt zu fahren und legt die Ausbildung auf Eis.

Aber manchmal hat sie Skrupel: Ob das die richtige Entscheidung war? Hätte sie nicht doch lieber die Schule weitermachen sollen? Nachts, wenn die Existenzängste kommen, liegt das Paar oft schlaflos im Bett und fühlt sich hilflos einem schweren Schicksal ausgeliefert. Wie sollen wir das alles schaffen? Walter und Sissi haben Schwierigkeiten, einen Lebensplan zu entwickeln und durchzuziehen. Beide können schwer Entscheidungen treffen und lassen ihr Leben von Zufällen oder äußeren Einflüssen bestimmen. Sie hängen zwar aneinander, können sich aber gegenseitig nicht helfen. Sowohl Walter als auch Sissi bräuchten einen geerdeten Partner, der ihnen hilft, das praktische Leben zu meistern.

Lung und Tripa als Paar

Trifft Lung auf Tripa, sind je nach Geschlecht nur zwei Rollenverteilungen möglich: Ist Tripa männlich und Lung weiblichen Geschlechts, ist die Rollenverteilung vorhersehbar: Der dominante Tripa-Partner wird seine phantasievolle Gefährtin schnell an die Wand spielen und ihre Stimmungswechsel werden ihm beizeiten auf die Nerven gehen. Mit seiner Aggression verletzt er die zart beseelte Lung-Natur zutiefst. Ist die Frau eine Tripa und ihr Mann der Lung, wird sie sich den verspielten Liebhaber schnell untertan machen. Wer bei dieser Paarung auf der Strecke bleibt, liegt auf der Hand. In dieser Kombination ist es nur eine Frage der Zeit, bis der wenig einfühlsame Tripa seinen sensiblen Lung-Partner so überrollt hat, bis von diesem ohnehin nicht sehr selbstbewussten Menschen nur noch ein Häufchen Elend übrig bleibt.
Der Grundtyp Lung und Grundtyp Tripa verstehen sich kaum, sie haben nur ihr Defizit gemeinsam: Beiden fehlen erdige Eigenschaften wie Ruhe, Stabilität und Vertrauen.

Lung und Bäken als Paar

Diese Liebesbeziehung steht und fällt mit der Bereitschaft beider Typen, voneinander zu lernen. Und da gibt es wirklich einiges, was man sich voneinander abschauen kann. Dem einen fehlt das Lebendige, Flexible und Leichte, dem anderen das Bedächtige, Beschauliche, Gemütliche.

Fragt sich nur, ob die gravierenden Unterschiede zwischen diesen beiden Welten wirklich überbrückbar sind.

Gibt es eine Brücke?
Der friedliche Bäken mag die Lung-Persönlichkeit anfangs lustig finden und sich köstlich über deren Kapriolen amüsieren. Aber irgendwann braucht er wieder seine Ruhe und möchte sich seinen liebgewonnenen Gewohnheiten widmen. Dann nervt ihn das pausenlose Geplapper des Partners und er neigt dazu, dessen sprunghafte Art als nervösen Aktivismus abzutun und nachdrücklich die Tür hinter sich zuzumachen. Die schnelle Lung-Natur wiederum betrachtet es als Herausforderung, ihren sesshaften Partner mit immer neuen Überraschungen aus der Reserve zu locken, und genießt es, sich von ihm bekochen und umsorgen zu lassen. Aber selbst das ist nur manchmal schön. Immerzu einen so biederen, häuslichen Mann beziehungsweise ein Hausmütterchen an seiner Seite zu haben, das wird dem reinen Luftwesen dann doch zu langweilig. Lung möchte diskutieren, sich bewegen und Neues erleben. Sieben Abende die Woche vor dem Fernseher zu verbringen ist für Lung die Hölle. Hier müssten beide Seiten schon sehr aus ihrer Haut können, um eine gemeinsame Basis zu finden. Wollen sie das wirklich?

Lung und Lung-Tripa als Paar
Dies ist eine Verbindung mit recht guten Aussichten: Die Charaktere fühlen sich auf Anhieb seelenverwandt, weil sich ihre Interessen und Bedürfnisse in vielen Bereichen überschneiden. Beide sind sensibel, lebendig und begeisterungsfähig. Sie lassen sich von geistigen Themen faszinieren, lieben die schönen Künste, sind gerne kreativ und immer in Bewegung. Auch he-

gen sie eine gemeinsame Vorliebe für schöne Gespräche in schöner Umgebung.

Lung-Tripa holt Lung die Sterne vom Himmel
Während Lung gerne romantische Luftschlösser baut, bringt der Lung-Tripa-Partner die nötige Power in die Beziehung. Die gemeinsamen Träume haben damit durchaus Chancen, Realität zu werden: Lung-Tripa besitzt die nötige Durchsetzungskraft, dem Leben eine gesunde Basis zu geben und gleichzeitig seinem Lung die Sterne vom Himmel zu holen.

Vorsicht vor dem Feuer
Die Probleme in dieser Beziehung können durch die Schattenseiten des Feuers entstehen (Dominanz, Rücksichtslosigkeit, Aggression und Eifersucht), die in Lung-Tripa angelegt sind. Wenn viel Stress von außen die Beziehung belastet, kommen diese Eigenschaften schnell zum Tragen. Dann könnte die Stimmung schnell kippen, denn von Natur aus sind beide Typen nervenschwach. Vorsicht vor den explosiven Ausbrüchen von Lung-Tripa, zumal Lung darauf hysterisch reagiert! Das kann in heftige Streitereien ausarten, die allerdings auch schnell wieder vergessen sind. Zum Glück sind beide nicht nachtragend.

Es fehlt an Stabilität
Ein lohnenswertes Neuland, das die beiden eher unruhigen Luftnaturen am besten Hand in Hand betreten, ist das Bäken-Prinzip. Erdige Qualitäten wie Stabilität oder Beständigkeit gehen Lung und Lung-Tripa gleichermaßen ab. Durch ihren geringen Bäken-Anteil kommen sie von sich aus kaum auf die Idee, die Dinge vielleicht etwas gelassener anzugehen. Sie ahnen nicht, wie schön es sein kann, gemeinsam zur Ruhe zu kommen. Das sollten sie dringend einmal ausprobieren.

Beide sollten sich erden

Kurzum: Diese Beziehung wird wesentlich stabiler, wenn die Partner mehr für ihre Erdung tun. Sie könnten sich etwa viel in der Natur aufhalten, im Grünen wohnen und gemeinsam die Liebe zum Gärtnern entdecken, viel meditieren und Entspannungstechniken praktizieren.

Beispiel

Anabel, 71 Lung, 11 Tripa, 18 Bäken, und
Winfried, 58 Lung, 33 Tripa, 11 Bäken

Anabel, die verträumte Philosophiestudentin, verliebt sich Hals über Kopf in Winfried, einen Uniprofessor vom Typ Lung-Tripa. Ihre zarten Reize bleiben ihm nicht verborgen, und bald werden die beiden ein Liebespaar. Anabel blüht in dieser Beziehung richtig auf. Der Professor und sie haben jede Menge gemeinsame Interessen: Literatur, ein ästhetisches Zuhause mit viel Kunst und klassischer Musik, und in den Semesterferien machen sie Studienreisen nach Ägypten. Winfried stärkt Anabels Selbstbewusstsein und ermutigt sie, nach dem Examen zu promovieren. Ohne ihn hätte sie sich das niemals getraut, sagt sie ihren Freunden. Sie fühlt sich von Winfried bestens unterstützt. Das Einzige, was ihr in dieser Beziehung zu schaffen macht, ist seine Eifersucht. Wann immer sie sich mit anderen Studenten trifft, reagiert der um 15 Jahre ältere Winfried misstrauisch. Wenn sie zu lange wegbleibt, telefoniert er ihr hinterher. Anabel ist oft sehr bestürzt über das Verhalten ihres Partners. Sie beteuert ihm immer wieder, dass sie nur ihn liebt. Doch es will ihr nicht gelingen, Winfrieds Misstrauen zu zerstreuen. Ein Paartherapeut ermutigt die Partner, miteinander die Kunst der Gelassenheit zu lernen. Anabel und Winfried besuchen daraufhin ein Achtsamkeits-Seminar und lernen, einander mehr zu vertrauen und loszulassen.

Lung und Lung-Bäken als Paar
Zwei zart besaitete Wesen, die einander spüren und respektieren, den Kern des anderen erkennen und sich in Toleranz begegnen. Hieraus kann eine zauberhafte Beziehung erwachsen. Endlich ein Partner, mit dem es auch ohne Machtkämpfe geht, der keine Eifersuchtsdramen liefert – wie wohltuend für die Lung-Natur. Der Lung-Bäken-Typ bringt durch seine Bäken-Anteile Ruhe und Beschaulichkeit ins gemeinsame Haus, ohne dabei langweilig zu werden, und das ist Balsam für die zarte Lung-Seele.

Ein feines Gespür für Zwischentöne
Die Lung-Qualitäten beider Typen halten diese Beziehung immer in Bewegung. Aber dies ist nicht die nervöse und bodenlose Hektik, wie sie zwischen Lung und Lung oder zwischen Lung und Lung-Tripa herrscht. Lung-Bäken bringt Lung wohltuend auf den Boden und zeigt ihm, was Stille bedeuten kann: ein unspektakuläres, zurückgezogenes Leben zum Beispiel, umgeben von wenigen, aber guten Freunden.

Die Kunst des stillen Glücks
Mit ihrem Sinn für Qualität und ihrem ausgezeichneten Geschmack können sich Lung und Lung-Bäken ein idyllisches, geschmackvolles Zuhause schaffen – mit Kind, Katze und Kegel, vielleicht auch mit einer kleinen Kreativwerkstatt. Selbst in den Dingen, die sie ablehnen, herrscht Einigkeit. An erster Stelle wären hier Angebereien und laute Veranstaltungen zu nennen, aber auch der Kauf protziger Statussymbole und Partys, auf die man geht, um gesehen zu werden.

Zu viel Einigkeit und Harmonie?
Das fehlende Feuerelement weist allerdings darauf hin, dass die Leidenschaft in dieser Verbindung etwas zu kurz kommt. Meist sind die Partner jedoch klug genug, ihre Luft-

anteile zu aktivieren, um wieder Schwung in die Beziehung zu bringen. Dennoch: Beide sollten ihre Zurückhaltung hin und wieder aufgeben und Risiken eingehen – miteinander oder einzeln.

Lung und Tripa-Bäken als Paar

Gemeinsamkeiten fehlen in dieser Paarkombination völlig, aber dafür gibt es die Chance, dass beide sich ergänzen wie Yin und Yang. Hier besitzt der eine genau das, was dem anderen fehlt: Lung mit seinen Luftqualitäten wie Sensibilität, Beweglichkeit und Feingefühl bleibt für Tripa-Bäken ewig ein Faszinosum, er wiederum bringt dafür die Eigenschaften des Feuer- und des Erde-Typs ins Spiel – etwa Tatkraft und Geschäftssinn, aber auch praktische Begabung und Fürsorglichkeit. Mit anderen Worten: Mit diesem Partner bekommt Lung endlich die breite Schulter zum Anlehnen. Der pragmatische Tripa-Bäken wiederum schmückt sich gerne mit den schillernden Federn des Luftikus an seiner Seite und bringt genügend Geduld und Nachsicht für die sprunghafte Art des Gegenübers auf. Sogar die Taktlosigkeiten hält er aus, die Lung ohne böse Absichten herausrutschen. Viele lung-betonte Künstler haben gut geerdete Lung-Bäken-Partner. Die sind ihr Fels in der Brandung, und so können sie sich unbekümmert ihrer Schreiberei, Malerei oder Sangeskunst widmen.

Der Geschäftsmann und seine Fee
Das klassische Bild für ein solches Paar ist der große, stattliche Unternehmer, der seine zarte, hilfsbedürftige, aber künstlerisch hochbegabte Frau auf Händen trägt und ihr großzügig ein Leben als Malerin oder Schriftstellerin ermöglicht. Aus der umgekehrten Konstellation kann eine weibliche Tripa-Bäken die erfolgreiche Geschäftsfrau sein, die einen hochbegabten, aber nicht mit beiden Füßen im wahren Leben stehenden Sänger, Maler oder Schriftsteller mit durchbringt.

Je nach Bewusstsein und persönlicher Ausgeglichenheit funktioniert so eine Romanze manchmal ein Leben lang, manchmal überdauert sie nur kurze Zeit.

Lung und Lung-Tripa-Bäken als Paar

Einem Lung, der einen Partner dieses Typs an seiner Seite weiß, kann man nur gratulieren. Mit dieser Eroberung hat er gute Chancen, innerlich zu wachsen und seine persönliche Weiterentwicklung voranzutreiben. Auch wenn es am Anfang vielleicht nicht danach aussieht: Hier steht Harmonie ins Haus.

Drei gleich starke Energien wirken immer heilend
Ein Mensch vom Schlag des Lung-Tripa-Bäken wird durch drei gleich starke Energien geprägt. Er gerät also seltener als die anderen Typen aus dem inneren Gleichgewicht, und so etwas färbt immer auf die Umgebung ab. In Gegenwart eines derart ausgeglichenen Naturells kann Lung seine Wunden heilen und Leib und Seele regenerieren. Ist er dann bei Kräften, kann er sich ganz bewusst auf seine positiven Fähigkeiten besinnen und an Selbstbewusstsein gewinnen. Wie das geht, schaut er sich am besten vom Partner ab. Das Schönste für Lung: Mit einem ausgeglichenen Partner zieht nicht nur Ruhe in sein Leben ein, er entdeckt auch ungeahnte Energien und Kraft und fasst Mut zu eigenen Plänen.

Beschützerinstinkte und Abgrenzung
Zu Beginn der Beziehung wird Lung-Tripa-Bäken ganz automatisch Beschützerinstinkte für Lung entwickeln und sich bemühen, das zarte Pflänzchen an seiner Seite zu hüten und zu pflegen. Aber mit der Zeit ermutigt er den Partner, sich immer mehr auf die eigenen Beine zu stellen.
Hin und wieder wird es dem Ausgewogenen mit Lung schlicht zu bunt, dann will er sich abgrenzen: zum Beispiel, wenn der

luftige Liebling über die Maßen abhebt und sich in Ideen verrennt. Aber auch in dieser Hinsicht kann sich Lung unter dem Einfluss des Partners mehr und mehr stabilisieren und auf seine lichten Eigenschaften besinnen.

Die glückliche Lung-Persönlichkeit

Die blasse Hautfarbe und der zarte Körperbau von Lung verleiten Außenstehende manchmal zu der Vermutung, es handele sich um einen schwächlichen und kränklichen Menschen. Ein völlig falsches Bild, denn für die Lung-Natur ist das zarte Äußere gleichbedeutend mit Gesundheit. Lung ist in Harmonie mit sich und der Welt, wenn er seine Fähigkeiten und Intuition verfeinern kann. Und genau diese Richtung sollte die persönliche Weiterentwicklung einnehmen.

Eine beseelende Natur
Einmal auf einem ethisch hohen Niveau angelangt, beeinflussen Lung-Naturen ihre Umgebung zum Positiven. In ihrer beseelenden Gegenwart besinnen sich Streithähne auf ihre Friedfertigkeit, werden Couch-Potatos kreativ, hören Hektiker auf zu zappeln. Wo immer sie auftauchen, fühlen sich Lung-Frau oder -Mann der Ästhetik und der kunstvollen Verfeinerung des Lebens verpflichtet. Sie lieben es, Gespräche in eine erbauliche Richtung zu lenken und sich eine angenehme Wohnatmosphäre zu schaffen. Wie keinem anderen Typ gelingt es der Lung-Persönlichkeit, den Menschen die Schönheit des Lebens vor Augen zu führen. Mit ihrem wachen, aufnahmefähigen Geist wirkt sie äußerst inspirierend und bringt andere dazu, sich mit Kunst, Philosophie und den großen Zusammenhängen der Welt zu beschäftigen.

Transformation der Schattenseiten
Auf hohem Bewusstseinsniveau verwandelt sich die angeborene Eigensinnigkeit von Lung in Individualität, und die leidigen Stimmungsschwankungen werden zu Flexibilität. Um ihren Alltag zu bewältigen, wird sich die »erlöste« Lung-Natur zugunsten klarer Strukturen von einem Teil ihrer chaotischen Veranlagung verabschieden. Regelmäßige Schlafens- und Essenszeiten bilden ein heilsames äußeres Korsett im Alltag. Ein wichtiger Meilenstein auf dem Weg zur glücklichen Lung-Persönlichkeit ist auch die Befreiung von Abhängigkeiten. Die zuvor beschriebene »Gier des Habenwollens«, eines der drei Geistesgifte im Buddhismus, das alle Menschen plagt und an ihrer persönlichen Weiterentwicklung hindert, wird besonders dem Lung-Naturell zugeordnet. Diese Gier äußert sich generell in dem Bedürfnis, sich am Erstrebenswerten zu berauschen und immer mehr davon haben zu wollen. Doch damit ist nun Schluss. Der vollkommene Lung hat es geschafft, aus dem Teufelskreis der Süchte auszusteigen. Er fällt keinem Kaufrausch mehr anheim, hält Maß mit dem Konsum von Alkohol und gefährdet nicht länger mit sinnloser Geldverschwendung seine Existenz. Auch die verhängnisvolle Neigung zu symbiotischen Beziehungen und gefühlsmäßigen Verstrickungen sind endlich überwunden und dem Gefühl innerer Unabhängigkeit gewichen.
Lung war sehr lange in seinem Leben von menschlicher Zuwendung abhängig. Im erlösten Zustand ist er nun in der Lage, sich selbst zu lieben und diese Liebe auch anderen zuteilwerden zu lassen. Mit seiner Fähigkeit zu selbstloser Liebe macht Lung den Menschen ein großes Geschenk.

Bahn frei für den richtigen Partner
Von allen emotionalen Abhängigkeiten befreit, wird der Lung nun auch den Partner in sein Leben ziehen, der ihm menschliche Wärme entgegenbringt, der ihn weder ausbeutet noch un-

ter Druck setzt, sondern in all seinen Eigenheiten akzeptiert. Eine große Begabung von Lung, die im Chaos des Alltags oft untergeht, ist seine Heiler- und Sehernatur. Im Zustand geistiger Reife können sich diese Gaben nun entfalten. Kraft ihres großen Einfühlungsvermögens erfassen Lung-Typen die Nöte ihres Gegenübers sehr schnell und spüren sofort, was es zu dessen Genesung braucht. Sie sind hochintuitive Visionäre und Magier und zu bedingungsloser Liebe fähig.

Grundtyp Tripa

Element: Feuer
Das Feuerelement ist für alle verbrennenden und auflösenden Prozesse verantwortlich. Ihrer Person verleiht das Feuer Mut, Durchsetzungskraft, eine klare Intelligenz und starkes Selbstbewusstsein. Ihr starker Wille und Ihre Lust auf Macht sind das Rüstzeug für eine dominante Persönlichkeit. Aber Vorsicht, Sie brauchen auch die Sensibilität des Luftelements und die Ruhe der Erde, sonst schießen Sie leicht übers Ziel hinaus. Für Ihr persönliches Lebensglück gilt es, Ihr Temperament zu mäßigen und mehr Mitgefühl zu entwickeln.

So sind Sie

Körperbau und Aussehen

Ein kräftiger, sportlicher Körper
Da Sie vom Feuerelement dominiert werden, haben Sie vermutlich den so genannten durchschnittlichen Körperbau. Weder groß noch klein, weder dick oder dünn, sondern gutes Mittelmaß. Ihr kräftiger, sportlicher Körper strahlt eine enorme Vitalität aus. Mit Ihnen möchte man sich nicht so gern körperlich anlegen, weil man deutlich spüren kann, was geschieht, wenn Ihre Kämpfernatur herausgefordert wird. Gegen Angriffe setzen Sie sich vehement zur Wehr.

Haut, die sich leicht rötet: typisch Tripa
Wenn Sie rothaarig und sommersprossig sind, besitzen Sie auf jeden Fall starke Tripa-Anteile. Stammen Sie hingegen aus ei-

ner eher dunkelhäutigen Familie, haben Sie im Vergleich zu den anderen Familienmitgliedern auf jeden Fall die hellste Haut und die hellsten Haare. Selbst wenn Ihre Haut nicht von Natur aus rötlich ist, reagiert sie auf äußere und innere Hitze schnell mit Rötung. In der Sonne bekommen Sie leicht einen Sonnenbrand, und wenn es draußen heiß wird oder Sie in die Sauna gehen, kriegen Sie einen roten Kopf. Das Gleiche gilt, wenn die innere Hitze steigt: Bei körperlicher Anstrengung, wenn Sie wütend oder aufgeregt sind oder wenn Ihnen etwas peinlich ist, laufen Sie sofort rot an. Ihr Haar ist häufig ganz glatt, eher fein und fettet schnell. Typisch für Tripa-Menschen ist ein breiter oder quadratischer Schädel mit einem unverwechselbaren Gesicht. Markante, teilweise durchaus kantige Züge, ein energisches Kinn und ein klarer, durchdringender Blick verraten deutlich den Power-Typ, der in Ihnen steckt.

Im Übrigen sind Sie unter allen Typen derjenige, der vermutlich die meisten Duschgels, Seifen, Puder und Deodorants verbraucht. Ihre hohe Körperwärme bringt Sie immer so schnell ins Schwitzen, dass Sie an manchen Tagen zwei- oder dreimal unter die Dusche steigen möchten.

Die Tripa-Persönlichkeit

Das Element Feuer schenkt Ihnen ein beeindruckendes, dominantes, selbstbewusstes Auftreten. Es verleiht Ihnen auch Leidenschaft, Dynamik und Mut. Mit dieser Grundausstattung sind Sie Abenteurer, Pionier und Eroberer – und bei allem Wagemut immer ein guter Geschäftsmann oder eine gute Geschäftsfrau.

Überzeugend, mitreißend und umwerfend charmant
Um Ihr inneres Wesen zu verstehen, lohnt es sich, das Phänomen Feuer in der äußeren Natur zu betrachten. Am liebsten

mögen wir Feuer, das mit gleichmäßiger Flamme vor sich hin flackert und die gesamte Umgebung wohlig wärmt. Auf Sie als Feuermensch übertragen sind das die Situationen, in denen Sie sich von Ihrer besten Seite zeigen: witzig, schlagfertig und von umwerfendem Charme. Ihre ansteckende gute Laune macht Sie nicht nur beliebt, sie schenkt Ihnen eine Menge Verehrer beiderlei Geschlechts.

Wenn alles gut läuft im Leben, legen Sie überragende Qualitäten an den Tag. Mithilfe Ihres scharfen Verstands können Sie Ihre Gedanken gut ordnen und strukturieren, sind eindeutig und klar in Ihrer Aussage, zielorientiert, ehrgeizig und entscheidungsfreudig. Als großartiger Redner mit oft charismatischer Ausstrahlung können Sie mühelos ein großes Publikum faszinieren und überzeugen. Bei so viel natürlicher Autorität wird es Ihnen allerdings schwerfallen, sich in eine Gruppe einzuordnen. Es sei denn, Sie sind der Chef des Teams. Wozu auch unterordnen, wo Sie doch die geborene Unternehmerin beziehungsweise der klassische Unternehmer sind? Mit Ihrem scharfen, analytischen Blick erkennen Sie Marktlücken sofort, Ihr Auftreten überzeugt jede Bank von Ihrer Kreditwürdigkeit, Ihre Energie gibt Ihnen das nötige Durchhaltevermögen, und Ihr Selbstbewusstsein sagt Ihnen, Sie werden es schaffen. Stimmt! Sie sind eine Kämpfernatur, ein Siegertyp. Egal, ob Sie die Welt umsegeln, eine Forschungsexpedition zum Amazonas leiten, eine Agentur für Abenteuerreisen gründen oder fünf Kinder großziehen, nebenbei den Haushalt schmeißen, den Vorstand einer Elterninitiative übernehmen und gegen Atomkraft demonstrieren – was immer Sie tun, alles geschieht mit der gleichen Intensität und Leidenschaft.

Wehe, es kommt Öl ins Feuer
Doch es gibt immer wieder Lebensumstände, die auf Sie wirken, als würde man Öl ins Feuer gießen. Dann kommt es zur Stichflamme oder zur Explosion. Das Feuer lodert jäh auf,

verbreitet sich mit rasender Geschwindigkeit, vernichtet alles und hinterlässt verbrannte Erde. Das ist die andere Seite Ihres feurigen Temperaments: Sie können blitzschnell in Rage geraten. Wehe Ihren Opfern, wenn Sie zur Furie werden. Ihre Art, übers Ziel hinauszuschießen, kann so destruktiv sein, dass Sie damit nicht nur Freundschaften aufs Spiel setzen, sondern auch Ihre Glaubwürdigkeit. Eine der guten Seiten Ihres Aggressionstriebs ist Ihr Wettkampfgeist. Auf Sie kann man zählen, wenn es darum geht, beim Wettangeln den größten Fisch an Land zu ziehen oder beim Tennisturnier den Pokal zu holen. Sobald Sie Ihre Fähigkeiten unter Beweis stellen können, ist Ihre Welt in Ordnung. Vorausgesetzt natürlich, es läuft alles nach Ihrem Willen, Sie sind keiner Kritik ausgesetzt und es ist kein Nebenbuhler in Sicht. Doch was, wenn eine dieser Harmoniefallen zuschnappt? Unerbittlich werden Sie Ihre Vorstellungen, Ihre Meinung und Ihr Revier verteidigen. Wer Sie in Frage stellt, wird schnell Ihr Feind.

Nicht unbedingt zu Ihren Stärken gehören auch Geduld und Mitgefühl. Sie haben zum Beispiel Mühe, die etwas langsamere Gangart schwerfälliger Zeitgenossen zu tolerieren oder sich in deren Art des Denkens einzufühlen. Da werden Sie leicht ungehalten.

Doch zum Glück besteht das Leben des Tripa-Typs nicht nur aus Stichflammen, und glücklicherweise gibt es Mittel und Wege, so ein jähes Auflodern zu zügeln oder brenzlige Situationen gar nicht erst aufkommen zu lassen. Die tibetische Heilkunde kennt eine Reihe von Maßnahmen, die Ihnen helfen, Ihr Feuer beständig warm und wohltuend brennen zu lassen, sodass man gerne Ihre Nähe sucht und sich von Ihrem Optimismus anstecken lässt.

Körper und Gesundheit

Die Feuerenergie wirkt auf alle Verbrennungsvorgänge im Körper. Deshalb besitzen tripa-betonte Menschen einen gut funktionierenden Stoffwechsel. Besonders typisch sind ihr ständiger Hunger und Durst.

Wo Tripa im Menschen sitzt

Das Feuerprinzip ist für alle Prozesse und Zustände im Körper verantwortlich, die Hitze brauchen:

- Aufnahme und Verarbeitung der Nährstoffe
- Stoffwechsel
- Verdauung
- Aufrechterhaltung der Körperwärme
- Wohlbefinden und Ausstrahlung
- Mut, Temperament, Lebendigkeit

Ihre Schwachstellen

Die tibetische Heilkunde lokalisiert typische Tripa-Krankheiten in Leber und Gallenblase, Dünndarm, Augen, Blut, Schweiß und Haut.

Leber und Galle

Leber und Galle sind Ihre empfindlichsten Organe. Nicht nur die tibetische Medizin sieht hier einen Zusammenhang mit Wut und Aggression – auch in unserem Sprachgebrauch kennt man Zustände, in denen man »Gift und Galle spuckt«. Typische Tripa-Krankheiten sind Leberentzündung, Gallensteine und stechende Schmerzen im Oberbauch, aber auch Migräneanfälle.

Verdauung

Im Allgemeinen funktioniert die Verdauung des Tripa-Typs hervorragend und problemlos. Im Krankheitsfall kann es jedoch zu Durchfall, Dünndarmentzündung oder Magengeschwüren kommen.

Augen und Haut
Sie tendieren zu Lidrand- oder Bindehautentzündungen. Bei Leberschwäche oder -störungen werden die Augäpfel oft gelblich. Auch die Haut infiziert sich leicht. Typische Erscheinungsbilder sind eitrige Entzündungen wie Pickel und Furunkel, aber auch Akne.

Heiße Krankheiten
Eine Spezialität des Tripa-Typs sind »heiße« Krankheiten. Sie zeigen sich in Form von Entzündungen und fiebrigen Infektionen. Er kann sehr schnell hohes Fieber entwickeln, das dann sofort behandelt werden muss. Vorsicht: Alle Infektionskrankheiten können plötzlich einen dramatischen Verlauf nehmen. Klassisches Beispiel ist die Blutvergiftung.

Körpergeruch
Schon von Haus aus riecht der Tripa-Schweiß recht scharf. Ist der Organismus zudem angeschlagen, intensiviert sich mit dem Schwitzen der Körpergeruch.

Entgleiste Emotionen
Neben den erwähnten Wutausbrüchen und seiner generellen Aggressivität kann ein aus dem Gleichgewicht geratener Tripa-Typ auch sehr tyrannisch, rechthaberisch und überheblich werden, enorme Kritiksucht entwickeln, grausam und verletzend sein, bis hin zur Gewalttätigkeit. Weitere Schatten seiner Dynamik sind zwanghafte Verhaltensstörungen wie Fanatismus, Pünktlichkeitswahn oder Perfektionismus.

Das Geistesgift der Tripa-Persönlichkeit

Ein vom Feuer beherrschter Charakter hat nach Ansicht der Buddhisten vor allem mit den Geistesgiften von Wut, Hass und Neid zu kämpfen. Diese negativen Emotionen besitzen zwar alle Menschen, doch in der Tripa-Persönlichkeit sind sie besonders stark vertreten. Buddhisten sehen darin die Ursache für alle Beschwerden, Störungen und Krankheiten. Lodernder Hass, Zerstörungswut und Eifersuchtsdramen mögen extreme Ausformungen sein, doch sie demonstrieren sehr deutlich das destruktive Element, das in der Tripa-Persönlichkeit angelegt ist.

Wann das Feuer lodert

Von Natur aus ist die Tripa-Energie in folgenden Zeiten erhöht:

- mittags und um Mitternacht
- im Herbst
- im Erwachsenenalter

Verschlimmernde Faktoren

Folgende äußere Umstände können die Beschwerden verschlimmern:

- Trockenheit und Hitze
- zu viel direkte Sonneneinstrahlung
- starke körperliche Verausgabung
- scharfe Nahrung
- Alkohol

Wege zur Harmonie

Zum Ausgleich Ihrer heißen und trockenen Energie brauchen Sie Kälte und Feuchtigkeit.

Was hilft und heilt

Ruhe, Abstand und ein kühler Kopfwickel

Stress und angestrengte Arbeit erhöhen Ihre innere Hitze. Gewöhnen Sie sich an, in Zeiten heftiger Anspannung immer wieder Pausen einzulegen und abzukühlen. Zum Beispiel können Sie versuchen, sich ein wenig hinzulegen, um zur Ruhe zu kommen und Abstand von den Dingen zu gewinnen. Spüren Sie die für Tripa typischen stechenden Kopfschmerzen oder merken Sie, wie Ihr Kopf sich rötet, raten tibetische Ärzte Ihnen, entweder eine kühle Dusche zu nehmen und den Wasserstrahl direkt auf den Kopf zu richten oder ein kaltes, feuchtes Tuch um den Kopf zu wickeln. Beides leitet die Hitze sehr schnell ab. Wichtig: Ergreifen Sie diese Maßnahmen, noch bevor Sie gereizt oder ungehalten werden. Wenn die Energie in Ihnen bereits hochkocht, sind Sie oft nicht mehr in der Lage, Ihre Emotionen zu kontrollieren.

Das Feuer besänftigen

Sobald Sie merken, dass Sie sich über etwas sehr aufregen, sollten Sie sofort ein Glas kaltes Wasser oder kalten Saft trinken und einige Schritte gehen, um Abstand zum Geschehen zu gewinnen. Wenn sich die Gelegenheit dazu ergibt, können Sie eine Autosuggestion ausprobieren: Nehmen Sie eine Meditationshaltung ein und sagen Sie sich: »Wut und Ärger existieren in Wirklichkeit nicht. Sie sind eine Illusion, die aus meinen Emotionen entsteht. Ich selber habe diese Gefühle produziert.«

Eine Lichtübung gegen Schmerzen

Eine typische »Krankheit« Ihres Typs sind scharfe, stechende Schmerzen. Unter diese Kategorie fallen Migräneanfälle und Kopfschmerzen, aber auch Leibschmerzen, vor allem im Oberbauch. Bevor Sie zu den üblichen Schmerzmitteln greifen, versuchen Sie einmal die folgende Lichtübung. Sie ist ein tibetisches Mentaltraining, das von Dr. Namgyal Qusar empfohlen wird:
Bemühen Sie sich zunächst, genau den Sitz Ihres Schmerzes zu orten. Spüren Sie in diese heißen Schmerzen hinein. Lenken Sie Ihr ganzes Bewusstsein dorthin. Erleben Sie das Pochen, das Brennen oder Stechen und akzeptieren Sie es. Nun stellen Sie sich vor, dass aus dem Ort, an dem Ihre Schmerzen sitzen, weißes Licht herausströmt. Dieses Licht ist pure Energie. Es ist die Energie Ihres Schmerzes, die in Licht verwandelt wurde und in dieser Form aus Ihrem Körper herausfließen kann. Visualisieren Sie, wie immer mehr von diesem Licht aus der schmerzenden Stelle herausströmt und wie die Intensität Ihres Schmerzes allmählich nachlässt. Beenden Sie die Übung erst, wenn es Ihnen besser geht.

Kaltes gegen Krämpfe

Bei Magenkrämpfen und bei Bauchweh, das sich »heiß« anfühlt (Sie können dies prüfen, indem Sie die Hände auf die Schmerzstelle legen), hilft die tibetische Kältetherapie, die der unseren sehr ähnlich ist. Sie empfiehlt kalte Umschläge oder einfach Eiswürfel aufzulegen. Zusätzlich hilft eine Akupressur: Drücken Sie mit einem Finger fest auf den Punkt, der zweieinhalb Zentimeter oberhalb des Nabels liegt. Ein weiterer Tipp: Trinken Sie viel, zum Beispiel kalten Tee aus Bitterkräutern wie Wermut, Löwenzahn oder Kalmus.

Schlaftipps

Sie dürften kaum Schlafprobleme haben, kommen mit wenig Schlaf aus und können gut früh aufstehen. An Tagen mit viel Stress und Hektik, an denen Ihre innere Hitze stark angestiegen ist, kann es allerdings passieren, dass Sie schlecht einschlafen – vor allem dann, wenn Sie gegen Mitternacht zu Bett gehen. Um diese Zeit ist Ihre Feuerenergie besonders stark. Legen Sie sich also schon vorher hin und schlafen Sie immer im Kühlen, möglichst bei offenem Fenster.

Besser leben

Überwinden Sie Ihr Ego

Feuertypen sind es gewohnt, ihren Bedürfnissen nachzugehen. Das zeugt von Selbstvertrauen. Doch manchmal geht ihr »gesunder« Egoismus zu stark auf Kosten anderer. Um glücklicher und harmonischer zu leben und gute, stabile Beziehungen aufzubauen, können Sie sich Verhaltensweisen und Tugenden aneignen, die nicht in Ihrem Typ angelegt sind. Dazu gehören:

- Respekt
- Einfühlungsvermögen
- Toleranz
- Rücksicht
- Hilfsbereitschaft
- Altruismus

Diese Qualitäten entsprechen der buddhistischen Lebenshaltung von Liebe und Mitgefühl. Sie zu erlernen ist generell eine große Herausforderung für westlich geprägte Menschen und ganz speziell für Sie als Tripa-Persönlichkeit. Wenn Sie sich mit der fernöstlichen Sichtweise noch nie beschäftigt haben, werden Sie wahrscheinlich gar nicht verstehen, warum Sie so »dumm«

sein sollen, von Ihrer Position abzulassen, sich von anderen etwas sagen zu lassen oder sich ihnen gar unterzuordnen. Und das in einer Zeit, in der Egozentriker die Welt regieren ...

Die Buddhisten sehen das anders. Sie verstehen die Haltung der Demut gegenüber allem Lebendigen als wichtigen Schritt der Charakterschulung. Für sie sind das Erlernen von Demut, Respekt und Dankbarkeit große Meilensteine auf dem Weg zur Erleuchtung.

Nun müssen Sie ja nicht gleich zum Heiligen werden. Aber Sie sollten wissen, dass Sie sich selbst (und den Menschen in Ihrem Umfeld) einen großen Gefallen tun, wenn Sie an der Überwindung des Ego(ismus) arbeiten. Hier einige Anregungen:

- Machen Sie sich auf die Suche nach einem geistigen Lehrer. Das kann ein tibetischer Lama sein, aber auch ein Yogalehrer oder ein westlicher spiritueller Meister. Wichtig ist, dass Sie dessen Autorität akzeptieren können.
- Lernen Sie mentale Techniken zur persönlichen Weiterentwicklung, zum Beispiel in Seminaren für Führungskräfte.
- Besuchen Sie ein Überlebenstraining, in dem Sie Ihre Grenzen erfahren können.
- Treten Sie einer gemeinnützigen Hilfsorganisation bei.
- Üben Sie Rollenspiele, in denen Sie sich in die Situation Ihres Gegenübers versetzen.
- Zügeln Sie Ihren Wettkampfgeist. Versuchen Sie einmal ganz bewusst, nicht der oder die Erste, Beste oder Schnellste zu sein.

Cool down: Alltagsregeln für Hitzköpfe
Das sollten Sie tun:

- Duschen Sie häufig kalt oder zumindest kühl.
- Benutzen Sie erfrischende Eau de Toilettes mit kühlenden Ingredienzen wie Zitrusdüfte oder Sandelholz.

- Kommen Sie oft zur Ruhe. Entspannen Sie sich regelmäßig und gezielt.
- Üben Sie Techniken, um auf Distanz zu gehen, wenn Ihnen der Hut hochgeht. Gehen Sie bei einem Streit zum Beispiel kurz aus dem Raum, um sich zu sammeln.

Das sollten Sie meiden:

- Starke Emotionen. Danach könnte Ihre Verdauung streiken und Sie könnten Sodbrennen und Magenschmerzen verspüren.
- Ausgedehnte Sonnenbäder und offenes Feuer.
- Anstrengende Aktivitäten in praller Hitze. Dabei können Sie richtig krank werden. Es drohen Migräneanfälle oder sogar Fieber.
- Körperliche Überanstrengung, die Sie gereizt und ungeduldig werden lässt.

Die richtige Ernährung

Sie sind der klassische Rohkost-Typ: Viel Obst, Salat und leichte, kühlende Nahrung machen Sie zufrieden.

Ein Mensch mit gesundem Appetit
Am besten, Sie haben zu Hause und am Arbeitsplatz immer eine Flasche Mineralwasser und etwas Joghurt, Obst oder frisches Gemüse im Kühlschrank. Ihre schnelle Verbrennung bewirkt, dass Sie oft Hunger und Durst haben. Geben Sie diesem Bedürfnis unbedingt nach! Mit kleinen, frischen Snacks zwischendurch sorgen Sie immer wieder für neues Brennmaterial in Ihrem inneren Ofen; damit kann das Feuer gleichmäßig brennen. Wenn Sie Ihren Hunger übergehen, muss unter Umständen Ihre Umwelt darunter leiden. Feuerbetonte Menschen

fühlen sich im hungrigen Zustand sehr unwohl. Sie reagieren gereizt, werden ungeduldig und fahren schnell aus der Haut.

Ihre wichtigsten Essregeln

- Essen Sie möglichst spät zu Mittag (gegen 14 Uhr) und früh (gegen 19 Uhr) zu Abend, da Ihre heiße Energie gegen 12 Uhr (und um Mitternacht) ihren Höhepunkt erreicht. Meiden Sie zu diesen Zeiten warme Nahrung.
- Ihre Hauptmahlzeit sollten Sie am späten Mittag zu sich nehmen. Beenden Sie Ihre Mahlzeit mit Halbgefrorenem, Eis oder Obst und trinken Sie anschließend ein Glas Wasser.
- Essen Sie abends nicht mehr viel.
- Trinken Sie große Mengen – speziell kühle oder (im Sommer) kalte Getränke. Durch Ihren schnell verbrennenden Stoffwechsel und Ihr häufiges Schwitzen brauchen Sie viel Flüssigkeit.
- Sie sind für Rohkost prädestiniert. Auch Ihre Verdauung kommt damit bestens klar. Essen Sie rohes Gemüse, Salate und Obst in jeder Form und Variation. Die größten Portionen morgens und mittags, abends etwas weniger.
- Nehmen Sie regelmäßig Bitterstoffe in der Nahrung zu sich, sie sind wichtige Heilmittel für Sie.

Die Geschmacksrichtungen für Ihren Typ

Empfehlenswert: Nahrungsmittel mit der Geschmacksrichtung bitter, süß und zusammenziehend.
Besser meiden: sauer, scharf, salzig.
Mehr über die tibetischen Geschmacksrichtungen lesen Sie auf Seite 19 ff.

So könnte Ihr Essen für einen Tag aussehen

Das Frühstück
Starten Sie Ihren Tag mit Wasser. Trinken Sie auf nüchternen Magen zwei Glas Wasser, das Sie am Abend zuvor zehn Minuten lang kochen und dann über Nacht abkühlen lassen. Wenn Sie die europäische Variante dieses Morgenrituals bevorzugen, trinken Sie Mineralwasser (Zimmertemperatur). Anschließend empfiehlt sich ein Müsli mit frischen Früchten, Joghurt und etwas Honig oder ein mit Wasser gekochter Reisporridge mit Früchten, etwas frischer Butter und Honig. Dazu gibt es eine Tasse grünen Tee und ein Glas Fruchtsaft.

Ein gutes Mittagessen
Mittags speisen wie ein König – hier zwei Vorschläge: Wenn Sie Fleisch mögen, genießen Sie ein in Olivenöl gebratenes Rindersteak mit Reis, Nudeln oder Kartoffeln. Dazu gibt es einen Salat mit Joghurt-Dressing. Mögen Sie es lieber vegetarisch, kochen Sie sich ein Gemüsegericht aus Karotten, Pilzen, Tofu und Auberginen, gewürzt mit Basilikum, Dill, Kümmel und frischen Korianderblättern. Dazu Reis oder Nudeln. Zum Nachtisch Eis oder Halbgefrorenes.

Zwischendurch
Obst oder Obstsalat.

Am Abend leichte Kost
Zum Abendessen können Sie gern auch einmal nur gesunde Vorspeisen zu sich nehmen. Zum Beispiel einen Salat und/ oder eine mild gewürzte Gemüsesuppe. Trinken Sie dazu ein Glas Fruchtsaft oder Wasser.

Hiervon sollten Sie viel essen

Die folgenden Nahrungsmittel enthalten die für Sie sehr heilsamen Bitterstoffe und/oder sind von süßem oder zusammenziehendem Geschmack. Halten Sie sich an diese Liste, betreiben Sie echte, wirksame Gesundheitsvorsorge.

Getreide und Gemüse:

Artischocken	Karotten
Brunnenkresse	Kartoffeln
Chicorée	Kürbis
Eichblattsalat	Radicchio
Endiviensalat	Rucola
Erbsen	Reis
Gerste	Spinat

Kräuter und Gewürze:

Bockshornklee	Safran (sehr gut)
Gelbwurz	Spitzwegerich
Koriander	Wermut
Löwenzahn (sehr gut)	Wiesenstorchschnabel
Pfefferminze	(als Tee)
Rosmarin	

Früchte:

Grundsätzlich vertragen Sie alle Obstsorten sehr gut. Für Sie besonders empfehlenswert sind:

saure Äpfel	Orangen
Ananas	Papaya
Grapefruit	Wassermelone

Nüsse und Samen:

Mandeln
Maronen

Fleisch und Fett:

Butter (wenig)	Buttermilch (sehr gut)
Kalbfleisch	Joghurt
Rind	kalte Milch (gut zum
Fleisch vom Wild	Frühstück)
Milchprodukte	

Getränke:
In den alten Schriften aus dem Himalaja wird dem Tripa-Typ als Hauptgetränk kaltes Schneeschmelzwasser empfohlen. Inzwischen haben sogar die Tibeter diesen Tipp modifiziert und raten zum Trinken von normalem Wasser – im Winter zimmerwarm, im Sommer kühl bis kalt. Immer gut sind alle Sorten von Fruchtsäften.

Darauf sollten Sie verzichten

Wenn Sie irgendwelche Beschwerden haben, sollten Sie folgende Nahrungsmittel meiden, da sie Ihre heiße Energie verstärken:

Alkohol	Kaffee
Eier	Lammfleisch
Frittiertes, z. B. Pommes frites	Meerrettich
scharfe Gewürze wie Chili	zu viel Öl und Fett
oder Cayennepfeffer	

Ein Fastentag pro Woche

Zur Vorbeugung von Krankheiten empfehlen tibetische Ärzte Ihnen einmal in der Woche einen Fastentag, an dem Sie keine feste Nahrung zu sich nehmen. Auf lange Sicht können Sie mit dieser einfachen Maßnahme Ihr Verdauungssystem regulieren und den Geist harmonisieren. Vor allem ersparen Sie Ihrem Organismus damit die jährlichen tage- oder wochenlangen Fastenkuren.

Um eine gute Entgiftung des Körpers zu fördern, empfiehlt es sich, den Darm vor dem Fastentag vollständig zu entleeren.

Ein genau zu solchen Heilzwecken entwickeltes tibetisches Abführmittel ist Padma Lax von der Firma Padma (Kaufinformation im Anhang). Es besteht aus 15 verschiedenen Komponenten und sollte, da die Wirkung nach acht Stunden eintritt, am Abend vor dem Fastentag eingenommen werden. Wichtig: An Ihrem Fastentag sollten Sie sehr viel trinken. Empfehlenswert sind alle Säfte und Tees, besonders:

- Grapefruitsaft (wegen seines bitteren Geschmacks)
- lauwarmer Pfefferminztee
- Tees mit Bitterkräutern

Tibetische Pillen mit kühlenden Komponenten

Als Tripa-Typ profitieren Sie sicherlich davon, wenn Sie das tibetische Kräuterheilmittel Padma 28 ausprobieren. Die kühlenden Komponenten dieses in der Schweiz hergestellten Präparats haben auf Ihre feurige Energie eine mehrfach positive Wirkung:

- Sie gleichen erhöhten Fettkonsum und zu viel (erhitzend wirkenden) Alkohol aus. Die zugrunde liegende Rezeptur wurde von den Tibetern nach üppigen, fettreichen Mahlzeiten angewandt.
- Sie dienen als Gefäßschutz. Gefäßentzündungen werden in der tibetischen Medizin als »heiße« Erkrankungen eingestuft. Sinnvoll vor allem, wenn Sie bereits unter zu hohem Blutdruck leiden.
- Sie regulieren das Immunsystem und beugen damit tripatypischen Infektionskrankheiten vor.

Dosierung und Anwendung: Sie können Padma 28 problemlos über längere Zeit einnehmen, als besonders günstige Jahreszeit für eine kurmäßige Anwendung empfehlen tibetische Ärzte aber den Herbst. Es empfiehlt sich, die Dosis um die Mittagszeit (und gegebenenfalls am späten Abend) einzunehmen und um diese Zeit für eine »ruhige Lebensweise« zu sorgen.

Ein weiteres Mittel des gleichen Herstellers für Ihren Typ ist das Lebermittel Padma Hepaten. Das ausgleichende Bittermittel dämpft die Tripa-Energie, beruhigt die Leberhitze und harmonisiert die Leber. Wenn bei Ihnen häufig negative Emotionen hochkochen (»die Galle kommt hoch«), kann das Mittel normalisierend eingreifen. Dosierung: 4 Kapseln jeweils vor dem Frühstück und 1 Stunde nach dem Abendessen. Es ist auch möglich, die gesamte Dosis einmal pro Tag einzunehmen. Eine regelmäßige Anwendung über 2 bis 3 Monate ist ratsam, Sie können das Mittel auch über einen längeren Zeitraum einnehmen.

Weitere Informationen über Padma 28 und Padma Hepaten finden Sie im Schlusskapitel.

Wellness

Vom Körperbau her sind Sie ein Wettkampftyp. Doch Ihr Geist braucht nicht nur Herausforderung, sondern auch Ruhe.

Ganz heiß auf den ersten Preis

Wenn Sie berufsmäßig Sport treiben, setzt Ihr Trainer wahrscheinlich große Hoffnungen in Sie. Ihre athletische Figur, Ihre Disziplin, Ihr eiserner Wille und Ihre Lust, sich mit anderen zu messen, befähigen Sie zu Hochleistungen. Trotzdem sollten Sie es nicht übertreiben. Ihr Ehrgeiz macht Sie manchmal richtig fanatisch, und damit schaden Sie sich. Wenn Sie sich körperlich über längere Zeit stark verausgaben, steigt Ihre Hitze, und Sie können Krankheitssymptome entwickeln.

Zusätzlich zu Ihrem Sportprogramm sollten Sie auf jeden Fall auch Meditation, Yoga oder andere Körper-Geist-Übungen in Ihren Alltag integrieren. Solche Praktiken leiten nicht nur Ihre überschießende heiße Energie ab, sondern wirken auch charakterbildend. Sie helfen Ihnen auf Dauer, Ihre Emotionen zu mäßigen und Ihren Jähzorn besser zu kontrollieren.

Immer empfehlenswert sind Kaltwassertherapien, zum Beispiel nach Pfarrer Kneipp, und Schwimmen in kühlen Gewässern. Achtung: Heiße Bäder, Saunagänge und andere Warmwasseranwendungen dienen laut tibetischer Heilkunde nicht Ihrer Gesundheit. Wollen Sie trotzdem in die Sauna, schlingen Sie sich bitte unbedingt ein kalt-feuchtes Handtuch um den Kopf.

Ein Fußbad mit Sandelholzöl

Dem ätherischen Öl aus Sandelholz wird kühlende Wirkung nachgesagt. Hier ein Rezept, das an heißen Sommerabenden abkühlt und so entspannt, dass Sie sich anschließend gleich ins Bett legen können: 2 Esslöffel Olivenöl mit 8 Tropfen Sandelholzessenz vermischen und in eine kleine Fußbadewanne mit kühlem (nicht kaltem) Wasser geben. Die Füße 20 Minuten lang darin baden.

Beruf und Berufung

Sie können sich beruflich am besten verwirklichen, wenn Sie unabhängig sind und frei oder selbständig arbeiten.

Ihre Führernatur ist unverkennbar
Ihre starke Dynamik, Ihr ausgeprägter Geschäftssinn und Ihr Talent, mit Geld umzugehen, prädestinieren Sie zur Selbständigkeit. Tun Sie sich mit einem Partner oder mit einer Gruppe Gleichgesinnter zusammen und stellen Sie sich auf eigene Bei-

ne. Übernehmen Sie eine Firma, gehen Sie Risiken ein. Sie können das. In fester Anstellung werden Sie nur glücklich, wenn weiter oben auf der Karriereleiter ein Platz für Sie in Aussicht steht. Dann macht es Ihnen Spaß, sich anzustrengen, Ihr Organisationstalent unter Beweis zu stellen und andere zu überholen. Sollte Ihr Chef Ihren Ehrgeiz noch nicht erkannt haben und Sie nicht fördern, sind Sie am falschen Platz! Sie besitzen eindeutig Führungsqualitäten: ein selbstsicheres Auftreten, Mut zum Risiko, Lust auf Macht und jede Menge Energie. Mit diesem Rüstzeug sind Sie in der Lage, Probleme als Herausforderung zu verstehen. Als einzige Frau in einer Männerdomäne? Das kann doch lustig werden. Ein Ferienjob als Verkäufer? Mit Ihrer Überzeugungskraft kein Problem.

Ob Sie ein guter Chef sind und bei Ihren Kollegen und Mitarbeitern beliebt, hängt sehr von Ihrer persönlichen Disziplin und Ihrer Fähigkeit zur Selbstreflexion ab. Wie gut schaffen Sie es, Ihre Aggressionen zu zügeln, schwächere (oder langsamere) Mitarbeiter zu tolerieren, Ihre eigenen Bedürfnisse zugunsten der Gruppe zurückzustellen oder Kritik entgegenzunehmen? Viele »Tripas« sind äußerst motivierende Teamchefs, die andere mit ihrer Begeisterungsfähigkeit anstecken und pushen können, andere kommen besser allein zurecht. Dann vielleicht eher als Schauspieler, Showmaster oder Moderator auf einer Bühne oder an einem Rednerpult? Bekommen Sie den Beifall, den Sie sicherlich verdienen, können Sie geradezu charismatische Züge entwickeln.

Eher ungeeignet hingegen sind Berufssparten, bei denen Sie harte körperliche Arbeit im Freien verrichten müssen und der prallen Sonne ausgesetzt sind, etwa als Gärtner, in der Landwirtschaft oder als Reiseleiter in heißen Ländern. Auch wenn Sie in Jobs, die hohe Konzentration erfordern, aber mit viel Stress verbunden sind wie Manager, Pilot, Börsenspekulant große Erfolge erzielen, sollten Sie sich bewusst sein, dass Sie regelmäßig Ausgleichstechniken brauchen, um sich zu harmonisieren. Lernen Sie Entspannungstechniken, um sich körperlich und mental herunterzufahren. Auch als Profisportler sollten Sie das tun, sonst müssen Sie früher oder später mit Beschwerden rechnen. Die permanente körperliche Anstrengung beschwört Hitzekrankheiten geradezu herauf.

Das Liebesleben des Tripa-Typs

Action, Abenteuer, Spaß und ein großer Freundeskreis. Ein Leben an Ihrer Seite ist alles andere als langweilig. Um in einer Beziehung glücklich zu werden, brauchen Sie einen Partner, der Ihre gefühlsbetonte Saite zum Klingen bringt und gleichzeitig mit Ihren Besitzansprüchen zurechtkommt. Denn Sie möchten Ihren Partner oder Ihre Partnerin am liebsten mit Haut und Haar besitzen.

Tripa und Tripa als Paar

Aller Wahrscheinlichkeit nach haben sich die beiden beim Sport kennengelernt und sind auf der Stelle füreinander entflammt, zum Beispiel beim Match auf dem Tennisplatz, wo sie sich gegenseitig herausforderten. Oder einer war der Trainer, der andere der Trainierte oder der Fan. In welcher Konstellation auch immer – Sport, Bewegung und Wettkampf spielen in dieser Verbindung eine große Rolle. Es ist die gemeinsame Leidenschaft der »Tripas« und gleichzeitig auch die beste Methode, um das beiderseits feurige Potenzial auf gesunde Weise auszuagieren. Wenn beide ausgepowert nach Hause kommen, liegen sie sich nach dem Duschen bald in den Armen und setzen ihre Leidenschaft auf anderer Ebene fort.

Action und Sport sind der Motor dieser Verbindung. Fehlen diese Elemente, kann es jedoch schnell schwierig werden. Wohin mit der überschießenden Kraft? Wohin mit dem Stress aus dem Büro? Da führt schnell ein Wort zum anderen. Das wiederum lässt der Partner sich nicht gefallen und schon ist der erste Streit ausgebrochen. Die Explosionen zwischen zwei Feuertypen können so heftig sein, dass die Nachbarn Ohrenstöpsel brauchen. Die sollten sie aber nicht vorschnell entsorgen, denn auch die Versöhnung zwischen Tripa und Tripa wird in der gleichen Lautstärke und Heftigkeit gefeiert. Anschließend ist alles bereinigt, und beide tun so, als wäre nichts gewesen. Bleibt nur zu hoffen, dass das Paar regelmäßig Sport treibt und sich regelmäßig liebt.

Beide wollen sich ständig messen
Die Lust am Sieg ist die Würze dieser Beziehung und gleichzeitig eine große Chance. Sobald die beiden nämlich an einem Strang ziehen, potenziert sich ihre enorme Leistungsfähigkeit, und sie werden miteinander sehr erfolgreich. Sportlich, finanziell, ganz generell im Leben.
Möglich ist ein gemeinsames Vorwärtskommen aber nur, wenn die weibliche und der männliche Tripa ihre Reviere von vornherein abstecken – und nicht nur das: Auch für den Fall eines (bei diesem Typ unvermeidlichen) Übergriffs sollte es eindeutige Regeln geben.

Achtung, hier wird projiziert
Dass Dramen trotzdem nicht ausbleiben, bringt allein schon die Neigung zur Projektion mit sich: Herr und Frau Tripa suchen für ihre Probleme grundsätzlich die Schuld beim andern und werfen ihm mit großer Vehemenz stets genau die Eigenschaften vor, mit denen sie selbst Probleme haben. »Dir kann man nicht trauen«, sagt der Misstrauische zu seiner Partnerin, worauf diese ihm entgegenbrüllt, dass er doch bitte vor seiner eigenen Türe kehren möge. Da in solchen Spiegelspielen stets heftige Emotionen hochkochen, schaukeln sich die Beschuldigungen schnell in die Höhe. Leider gibt es in solchen Fällen nur Verlierer. Die Beziehung von zwei Part-

nern mit dem Grundtyp Tripa beginnt fast immer im Himmel, doch nur wenn beide sehr an sich arbeiten, endet sie auch dort.

Beispiel

Marion, 9 Lung, 72 Tripa, 20 Bäken, und
Werner, 12 Lung, 68 Tripa, 30 Bäken

Das Paar hat sich gerade erst kennengelernt und ist hochgradig verliebt. Werner möchte seine neue Eroberung einem Kollegen vorstellen und schlägt Marion vor, ihn in dessen Wohnung gemeinsam zu bekochen. Alle Beteiligten sind begeistert von der Idee, es verspricht ein netter Abend zu werden. Werner hat sich ein Gericht ausgedacht, das er schon einige Male mit Erfolg präsentiert hat: Russische Buletten mit warmem Kartoffelsalat. Einfach, aber köstlich, schwärmt er seiner neuen Liebe vor. Das Rezept stammt aus dem Kochbuch seiner Großmutter. Werner hat selbstverständlich nur die besten Zutaten eingekauft, und pünktlich um sechs Uhr tauchen die beiden in der Wohnung des Kollegen auf. Gegen sieben Uhr begibt sich das Liebespaar in die Küche. Werner erklärt Marion, dass sie ihm eigentlich nur zu assistieren brauche und schon mal anfangen könne, das Gemüse zu putzen. Den Rest werde er gerne übernehmen. Aber Werner hat nicht damit gerechnet, dass seine neue Flamme sich beim Kochen nicht so einfach abschieben lässt. Marion ist Hauswirtschaftslehrerin und kennt sich mit der Zubereitung von Fleischbuletten hervorragend aus. Sie belehrt Werner, dass er die Brötchen viel länger einweichen müsse und die Leberstückchen auf keinen Fall vorbraten dürfe. Werner, ganz im Eifer des Kochvergnügens, bekommt sofort einen roten Kopf und antwortet in einem vielleicht etwas zu scharfen Ton: »Meine liebe Marion, ich habe meine Buletten von Anfang an genau so gemacht, und sie sind mir bisher immer hervorragend gelungen.« – »Aber Schatz, du hast meinen Tipp doch noch gar nicht ausprobiert«, fällt ihm Marion ins Wort, »du verstößt eindeutig gegen die Grundregeln des Kochens.« Da die beiden noch sehr verliebt sind, können sie sich darauf einigen, dass Werner die Buletten auf seine und Marion zur Gegenprobe einige auf ihre Art zubereitet. Der Kollege soll als Schiedsrichter entscheiden, welche die besseren sind. Zum Glück ist der Kollege diplomatisch und befindet, dass beide Bulettenvarianten gelungen sind. Zwischen den Liebenden bleibt die Stimmung für den Rest des Abends trotzdem angespannt.

Tripa und Bäken als Paar

Aus Sicht der Typenlehre besitzen Tripa und Bäken genau die Eigenschaften, die dem anderen jeweils abgehen: Der eine ist immer unterwegs, der andere liebt sein Sofa. Gegensätze, die krasser nicht sein könnten. Finden sich zwei so unterschiedlich veranlagte Menschen überhaupt anziehend? Sie verkehren in verschiedenen Kreisen, interessieren sich für unterschiedliche Themen. Die einzige Gemeinsamkeit ist das gleiche Defizit. Beiden fehlen »luftige« Eigenschaften wie etwa Sensibilität, Leichtigkeit und Intuition.

Gehen wir aber trotzdem einmal davon aus, dass die beiden sich gesucht und gefunden haben. So kommt mit dem feurigen Partner plötzlich eine Menge Pfeffer ins Leben der friedlichen Natur. Andererseits findet die wilde Tripa-Seele im Schoß des ruhigen Partners endlich die ersehnte Ruhe. Action versus Gelassenheit – das kann sich gut ergänzen. Allerdings nur, wenn beide reif und klug genug sind, den anderen nicht verändern zu wollen. Das kann eine Aufgabe fürs ganze Leben sein. Beim Tripa-Typ erfordert dies die Bereitschaft, die bedächtige, geruhsame Art des Bäken-Partners als eine Qualität zu erkennen. Toleranz und Respekt sind für ihn aber keineswegs selbstverständlich, weil er alles infrage stellt oder ablehnt, was nicht so ist wie er. Allzu oft verliert er die Geduld mit dem Ruhepol an seiner Seite, wirft ihm vor, langweilig zu sein, oder missachtet dessen Qualitäten. Einem Bäken-Charakter wiederum werden Tripas Erlebnishunger, seine fordernde Art und seine Eifersucht schnell zu viel. Manchmal lässt er die Frontalangriffe seines Gegenübers an seinem dicken Fell abprallen oder er fühlt sich überfordert und zieht sich beleidigt zurück. In günstigen Augenblicken amüsiert er sich dann wieder köstlich über den Entertainer an seiner Seite.

Bäken hütet Haus und Heim, Tripa geht auf die Jagd
Wenn diese Kombination tatsächlich zu einer stabilen Beziehung führt, wird Bäken in der Regel unabhängig von seinem Geschlecht den eher häuslichen Part übernehmen, während der Tripa-Partner draußen im Leben auf die Jagd geht – nach Erfolg, Geld, Besitz und Statussymbolen. Damit dieses Paar in Harmonie leben kann, sollte es sich die fehlende Dimension von Luft und Raum erschließen und damit die Lung-Qualitäten ins Paarleben holen. Es könnte sich zum Beispiel mit Kunst und Kultur befassen, vielleicht selbst malen oder musizieren oder einen Tanzkurs besuchen. Sich gemeinsam neue Bereiche zu erschließen, die beiden wesensfremd sind, hält eine Beziehung zusammen.

Tripa und Lung-Tripa als Paar

Der dynamische Mischtyp aus Lung und Tripa ist eine gute Basis für eine Beziehung mit Tripa. Er besitzt genügend Sensibilität, Feinsinn und Klugheit, um die vordergründigen Eitelkeiten des Tripa zu durchschauen, kann aber durch seine eigenen Tripa-Anteile dem dominierenden Verhalten des Partners einiges entgegenhalten. Eifersuchtsdramen und heftige Streits sind aber nicht auszuschließen, wenn das in beiden schlummernde Feuer jäh auflodert. Insgesamt handelt es sich hier aber um ein äußerst vitales und eigenwilliges Zweiergespann. Beide auf der Suche nach neuen Herausforderungen: Viel auf Achse, immer neugierig, erlebnishungrig. In jungen Jahren wird viel gefeiert, später sind es eher die Opern oder Tennisturniere, das Engagement in Politik oder Wirtschaft. Man zeigt sich gerne gut gekleidet, wobei Lung-Tripa eher in die extravagante Richtung tendiert und Tripa mehr auf Außenwirkung bedacht ist; man fährt die angesagte Automarke und lädt den Anlageberater auch mal zum Essen ein, weil man sich davon wichtige Investitionstipps verspricht. Denn eines ist klar: Am Hungertuch nagen Typen in dieser Paar-Konstellation wohl kaum. Wen wundert es auch bei so viel Ausstrahlung und so viel Charme. Wer von den beiden hat da eigentlich das Sagen? Grundtyp Tripa natürlich. Glaubt er zumindest. Nach außen sieht es auch ganz danach aus. Aber er sollte Lung-Tripa nicht unterschätzen. Der weiß dank seiner »klugen« Luft-Energie nämlich ziemlich genau, wie er seinen doch recht berechenbaren Tripa um den Finger wickeln kann. Mit der Raffinesse des Lufttypus setzt er seine Ziele um.

Tripa als Macho
Ist Lung-Tripa die Frau in der Beziehung, wird sie all ihre Verführungskünste einsetzen, um ihre Wünsche durchzusetzen. Der Tripa-Mann wiederum kann ihrem Charme kaum widerstehen und fühlt sich in seiner Eitelkeit geschmeichelt, wenn sie ihm kunstvoll die Füße massiert oder ein Liebesmahl bereitet, bei dem ihm Hören und Sehen vergeht. Ist Tripa die Frau, wird sie begeistert die ebenso phantasievollen wie leidenschaftlichen Liebesbeweise ihres begabten Lovers entgegennehmen.
Da beiden Typen die Erdung fehlt, können sie ihre Beziehung festigen und harmonisieren, indem sie gemeinsam zur Ruhe kommen, zum Beispiel durch Yoga und Meditation, ganzheitliche Sportarten wie Tai Chi – oder ganz einfach indem sie sich einen großen Garten zulegen, den sie hegen und pflegen.

Tripa und Lung-Bäken als Paar
In dieser Beziehung geht es deutlich gemütlicher und ruhiger zu, denn der Partner mit dieser Mixtur kann Tripa gut erden. Er ist häuslich und bietet dem oft getriebenen Feuerwesen

Stabilität und Geborgenheit. Ein hervorragender Partner, um eine Familie zu gründen. Gleichzeitig sanft und sensibel genug, um Tripas Herz für zarte Gefühle zu öffnen. Im Wesen des Lung-Bäken sind genau diejenigen Elemente besonders ausgeprägt, die Tripa fehlen: die intuitiven und kreativen Eigenschaften der Luft und das stabile, ruhige, beständige Erdelement. Tripa wiederum hat das Feuer, das dem Partner fehlt. Das macht beide füreinander interessant.

Beträchtliche Kompromisse von beiden Seiten
Wie lange die Anziehungskraft zwischen zwei so gegensätzlichen Wesen anhält, hängt von beider Kompromissbereitschaft ab. Der umtriebige Tripa muss es etwa aushalten, dass sein eher introvertierter Partner nur selten mitkommt, wenn er ausgehen möchte. Er muss damit klarkommen, dass sein Partner ihm wenig Widerstand entgegensetzt, wenn er ihm auf die Füße tritt. Statt sich zu wehren und eine Front aufzubauen (was Tripa viel lieber wäre), zieht sich Lung-Bäken eher zurück. Teils, weil er beleidigt ist, teils, weil ihm Tripas Aktionismus zu anstrengend wird und er sich nach Ruhe sehnt. Lung-Bäken wiederum muss akzeptieren, dass Tripa bald öfter seine eigenen Wege gehen wird, wenn er nicht mitkommt.

Besondere Momente der Nähe
Dennoch wird es immer wieder Momente geben, in denen diese so verschiedenen Menschen einander sehr nahe kommen. Denn im Grunde schätzt Tripa den sanften Gleichmut seines Partners. Wenn dieser sensible, geduldige Zuhörer ihm in schwachen Momenten tröstend auf die Schultern klopft, ihm recht gibt und ihm volle Solidarität bekundet, beginnt der Königstiger sich einzurollen und zufrieden zu schnurren. Lung-Bäken wiederum profitiert von der motivierenden Power seines Partners. Er reißt ihn aus seiner Lethargie heraus

und bringt ihn dazu, aktiver am Leben teilzunehmen. Auch wenn ihm das anfangs schwerfällt – hinterher ist er doch froh, sich aufgerafft zu haben.

Tripa und Tripa-Bäken als Paar

Ein Typ vom Schlage Tripa-Bäken kann Sie glücklich machen. Er besitzt genügend Souveränität und Fürsorglichkeit, um Ihren Eifersuchtsszenen mit Toleranz und Nachsicht zu begegnen. Andererseits sorgt sein Feuer-Anteil dafür, dass Sie nicht mit ihm Schlitten fahren können. Ziehen Sie gemeinsam an einem Strang, können Sie es finanziell sehr weit bringen. Sie haben beide einen überragenden Geschäftssinn. Ihre unternehmerischen Fähigkeiten ergänzen sich so hervorragend, dass Sie sich ein kleines Imperium aufbauen können. Seite an Seite, wie gesagt. Sobald sich aber ein Konkurrenzdenken zwischen Ihnen einschleicht, könnte es schwierig werden, denn es ist in Ihnen nicht angelegt, Rücksicht zu üben. Eine Lebensaufgabe!

Die unvermeidliche Frage zwischen tripa-betonten Partnern, nämlich »Wer ist der Herrscher hier in diesem Revier?«, fällt bei diesem Duo eindeutig zugunsten des Tripa-Bäken-Typs aus. In ihm findet Tripa seinen Meister, denn gegen diese geerdete, stabile Kraft kommt er nicht an. Der souveräne Tripa-Bäken registriert dessen mitunter etwas anstrengende Wichtigtuerei mit mildem Lächeln, um sich dann mit der ihm angeborenen Gelassenheit seinen eigenen Angelegenheiten zuzuwenden. An der soliden Verbindung von Feuer und Erde des Tripa-Bäken verpufft das hell auflodernde Feuer des Tripa. Wenn Feuer auf Erde trifft, entstehen harte, steinige Strukturen. Und Steine können nun mal nicht brennen.

Ruhe statt Sturm und Drang
Trotzdem kommen die beiden Typen sehr gut miteinander aus. Sie können eine Menge voneinander lernen. Tripa mit seinem

kompetitiven Geist möchte Tripa-Bäken herausfordern. Doch irgendwann hat er sich die Zähne an dem harten Brocken an seiner Seite ausgebissen und schwenkt die Fahne der Kapitulation. Und dann beginnt eine Veränderung: Der Tiger in Tripa wird plötzlich ganz zahm. Welch wohltuende Erfahrung, Grenzen zu spüren. Vielleicht hat er zum ersten Mal in seinem Leben jemanden gefunden, dessen Autorität er akzeptieren kann. Und das bietet ihm eine große Chance: Er kann sein überdimensioniertes Ego herunterfahren. Tief durchatmen, entspannen und sich einmal richtig fallen lassen – bei diesem Partner hat Tripa die Chance, seine Lebensaufgabe zu bewältigen. Ruhe statt Sturm und Drang – eine neue, befreiende Dimension.

Maßvolle Glut statt lodernder Flammen
Doch auch Tripa-Bäken profitiert in einer Beziehung mit seinem Temperamentsbündel. Dieser Typ delektiert sich an der Schlagfertigkeit, dem schnellen Witz und der Unterhaltungskunst seines Partners. Er mag auch dessen Art, kein Blatt vor den Mund zu nehmen und ihn aufzuwecken, wenn seine behäbige Bäken-Seite einmal überhandnimmt.
Langeweile kommt in dieser Beziehung eher selten auf. Im Gegenteil: Das Feuer auf beiden Seiten gibt der Leidenschaft immer wieder Zunder. Alles in allem wirkt das Feuerelement in dieser Beziehung aber nicht so destruktiv und verzehrend wie etwa zwischen Tripa und Tripa. Es bleibt im Wesentlichen auf eine maßvolle, belebende und wärmende Glut reduziert – von Ausnahmen natürlich abgesehen.

Gemeinsam Yoga machen
Da bei beiden Partnern das luftige Element schwach ausgeprägt ist, könnten klassische Lung-Themen wie Philosophie, Kunst oder Fragen der Ethik ihren Horizont erweitern und zur persönlichen Weiterentwicklung beitragen. Aufgeschlossen wie sie gegenüber neuen Strömungen sind, könnte es

durchaus passieren, dass sie sich eines Tages entschließen, an einem Yoga-Retreat teilzunehmen. Wenn sie anschließend dranbleiben, haben sie ihre Leidenschaft für einen Bereich entzündet, der beider Leben sehr bereichern kann.

Tripa und Lung-Tripa-Bäken als Paar

Für Tripa eröffnen sich mit einem Partner vom Typ des ausbalancierten Lung-Tripa-Bäken gute Chancen, persönlich zu wachsen. Hier lernt er die Kunst der Mäßigung, die ihm hilft, sein schnell überschießendes Feuer zu zügeln und sich ein wenig zurückzunehmen. Lung-Tripa-Bäken ist klug genug, den Egozentriker an seiner Seite auf eine Art in die Schranken zu weisen, dass der es ohne Gegenwehr akzeptieren kann. Auf der anderen Seite schätzt das harmonische Naturell die Power des Tripa, dessen analytischen Verstand und nicht zuletzt dessen umwerfenden Charme.

Das Einmaleins der Manieren

Wenn Lung-Tripa-Bäken-Naturen mit sich im Reinen sind, können sie in ihren Partnern große Veränderungen auslösen, ohne bewusst etwas dafür zu tun. Sie sind innerlich so ausgeglichen, dass sie anderen allein durch ihre Anwesenheit helfen, ihre Schwächen zu überwinden. Im besten Fall beginnt Tripa unter dem Einfluss dieses Partners ganz unwillkürlich an sich zu arbeiten.

Da sich der Lung-Tripa-Bäken mit der ihm eigenen Selbstverständlichkeit gegen Rücksichtslosigkeit und Egoismus zur Wehr setzen kann, hat Tripa hier jede Menge Gelegenheit, Höflichkeit und Manieren zu lernen, Rücksicht und Dankbarkeit zu üben und den andern uneigennützig zu beschenken, ohne sich insgeheim auszurechnen, was er dafür wohl zurückbekommt.

Tripa kann in dieser Beziehung auch entdecken, dass es gar nicht nötig ist, immer das Tempo vorzugeben. Die Dinge langsamer anzugehen kann auch sehr schön sein. Es soll sogar schon Fälle gegeben haben, in denen Tripa einsichtig und ohne Widerstand einem Vorschlag des Partners gefolgt ist ...

Beispiel
Liz, 6 Lung, 68 Tripa, 36 Bäken, und
Herbert, 30 Lung, 32 Tripa, 38 Bäken

Liz und Herbert haben zwei sehr unterschiedliche Temperamente. Sie ist eine sehr lebhafte, temperamentvolle Frau, er eher zurückhaltend, besonnen und introvertiert. Wahrscheinlich war es genau diese Unterschiedlichkeit, die sie aneinander faszinierte. Liz und Herbert waren Nachbarn, als sie sich kennenlernten. Seit einem halben Jahr sind sie nun ein Paar – mit nach wie vor zwei Wohnungen in demselben Haus. Herbert flog von Anfang an auf die positive Energie, die Liz ausstrahlte:»Sie war so offen, so spontan und immer gut drauf.« In seiner etwas spröden Art fügt er dann hinzu:»Natürlich spielen auch äußere Aspekte eine Rolle. Liz entspricht weitgehend meinen Vorstellungen von einer tollen Frau.«
Auch mit ihren beiden Kindern verstand er sich auf Anhieb. Für ihn, den Dauer-Single, eröffnet sich mit Liz eine echte Zweier-Perspektive:»Es ist für mich die erste Beziehung, in der ich eine Zukunft sehe.«
Herbert hatte sich bisher vorwiegend auf sein berufliches Fortkommen konzentriert. Nach einem Musik- und einem Informatikstudium in den USA arbeitet er jetzt in der Entwicklungsabteilung einer Softwarefirma.»Das macht Spaß und hat Vorteile«, sagt er trocken.»Flexible Arbeitszeiten, gute Bezahlung, gute Aufstiegschancen.«
Doch nun freut er sich, jemanden an seiner Seite zu haben, mit dem er die Dinge des Lebens genießen kann, die zu zweit einfach mehr Spaß machen: gemeinsam kochen, essen – und bei einer Flasche guten Weins relaxen. Herbert, der gerne am»Genussaspekt arbeitet«, wie er es selber ausdrückt, ist davon überzeugt, dass er Liz da noch einiges beibringen kann.

Liz sieht das ähnlich. »Herbert hat eine so kultivierte Lebensart, ist gebildet, ruhig, verständnisvoll.« Optisch war er eigentlich nicht ganz ihr Typ, aber »ich flog total auf seine ruhige Stimme. Und außerdem ist er ein Mann, der innere Werte hat«, schmunzelt sie. Auf die Frage, was sie an ihm besonders mag, kommt spontan die Antwort: »Dass er kein Streithansel ist – und viel toleranter als ich.«

Dass die tripa-betonte Liz die Friedfertigkeit ihres Lung-Tripa-Bäken-Freundes so schätzt, kommt nicht von ungefähr. Es gibt da nämlich hin und wieder auch ein Problem. Herbert formuliert es so: »Manchmal tue ich mich schwer mit ihrer Dominanz. Liz teilt gerne aus. Sie hat einen sehr ausgeprägten Führungsanspruch.« Er reagiert darauf leider nicht immer so, wie er es selbst für richtig hält. »Ich schaffe es nur manchmal zu kontern. Meistens bin ich einfach verstört, teilweise irritiert. Dann schlucke ich es herunter, schalte ab und ziehe mich innerlich zurück. Aber ich weiß genau, dass das nicht richtig ist, es hat mit meiner Kindheit zu tun. Ich bin eher der Typ, der Konflikten aus dem Weg geht.«

Liz ist da ganz anders. Sie geht auf Konfrontationskurs und fragt so lange nach, bis das Thema auf dem Tisch ist. Wenn sie dann über ihr Problem sprechen, sind beide hinterher erleichtert. Herbert weiß, dass er von Liz in dieser Hinsicht einiges lernen kann. Ein anderes Thema zwischen Liz und Herbert heißt Wettbewerb. »Letzte Woche gab es wieder mal eine ganz typische Situation«, erzählt Liz. »Wir fuhren mit dem Rad zum See. Ich fuhr voraus, er strampelte mir hinterher und musste sich richtig anstrengen, um mit mir Schritt zu halten. Das gefiel mir irgendwie nicht. Am See angelangt, nervte es mich, dass er kein Badetuch dabeihatte. Er ist oft so unbeholfen, das macht mich gereizt.«

Herbert sah die Situation ganz anders: »Ich wollte an diesem Tag ganz entspannt zum See radeln und hatte einfach keine Lust, ein Wettrennen zu veranstalten. Also habe ich einfach mein eigenes Tempo beibehalten. Dass ich ihr hinterher gestrampelt bin, stimmt einfach nicht.«

Direkt darauf angesprochen, ist Liz sich durchaus bewusst, welche Situationen sie immer wieder provoziert, sagt Herbert. Sie sei da durchaus lernfähig. Aber man müsse sie leider jedes Mal erneut darauf aufmerksam machen.

Liz und Herbert wollen aneinander wachsen. Sie hat inzwischen begriffen, dass Langsamkeit und Bedächtigkeit sie schnell ungeduldig werden lässt und dass sie dann dazu neigt, den vermeintlich Schwächeren abzuwerten. Er wiederum ist ihr dankbar, dass sie ihn zwingt, sich mit ihr auseinanderzusetzen: »Ich bin nicht der Mensch, der seine Gefühle offen auf den Tisch legt.« Die beiden sind inzwischen miteinander verheiratet und haben sich in einer ländlichen Kleinstadt ein Haus gekauft.

Lung und Tripa als Paar s. S. 77

Die glückliche Tripa-Persönlichkeit

Welch brillante Erscheinung ist der hoch entwickelte Tripa-Typ! Ein Mensch mit sportlich durchtrainiertem Körper, von umwerfendem Charme, mitreißender Dynamik und charismatischer Ausstrahlung. Wenn er einen mit seinem klaren, durchdringenden Blick anschaut, fühlt man sich von seiner suggestiven Wirkung angezogen. Und was er sagt, klingt so überzeugend, so durchdacht, dass man fortwährend nur sagen möchte: Ja, das stimmt, genauso ist es ...

Fitnesspäpste und Persönlichkeitstrainer, die auf der Bühne stehend Tausende von Menschen von ihrer Methode überzeugen, gehören zu diesen Feuermenschen. Sie ernten stehende Ovationen für ihre glühenden Reden und blühen auf im Licht der Scheinwerfer. Schon zu Lebzeiten werden sie als Legenden verehrt.

Haben oder Sein – die alte Philosophenfrage bezeichnet den klassischen Konflikt der Tripa-Natur. Erst wenn dieses Naturell sich richtig entschieden hat, beschreitet es den Königsweg. Persönlichkeiten, in denen das Feuerelement vorherrscht, werden im Buddhismus mit dem Geistesgift von Hass und Neid in Verbindung gebracht. In seiner erlösten Form ist es dem Tripa-Typ nun gelungen, mithilfe einer tief greifenden Charakterschulung den nötigen Abstand zu den Kräften zu gewinnen, die ihn so rastlos nach äußeren Dingen jagen lassen. Er hat gelernt, seine innere Getriebenheit loszulassen und sein Streben nach Macht und Besitz in angemessene Bahnen zu lenken. Er hat auch gelernt, sich nicht mehr von Emotionen wie Wut, Hass, Neid und Missgunst hinreißen zu lassen und verletzend oder zynisch zu reagieren. Der herablassende Ton, mit dem er über Unterlegene gesprochen hat, ist einer souveränen, akzeptierenden Haltung gewichen, die ihn in sympathischem Licht erscheinen lässt. Er kann nun endlich auch anderen etwas gönnen – auch wenn es genau das ist, was er eigentlich selbst gerne gehabt hätte.

Der Hang zu Glanz und Gloria ist Tripa in die Wiege gelegt. Doch das wird der gereiften Persönlichkeit nicht zum Verhängnis. Im Laufe eines gelungenen Lebens hat sie gelernt, zwischen echtem und falschem Glanz zu unterscheiden. Eitelkeiten und egozentrisches Verhalten haben diesen Typ im unerlösten Zustand um den Genuss wahrer Freundschaften gebracht und ihn an ein Leben voller Äußerlichkeiten gebunden. Aus Erfahrung klug geworden, kann er sich Menschen gegenüber respektvoll verhalten und Achtung vor der Natur entwickeln. Nun entwickelt er ein enormes Talent darin, seine Erfahrung an andere weiterzugeben und diese für ethisches Verhalten zu begeistern. Tief greifende Naturerfahrungen haben Tripa geerdet und ihn dazu gebracht, Gefühle von Demut und Dankbarkeit zu entwickeln, die sein Bewusstsein erweitern. Vor allem aber Begegnungen mit geistigen Meistern haben Tripa verwandelt und den Weg zur eigenen Meisterschaft gezeigt.

Grundtyp Bäken

Elemente: Wasser und Erde
*Als Bäken-Typ sind Sie von dem feuchten Element Wasser
und dem kalten Element Erde geprägt. Diese Kombination
verleiht Ihnen eine ruhige, stabile Ausstrahlung. Da allzu viel
Erdenschwere jedoch auch träge macht, brauchen Sie zum
Ausgleich die Beweglichkeit der Luft und die Vitalität des
Feuers. Anregungen und Impulse von außen machen Sie le-
bendiger und leichter.*

So sind Sie

Körperbau und Aussehen

Als Grundtyp Bäken besitzen Sie einen stattlichen Körper.
Mit Ihrem kräftigen Knochenbau, Ihren gut entwickelten
Muskeln und Ihrer aufrechten Haltung wirken Sie recht ein-
drucksvoll. Egal, ob Ihr Körper groß und kräftig oder klein
und gedrungen ist, Sie sind von Natur aus robust und belastbar. Unter den sieben Typen halten Sie am meisten aus.
Ihr festes Gewebe mit der dicken Haut verleiht Ihrer Erscheinung eine weiche Ausstrahlung. Gelenke und Adern sind
meist kaum sichtbar. Das Gesicht mit seiner breiten Stirn, den
vollen, gut durchbluteten Lippen und den großen, sanften Augen wirkt sympathisch. Üppig wie der Körper ist auch das
Haar. Oftmals leicht gewellt, voll und gesund, vollendet es
den Eindruck eines stabilen Menschen.

Die Bäken-Persönlichkeit

Immer mit der Ruhe, das ist Ihre Lebensdevise. Sie besitzen ein bodenständiges, ausgeglichenes Naturell. Ihre Stärken sind Geduld, Seelenstärke und Sanftmut.

Bei Ihnen fühlt man sich wohl
Sie sind ein ausgesprochen freundlicher, wohlmeinender Mensch. Durch Ihre rücksichtsvolle Art, Ihre unendliche Geduld, Ihre Toleranz und Großzügigkeit im Umgang mit anderen gewinnen Sie schnell Sympathien. Sie sind der klassische Typ des Freundes oder der Freundin, auf den oder die man sich verlassen kann. Durch Ihre seelische Stärke verleihen Sie Ihren Mitmenschen das Gefühl, sich bei Ihnen aussprechen und anlehnen zu können. Dieser Eindruck verstärkt sich durch Ihr fürsorgliches Wesen. Sie bekochen und umsorgen andere gern und vermitteln ihnen das Gefühl von Geborgenheit.

Ein Fels in der Brandung
Den Überblick verlieren? Sie doch nicht! Sie gehören zu den Menschen, die Nerven wie Drahtseile haben. Wenn andere längst durchdrehen, behalten Sie ruhig Blut.
Kühl, stark, solide – so beschreiben die Tibeter Ihr Wesen. Haben Sie einmal ein Versprechen gegeben, werden Sie es niemals brechen, komme, was wolle. Sie stehen auch zu den Menschen, für die Sie sich einmal entschieden haben – als treu sorgende Ehefrau, fürsorglicher Familienvater, loyaler Mitarbeiter in einem Unternehmen, als Freund zum Pferdestehlen. Geradlinig verhalten Sie sich auch bei Ihrer Lebensplanung. Eine Idee wird zunächst kritisch abgewogen und nüchtern durchdacht. Doch haben Sie sich einmal zu etwas entschlossen, verfolgen Sie Ihr Ziel unbeirrt und lassen sich auch von Fehlschlägen nicht einschüchtern. Beharrlichkeit ist eine Ihrer Stärken.

Nicht zu vergessen Ihre praktische Begabung: Nicht nur was Sie sagen, hat Hand und Fuß, sondern auch was Sie tun. Ob Mann oder Frau, Sie sind der perfekte Handwerker und Techniker. Menschen, die in Service-Berufen immer freundlich und hilfsbereit sind und am längsten durchhalten, sind meistens bäken-dominiert.

Leidenschaft – nicht unbedingt Ihre Sache
Fehl am Platze ist man bei Ihnen allerdings, wenn man nach der großen Leidenschaft sucht. Ein Ausbund an Temperament sind Sie nämlich nicht, und ebenso wenig sind Dramen und Gefühlsausbrüche von Ihnen zu erwarten. Zuneigung zeigen Sie auf Ihre eigene Art. Durch Treue und Ergebenheit zum Beispiel. Für großartige Liebesszenen sind Sie einfach zu realistisch und zu erdenschwer.
Doch dieses Schwere hat noch andere Seiten. Eine gute: Sie können vielen Dingen ihren Lauf lassen. Dadurch erledigt sich einiges von selbst. Und eine schlechte: Ihr angeborenes Phlegma verleitet Sie zur Gleichgültigkeit. Das kann so weit gehen, dass Sie vor unbequemen Wahrheiten lieber die Augen schließen und dabei die Bedürfnisse Ihrer Mitmenschen ignorieren. In solch kritischen Augenblicken wollen Sie nichts wissen, nichts sehen, nichts hören, Sie wollen nur das, was Ihnen im Leben besonders heilig ist, Ihre Ruhe. »Geht mich nichts an«, »Ist mir doch egal« sind typische Sprüche des Bäken-Typs, dem es nach einer sehr langen Geduldsphase irgendwann doch zu viel wird.

Hüter von Konvention und Tradition
Wehe der Person, die Sie aus gewohnten Fahrwassern herausreißen möchte, um lieb gewonnene Rituale bringt oder zum Umdenken überreden will. Sie muss mit stärksten Widerständen rechnen. Für Experimente sind Sie ebenso wenig zu haben wie für gewagte Ideen oder ein grundsätzliches Umdenken.

Neue Wege beschreiten Sie nur selten freiwillig. Davor bewahrt Sie Ihr bequemer und konservativer Charakter.

Körper und Gesundheit

Das als kalt eingestufte Bäken-Prinzip symbolisiert alles Flüssige sowie alles Schwere und Tragende im Körper. Die Bäken-Energie zeigt sich

- im Wasserhaushalt: Sie steuert z.b. die Flüssigkeit in den Organen, die Elastizität der Gewebe und die Gleitfähigkeit der Gelenke,
- in allen wässrigen und dickflüssigen Bestandteilen des Körpers wie der Lymphe oder den Schleimhäuten,
- in der Lunge, den Atemwegen, Nieren, Magen und Milz.
- auf geistiger Ebene durch die Kunst, immer und überall gut zu schlafen und zu entspannen,
- durch die Fähigkeit zu körperlichem und geistigem Frieden.

Ihre Schwachstellen
Sie neigen zu chronischen Krankheiten. Viele Ihrer Gesundheitsprobleme sind auf Ihre schlechte Durchblutung zurückzuführen.

Thema Nummer eins: Übergewicht
Falls Sie sich am gängigen Schlankheitsideal orientieren, werden Sie wahrscheinlich Ihr ganzes Leben lang mit Ihrer Figur hadern. Tun Sie es also lieber nicht, denn Ihr Körper ist nicht dazu geschaffen, gertenschlank zu sein. Im Gegenteil: Ein aus der Balance geratener Bäken-Körper kann sehr schnell zunehmen. Bewegt er sich nicht genügend, reicht schon der berühmte Anblick einer Praline, um Gewicht anzusetzen.

Träger Stoffwechsel
Ihr träger Stoffwechsel macht Ihnen häufig zu schaffen. An vorderster Stelle wäre hier die problematische Verdauung zu nennen. Sie leiden wahrscheinlich recht häufig unter Verstopfung. Vor allem die weiblichen Vertreter Ihres Typus neigen zu weiteren Stoffwechselerkrankungen wie zum Beispiel Diabetes.

Kalte Hände und Füße
Der Bäken-Typ hat häufig einen niedrigen Blutdruck und infolgedessen eine schlechte Durchblutung. Typische Folge: ewig kalte Hände und Füße.

Atemwegprobleme
Klassische Bäken-Störungen sind verschleimte Bronchien, chronisch verstopfte Nasennebenhöhlen, Bronchialasthma oder chronischer Husten. Auf Fehlschläge und Niederlagen reagieren Bäken-Menschen leicht verschnupft.

Wasseransammlungen
Das Gewebe des Bäken-Typs neigt zu Ödemen. Typisch sind geschwollene Lider, Knöchel und Handgelenke, dicke Füße und Wasseransammlungen in den Beinen.

Müde, matt, depressiv
Wenn ein vom Bäken-Element dominierter Mensch sich unwohl fühlt, entwickelt er ein ausgeprägtes Schlafbedürfnis und ist ständig müde und matt. Typisch auch das permanente Gefühl, zu frieren und schwach zu sein.
Wenn diese Zustände von Kälte und Schwäche nicht behandelt werden, kann sich aus dieser Apathie durchaus eine handfeste depressive Verstimmung entwickeln. In diesem Zustand neigen Bäken-Typen dazu, sich von der Welt abzukapseln und so zu isolieren, dass sie von außen kaum noch zugänglich sind.

Vorsicht vor der Mir-ist-alles-egal-Stimmung
Der buddhistische Glaube ordnet der Bäken-Energie das Geistesgift der Verblendung und der damit einhergehenden Unwissenheit zu. Dies sei die geistige Ursache aller Bäken-Disharmonien und -Krankheiten. Gemeint ist damit eine gewisse Trägheit des Denkens, mit der auch eine stellenweise Verweigerung einhergeht: Der Betroffene weigert sich, Realitäten zu akzeptieren, die ihm unangenehm sind, und hängt stattdessen einem Wunschdenken nach. Ein Psychologe würde sagen, dass Bäken-Typen gute Verdränger sind. Oftmals wollen sie die Wahrheit über bestimmte Zusammenhänge lieber nicht so genau wissen. Nach dem Motto: »Das geht mich nichts an« oder »Lass mir meine Ruhe!«

Der Buddhist geht hier sogar noch ein Stück weiter. Er sagt, auch die trügerische Vorstellung des Menschen, er sei der Mittelpunkt der Welt, gehört in diese Kategorie der Unwissenheit beziehungsweise des Nicht-wissen-Wollens. Wer glaubt, nicht ein (kleiner, unbedeutender) Teil der ganzen Natur zu sein, verliert seine Demut gegenüber der Schöpfung und entwickelt ein ganz bestimmtes, selbstsüchtiges Verhalten – in diesem Fall Phlegma und Stagnation. Er wird zum Egoisten, der in seiner Unbeweglichkeit erstarrt, weil er sich nicht mehr lebendig mit seiner Außenwelt austauschen will.

Zeiten, in denen die Bäken-Energie hoch ist
In den folgenden Lebensphasen, Tages- und Jahreszeiten sind die Bäken-Symptome besonders stark:

- im Frühjahr,
- am Vormittag zwischen 9 und 11 Uhr und am Abend zwischen 21 und 23 Uhr,
- im Kindesalter.

Verschlimmernde Faktoren

Auch äußere Umstände können die Bäken-Energie verstärken. Als Bäken-Typ und auch wenn Sie unter bäken-typischen Beschwerden leiden (was jedem der sieben Typen widerfahren kann), sollten Sie folgende Faktoren meiden:

* Feuchtigkeit
* Kälte
* zu wenig Bewegung
* zu wenig körperliche Arbeit
* schwere, ölige oder fette sowie rohe und kalte Nahrung

Wege zur Harmonie

Wasser ist feucht, Erde ist kalt. Um diese bäken-typischen Eigenschaften auszugleichen, sind Ihre natürlichen Heilmittel trocken und warm.

Was hilft und heilt

Tipps gegen kalte Hände, kalte Füße

Fühlen Sie sich aus irgendeinem Grund nicht wohl, dann kühlt Ihr Körper schnell aus. Sie beginnen zu frösteln und bekommen eiskalte Hände und Füße. Damit die kalte Bäken-Energie sich nicht noch weiter ausdehnt, sollten Sie folgende Möglichkeiten ausprobieren, die Sie innerlich und äußerlich wärmen:

* Bereiten Sie sich einen Tee aus wärmenden Gewürzen (beachten Sie hierzu den Abschnitt »Die richtige Ernährung«).
* Tragen Sie Kleidung aus Wolle und dicke Wollsocken.

- Gönnen Sie sich ein warmes Fußbad, angereichert mit einer Handvoll Steinsalz oder Salz aus dem Toten Meer.
- Legen Sie sich eine Wärmflasche auf die Füße.
- Nehmen Sie angewärmte Kieselsteine in die Hände.
- Gehen Sie in die Sauna.

Wenn Sie sich lethargisch fühlen

Sie können sich zu nichts aufraffen, haben zu nichts Lust, fühlen sich unendlich müde und würden am liebsten nur im Bett liegen und schlafen? Diesen Zustand der Bäken-Disharmonie kennen Sie sicherlich. Hier ist Ihr Gegenprogramm:

- Essen Sie wenig und leicht, vielleicht eine Gemüsesuppe mit wärmenden Gewürzen.
- Nehmen Sie viel warme Flüssigkeit zu sich, zum Beispiel den im Abschnitt »Die richtige Ernährung« aufgeführten Ingwertee mit Zitrone und Honig.
- Bewegen Sie sich, auch wenn Ihnen überhaupt nicht danach ist. Treiben Sie Sport, der Sie ins Schwitzen bringt.
- Machen Sie einen Spaziergang in der Natur und gestalten Sie diesen wie eine meditative Wahrnehmungsübung: Nehmen Sie ganz bewusst Ihre Umgebung wahr. Atmen Sie tief durch und riechen Sie die würzige Luft. Beobachten Sie die Wolken am Himmel, die Insekten und Vögel, nehmen Sie auf, was um Sie herum geschieht, horchen Sie auf die Geräusche. All das sind Stimulationen für Ihre Sinne. Sie sollen sie nicht bewerten, nur wahrnehmen und akzeptieren.
- Lassen Sie sich gegen Abend den Körper von Kopf bis Fuß massieren und gehen Sie anschließend gleich ins Bett. Wenn das nicht möglich ist, nehmen Sie vor dem Schlafengehen ein warmes Bad.

Wenn Sie oft lethargisch oder sogar depressiv werden und zu viel schlafen, rät Ihnen die tibetische Medizin zu einer Fastenkur. Beachten Sie hierzu bitte den Absatz »Neue Leichtigkeit durch Fasten« (S. 135).

Übergewicht und Durchblutungsstörungen

Übergewicht, ein großes Bäken-Thema, belastet auf Dauer Herz und Kreislauf und verursacht Probleme mit der Durchblutung. Die häufig kalten Hände und Füße stehen übrigens in direktem Zusammenhang damit. Zu empfehlen ist hier ein gegen Durchblutungsstörungen oder Arteriosklerose bewährtes tibetisches Kräuterheilmittel namens Padma 28, das speziell auf diese Beschwerden abgestimmt ist (mehr Infos über das Präparat auf Seite 266). Der in der Schweiz ansässige Hersteller empfiehlt dem Bäken-Typ eine kurmäßige Einnahme über zwei bis drei Monate, und zwar gemäß tibetischer Heilkunde im Sommer oder Herbst. Die beste Einnahmezeit ist mittags.

Besser leben

Bereichern Sie Ihr Leben

Aktivität, Mobilität, Motivation – alles, was Schwung in Ihr Leben bringt, ist gut für Sie. Hier einige Tipps:

- Gehen Sie aus, werfen Sie sich mitten ins Leben. Besuchen Sie Ausstellungen oder Konzerte, buchen Sie ein Theaterabonnement, nehmen Sie an Veranstaltungen und öffentlichen Diskussionen teil.
- Vertiefen Sie Ihre Interessen. Spielen Sie ein Instrument. Pflanzen Sie Blumen. Reiten Sie. Modellieren Sie mit Ton. Singen Sie im Kirchenchor. Was immer Sie gern tun oder immer schon gern tun wollten: Machen Sie's! Und werden Sie zum Spezialisten bei Ihrer Lieblingsbeschäftigung! Es gibt immer wieder Nuancen zu entdecken und zu verfeinern. Vielleicht können Sie einen Kurs besuchen, um sich weiterzubilden, vielleicht gibt es ein Treffen von Leuten

mit dem gleichen Interesse, und bestimmt gibt es gute Bücher zu Ihrem Thema.

- Engagieren Sie sich. Vielleicht haben Sie ein Anliegen – zum Beispiel wünschen Sie sich ein gesünderes Mittagessen im Kindergarten, den Ihr Kleiner besucht, oder Sie würden gerne verhindern, dass in Ihrem Landkreis eine neue Mülldeponie entsteht. Oder Sie möchten gleitende Arbeitszeiten im Job, besser gestaltete Computer-Arbeitsplätze – oder mehr Freizeit? Gehen Sie auf diese Ziele zu.
- Trainieren Sie Ihre Achtsamkeit. Fast alle fernöstlichen Lebensphilosophien schulen das Gefühl für die feinen inneren Empfindungen und Wahrnehmungen. Die tibetische Variante: die Achtsamkeitsübungen des Kum Nye. Mehr Informationen über dieses tibetische Heilyoga lesen Sie auf Seite 203 f.
- Werfen Sie Ballast ab, und zwar in jeder Hinsicht. Lassen Sie los, was Ihnen das Leben zu schwer macht. Beziehungen, die Sie nur belasten, Freundschaften, die zu einseitig sind, überholte Regeln, die Sie einengen. Sie können auch an kleineren Dingen üben. Misten Sie Ihren Kleiderschrank aus, geben Sie die biedere Sitzgruppe der Erbtante endlich zum Sperrmüll. Nur so kann Raum für Neues, Leichteres entstehen.
- Sorgen Sie für Abwechslung im Alltag. Nehmen Sie immer wieder mal einen anderen Weg zur Arbeit, räumen Sie Ihre Möbel um, probieren Sie neue Rezepte aus.
- Bewegen Sie sich, bringen Sie Ihren Körper auf Trab. Sie brauchen Hitze und sollten regelmäßig durch körperliche Aktivität ins Schwitzen kommen.

Schlaf ist Ihnen (zu) heilig

Ihr Schlafbedürfnis in Ehren, aber manchmal übertreiben Sie es ein wenig. Die tibetische Heilkunde rät Ihnen zu acht Stunden Nachtschlaf, nicht mehr und nicht weniger. Das oft propagierte Powernapping am Mittag ist für Sie eher abträglich. Sie riskieren damit, für den Rest des Tages schlapp und müde zu bleiben, Kopfweh zu bekommen und sogar krank zu werden.

Die richtige Ernährung

Um sich wohl zu fühlen, brauchen Sie wärmende und leicht verdauliche Kost.

»Lebendig« und leicht sollte es sein

Leichtes, fettarm gekochtes oder gedünstetes Essen bringt Ihre Elemente in Harmonie. Nichts würde Ihre Verdauung mehr belasten als schwere, ölige Saucen, fettes Fleisch und zu viel Kaltes. Setzen Sie also auf schonend gekochtes Gemüse und frische Kräuter, denn Ihnen fehlt leichte Kost mit vielen Vitalstoffen zum Ausgleich Ihrer schweren Energie. Aber verwechseln Sie leichte Kost bitte nicht mit Rohkost, denn die ist viel zu schwer verdaulich für Ihren empfindlichen Verdauungsapparat. Außerdem haben Salate und Co. zu viel kalte Energie.

Tibetische Ärzte würden Ihnen übrigens als einzigem unter den sieben Typen erlauben, (in Maßen) Kaffee zu trinken. Eine Tasse italienischer Cappuccino am Tag regt Sie an, und Ihre Nerven sind gut genug, diese Stimulation auszuhalten.

Es gehört zur Eigenart Ihres Typs, dass Sie sich manchmal nach den Mahlzeiten nicht gut fühlen. Vor allem, wenn Sie zu viel oder zu fett gegessen haben. Da hilft nur eines: Bewegung. Machen Sie nach dem Essen einen Spaziergang. Grundsätzlich sollten Sie nie zu viel essen, um dieses Unwohlsein nicht zu provozieren.

Ihre wichtigsten Essregeln

- Essen Sie zu jeder Mahlzeit nur kleine Portionen.
- Vermeiden Sie es, sich zu überessen.
- Während des Essens bitte nicht viel trinken, erst danach.
- Essen Sie zu den Hauptmahlzeiten immer etwas Warmes.
- Meiden Sie Milchprodukte am Morgen und Vormittag.
- Sollten Sie Ihr Getreide selbst mahlen, rösten Sie es vorher leicht in einer Pfanne an (ohne Fett!). Es wird dadurch für Sie bekömmlicher.
- Essen Sie mehr Gemüse als Getreide oder Fleisch. Das Gemüse am besten immer leicht gedünstet.
- Meiden Sie zu viel Rohkost, vor allem im Winter. Nehmen Sie im Sommer nur hin und wieder eine kleine Portion grünen Salat, angemacht mit Zitrone und Olivenöl, zu sich.
- Legen Sie regelmäßig Fastenzeiten ein. Fasten ist eine Heilmaßnahme, mit der Sie Ihrem Körper einen großen Gefallen tun.

Die Geschmacksrichtungen für Ihren Typ

Empfehlenswert: Nahrungsmittel und Getränke mit den Geschmäcken scharf und zusammenziehend.

Eingeschränkt zu empfehlen: sauer und bitter.

Nicht zu empfehlen: süß und salzig.

Mehr über die tibetischen Geschmacksrichtungen lesen Sie auf Seite 19 ff.

So könnte Ihr Essen für einen Tag aussehen

Das Frühstück

Das Frühstück dürfen Sie ohne Weiteres ausfallen lassen, wenn Sie am frühen Morgen noch keinen Appetit haben. Ein Glas heißes Wasser oder eine Tasse Tee reichen aus. Noch besser ist Zitronentee mit Honig oder ein Ingwertee.

Im Laufe des Vormittags
Der Vormittag ist die beste Tageszeit für Obst in Maßen.

Das Mittagessen
Eine warme Suppe vorweg, danach Gemüse mit frischen Kräutern, dazu etwas gedünsteter Fisch mit Reis oder Getreide – Ihr Mittagessen sollte stets leicht und fettarm gekocht oder gedünstet sein.

Das Abendessen
Wenn möglich, nehmen Sie Ihr Abendessen möglichst früh zu sich, am besten noch vor der Dämmerung.
Gut sind ein warmer Porridge oder eine Gemüsesuppe, in die Sie etwas Tsampa einstreuen (siehe Rezept auf Seite 199 f.).

Hiervon sollten Sie viel essen
Diese Nahrungsmittel haben wärmende Wirkung und reduzieren Ihre Bäken-Energie. Wenn Sie sich überwiegend davon ernähren, betreiben Sie eine wirkungsvolle Gesundheitsprophylaxe.

Getreide und Gemüse:

Auberginen	Wasser zubereitet
Brokkoli	oder geröstet)
Fenchel	Reis
Getreide aller Art	Rettich
(aber nur mit wenig	Zwiebel

Kräuter und Gewürze:

Cayennepfeffer	Kresse
Chili	Kreuzkümmel
Ingwer (sehr gut, als Tee	Langkornpfeffer
und als Gewürz)	Peperoni
Kardamom	schwarzer Pfeffer

weißer Pfeffer	Sezuan-Pfeffer
Sanddorn (als Saft)	Zimt

Früchte:

saure Äpfel	Kirschen
Granatäpfel (sehr gut!)	Oliven
Himbeeren	Orangen
(in Maßen)	Zitronen

Nüsse und Samen: **Fette:**

Sesam	Olivenöl
Sonnenblumenkerne	Sesamöl

Milchprodukte: **Fleisch:**

Buttermilch	Fisch (mager)
Hartkäse	Huhn
Molke	Lamm (ohne Fett)

Genussmittel (in Maßen):

Kaffee	schwarzer Tee
Schnaps	Wein

Darauf sollten Sie verzichten

Die folgenden kühlenden Nahrungsmittel vermehren Ihre Bäken-Energie und können Ihre Beschwerden verstärken. Auf sie sollten Sie vor allem dann verzichten, wenn es Ihnen nicht gut geht.

Avocado	Kartoffeln
Bananen	Knoblauch
Bier (vor allem im Winter)	Kohl
Frittiertes	Lauch
stärkehaltige Gemüse wie	Mango
Hülsenfrüchte	Milch (im Übermaß)

Papaya	Saucen
zu viel Rohkost (besonders am	Speiseeis
Nachmittag und Abend)	fette Speisen
zu viel kalte Salate	Süßspeisen
zu viel Salz	Zucker

Wellness

Sie sammeln gerne. Ihr Körper leider auch. Loslassen in jeder Hinsicht erleichtert Ihr Leben

Neue Leichtigkeit durch Fasten

Ihr Organismus speichert besonders gut alle Schadstoffe, die sich im Gewebe anreichern, es übersäuern und Ihnen auf die Stimmung schlagen. Machen Sie zum Ausgleich aber bitte nicht die übliche Frühjahrsdiät, sondern eine richtige Heilfastenkur für Körper, Geist und Seele. Die besten Zeiten dafür sind Frühjahr und Herbst. Fasten ist für Sie der beste Weg, um sich körperlich und geistig leichter, frischer und beweglicher zu fühlen. So eine Kur reinigt Ihren tendenziell trägen Darm und regt den Stoffwechsel an. Von Ihrer Konstitution her eignen Sie sich von allen sieben Typen am besten dazu, weil es Ihnen nicht schwerfällt, auf Essen zu verzichten. Während des Fastens hat man einen besonders guten Zugang zu seinen intuitiven Kräften, kann sein »Bauchgefühl« besser wahrnehmen und ist insgesamt offener für neue Themen. Nutzen Sie die Zeit des Heilfastens, wenn Sie sich von etwas in Ihrem Leben verabschieden oder etwas neu beginnen möchten. Heilfasten können Sie ganz für sich allein mithilfe eines Fastenratgebers, den es in jedem Buchladen gibt. Anregender wird es aber bei einem organisierten Gruppenurlaub, zum Beispiel beim Fastenwandern. Wenn Sie noch mehr für sich tun möchten, können Sie zusätzlich einmal die Woche einen Fastentag einlegen.

Bringen Sie Ihren Körper in Bewegung!

Sport regt Ihren Stoffwechsel an. Sie können sich enorme Muskelpakete zulegen, wenn Sie eisern dabeibleiben. Doch sobald Sie mit dem Training aufhören, kann es Ihnen passieren, dass Sie sehr schnell zunehmen. Am besten, Sie richten sich von vornherein auf ein regelmäßiges, aber moderates Sportprogramm ein, das Sie mühelos in Ihren Alltag integrieren können. Auch wenn es Sie Überwindung kostet: Kommen Sie morgens früh aus den Federn, machen Sie eine kleine Trockenbürstenmassage, und dann auf zum Joggen, Walken, Aerobic, Tennisspielen – was immer Ihnen gefällt. Hauptsache, Sie kommen dabei tüchtig ins Schwitzen. Schwimmen (im kalten Wasser) ist nur im Sommer gut und nur, wenn Sie darauf achten, nicht zu sehr auszukühlen. Grundsätzlich sollten Sie bei allen Outdoorsportarten für stets warme Füße sorgen. Ziehen Sie sich also vor allem im Winter warme Socken an.

Warmes Wasser: wunderbar!

Eine gute Relax-Therapie für Sie: Baden in heißen Thermalquellen. Auch viel Duschen tut Ihnen gut, aber bitte mit warmem Wasser. Sauna ist nur sinnvoll, wenn Ihr Herz gesund ist und Sie nicht unter Bluthochdruck leiden. Schlingen Sie ein nasses, kaltes Handtuch um den Kopf, wenn Sie in der Saunakabine sitzen.

Kneipp-Therapie

Die Wassertherapien des deutschen Pfarrers Kneipp haben eine Entsprechung in der tibetischen Heilkunde. Auch dort gibt es eine Verordnung, bei der man zur Anregung der Durchblutung auf Kieselsteinen durch kaltes Wasser waten muss. Sollten Sie einen Wellness-Urlaub erwägen, käme auf jeden Fall auch eine Kneipp-Kur in Frage! Der Wechsel von kaltem und warmem Wasser macht Sie quicklebendig, ein gutes Training für Kreislauf und Blutgefäße.

Beruf und Berufung

Sie schaffen es, bei Kollegen und Chefs gleichermaßen beliebt zu sein und sind für Ihre sympathische Art, Ihre praktische Intelligenz, Ihren Teamgeist, Ihre Ehrlichkeit und Ihre Zuverlässigkeit bekannt.

Die Nettigkeit in Person
Was wäre ein Betriebsfest ohne Sie, den Machertyp, der alle Einkäufe erledigt und die Snacks zubereitet! Wie wäre das Betriebsklima ohne Sie, den Liebens- und Vertrauenswürdigen, dem man sein Herz ausschütten kann und der einem die Tränen nicht übel nimmt. In welchem Arbeitsumfeld auch immer Sie sich bewegen, Ihre Bodenständigkeit, Ihre seelische Stabilität und Ihr allzeit freundliches Wesen machen Sie zu einem wichtigen Stützpfeiler im Betrieb. Sie erledigen eine Ihnen übertragene Aufgabe vorbildlich und führen Sie bis zum Ende durch, koste es, was es wolle.

Monotone Jobs machen auf Dauer träge
Bäken-betonte Menschen ziehen oft Arbeitsplätze vor, die ihnen dauerhaft Sicherheit geben und bei denen sie keinen großen Existenzrisiken ausgesetzt sind. Man findet sie deshalb oft als Beamte oder Verwaltungsangestellte im öffentlichen Dienst, aber auch in der IT-Branche. Für alle diese Berufe, bei denen man viel sitzt und häufig monotone Tätigkeiten verrichten muss, sind Bäken-Typen wegen ihrer Geduld und Ausdauer gut geeignet. Wenn Sie also einen solchen Beruf ausüben, sollten Sie wissen, dass Sie damit Ihre Bäken-Energie verstärken. Wenn Sie nicht konsequent in Ihrer Freizeit für Anregung und Abwechslung sorgen, laufen Sie Gefahr, mit der Zeit körperlich und geistig träge zu werden und abzustumpfen. Möglicherweise legen Sie dann aus lauter Frust auch noch an Pfunden zu und bekommen Depressionen.

Besser als Sitzberufe sind für Sie Berufssparten, in denen Sie sich körperlich bewegen können.

Weitere Horizonte durch Weiterbildung
Die tibetische Harmonielehre rät Ihnen, sich auch im Beruf darum zu bemühen, aus dem Kreislauf der Eintönigkeit herauszukommen – oder besser gar nicht erst hineinzugeraten. Sie haben von Natur aus das Durchhaltevermögen, um weiterzukommen, und halten ohne Weiteres die Durststrecken aus, die ein Zweitstudium, eine Abendschule oder eine andere Fort- und Weiterbildung mit sich bringt. Spezialisieren Sie sich also auf einem Gebiet, und die Türen nach oben werden sich schneller öffnen, als Sie meinen. Sicherlich findet nicht jeder Mensch sein Lebensglück in einer steilen Karriere. Aber durch Ihr imposantes Auftreten haben Sie das Zeug für eine Führungsposition. Sie sind der Cheftyp mit dem großen Herzen, auf dessen Loyalität man zählen kann. Und die Fähigkeit der Delegation, die andere in Kursen mühsam lernen müssen, wurde Ihnen bereits in die Wiege gelegt.

Das Liebesleben des Bäken-Typs

Bäken und Bäken als Paar
Ein Mann und eine Frau mit den gleichen Vorlieben und Abneigungen, Stärken und Schwächen, das passt auf alle Fälle. Man versteht sich gut, hat den gleichen Humor, den gleichen Geschmack und eine ähnliche Lebenseinstellung. Jeder weiß, wie der andere tickt, welche Meinungen und Gedanken er hat. Zwischen Herrn und Frau Bäken herrschen Toleranz und Harmonie. Da wird nicht viel gestritten. Beste Voraussetzungen also für eine stabile, friedvolle Beziehung und ein warmes, gemütliches Nest.

Eigenheim mit Eigenleistung
Der Familiensitz wird mit viel Eigenleistung und tatkräftiger Unterstützung der gesamten Verwandtschaft geschaffen, die Möbel sind zweckmäßig, solide und möglichst mit Preisnachlass erworben. Und wenn alles fertig ist – vielleicht sogar schon früher – lässt der Nachwuchs nicht lange auf sich warten: Trautes Heim ... die klassische Variante gutbürgerlichen Glücks.

Friedlicher geht's nicht
Das Ehepaar Bäken wird alles tun, um ein friedliches Leben führen zu können. Man macht es sich abends vor dem Fernseher bequem, zelebriert das häusliche Glück. Da beide Partner äußerst fürsorgliche, liebevolle Eltern sind, werden sie stolz auf ihren Nachwuchs sein können, und ihre Gespräche werden sich überwiegend um die praktische Bewerkstelligung des Alltags drehen: was am nächsten Tag besorgt werden muss, wann die Waschmaschine repariert wird und wann die Schnittchen für Omas Geburtstag fertig sein müssen. Für Themen, die einen Blick über den Tellerrand hinaus ermöglichen, ist in dieser Beziehung kaum Platz. Eines Tages jedoch wird das Ehepaar feststellen, dass man eigentlich seit Jahren nur noch friedlich nebeneinanderher lebt.

Lieber harmonisch als leidenschaftlich
In einer so harmonischen Beziehung lässt die Spannung schneller nach als bei anderen Paaren, weil das Leben sehr stark von Gewohnheiten bestimmt wird. Nach der anfänglichen Verliebtheitseuphorie ist hier schneller als im Durchschnitt die Luft raus. Phlegma, die Schattenseite der Bäken-Persönlichkeit, macht sich auch im Schlafzimmer breit. Die meisten Paare kommen irgendwie damit zurecht. So naht bald der Zeitpunkt, wo der Mann abends wieder öfter zum Stammtisch geht und die Frau sich mit ihren Freundinnen trifft, aber auch

das ist Teil des Bäken-Lebens: Geselligkeit und Vereinsleben stehen auf der Liste der Freizeitvorlieben ganz oben und können die mangelnde Leidenschaft im Eheleben durchaus kompensieren.

Bäken und Lung-Tripa als Paar

In dieser Konstellation hat der andere genau das, was ihm selbst fehlt. Gemeinsame Wesenszüge existieren kaum.

Nur Liebe überbrückt die Gegensätze
Eine an Realitäten orientierte, gut verwurzelte Persönlichkeit und eine feinsinnige Künstlerseele mit starken Gefühlen sowie beseeltem Innenleben. Gibt es eine Brücke über den Abgrund, der zwischen beiden klafft? Nur unter extrem günstigen Umständen. Wenn etwa Lung-Tripa ein etwas schräger Künstler ist und Bäken seine reiche Gönnerin, die ihn unter ihre Fittiche nimmt. Oder wenn Bäken in Form der hilfsbereiten, mütterlichen Freundin es immer wieder schafft, dem dynamischen Weltenbürger an ihrer Seite ein Heimathafen zu sein, zu dem er nach bestandenen Abenteuern gerne zurückkehrt. Nur solange viel romantische Liebe im Spiel ist, zu der beide Typen ja grundsätzlich neigen, bleibt die Gegensätzlichkeit faszinierend. Bäken besitzt genau die Erdung und die Zuversicht, die Lung-Tripa fehlen. Der wiederum bringt seine eigenwillige Mischung aus Temperament (Feuer) und Kreativität (Luft) in die Beziehung ein, die den geerdeten Partner so faszinieren.

Ein gemütliches Bierchen oder wilde Disco?
Bleibt die Frage, wie das Paar mit seinen gegensätzlichen Bedürfnissen umgeht. Zieht es Bäken als gewohnheitsmäßige Couch-Potato abends mit dem »Bierchen« zum Fernseher, möchte Lung-Tripa nach dem Feierabend hinaus. Dieser Typ will etwas erleben, Sport treiben oder unter Menschen gehen und sich anschließend ein gutes Buch vornehmen. Wie lange

so eine Beziehung hält? Das hängt davon ab, wie sehr jeder den anderen so lassen kann, wie er ist, und sich gleichzeitig von seinem Gegenpart ein Stückchen abschneiden kann. Keine leichte, aber eine lohnende Übung.

Beispiel

Hanne, 46 Lung, 42 Tripa, 12 Bäken, und
Lorenz, 8 Lung, 28 Tripa, 64 Bäken

Hanne, 27, und Lorenz, 42, haben sich bei einer landwirtschaftlichen Fachmesse kennengelernt. Sie machte als Fotografin eine Portraitserie über »Menschen vom Lande« und suchte nach geeigneten Gesichtern. Der Landwirt Lorenz war gerade im Verhandlungsgespräch über ein neues Düngemittel, als Hanne ihn ansprach und bat, ihn fotografieren zu dürfen. Er war zunächst überrascht, erschien nach einer Woche aber tatsächlich in ihrem Fotostudio in der Stadt. Die Sitzung dauerte zwei Stunden, in denen Lorenz sich unsterblich in die »verrückte Stadtpflanze« verliebte. Einen Monat später machte er ihr einen Heiratsantrag.

Hanne, die viel in der Welt herumgereist war, willigte spontan ein. Sie war von der ehrlichen, warmen und offenen Art ihres Lorenz tief berührt. Bei ihm fand sie etwas, was sie in ihrem Leben noch nie kennengelernt hatte und nach dem ihr Herz sich sehnte: Zuverlässigkeit, Geborgenheit, einen ruhenden Pol. Lorenz' Bauernhof wurde für sie zu dem Platz, an dem sie endlich Wurzeln schlagen konnte. Allerdings unter einer Bedingung: Sie wollte unbedingt ihren Beruf beibehalten.

Inzwischen sind die beiden ein glückliches Paar. Noch vor der Hochzeit ließ Lorenz eine alte, nicht mehr genutzte Scheune auf seinem Hof in ein riesiges Fotostudio umbauen, in dem Hanne jetzt arbeitet und ihre Gäste empfängt – wenn sie nicht gerade wieder in fremden Ländern unterwegs ist. Lorenz passt die Reisetätigkeit seiner umtriebigen Frau gut ins Konzept. Er kann sich in aller Seelenruhe seiner Landwirtschaft widmen und darf sich nebenbei ein wenig im Glanz seiner außergewöhnlichen Gattin sonnen. Daran, dass jetzt Menschen auf seinem Hof verkehren, die man sonst nur im Fernsehen zu Gesicht bekommt, hat er sich längst gewöhnt. Das Einzige, was Lorenz sich zu seinem perfekten Glück noch wünscht, sind Erben, am liebsten drei oder vier. Aber da macht Hanne (noch) nicht mit. Immerhin hatte sie kürzlich den Auftrag angenommen, Waisenkinder aus der Dritten Welt zu fotografieren. Fast hätte sie von dieser Reise ein brasilianisches Findelkind mitgebracht, aber die Behörden machten ihr einen Strich durch die Rechnung. Lorenz hätte sich gefreut.

Bäken und Lung-Bäken als Paar

Die Verbindung zwischen zwei geerdeten Menschen hat grundsätzlich gute Aussichten, dauerhaft zu werden. In dieser Konstellation ist bei beiden Partnern der Feueranteil so schwach ausgeprägt, dass es kaum zu Übergriffen, Einmischungen oder Eifersuchtsdramen kommen wird. Bei so viel Raum zur Selbstentfaltung kann ein beschauliches, stilles Glück zu zweit entstehen. Da beide keine Selbstdarsteller sind, werden sie ein häusliches, nach außen unspektakuläres Leben führen, das von viel Respekt und Nachsicht geprägt ist. In dieser Beziehung gibt es Ruhe, aber keine Gleichgültigkeit.

Bäken wird von den luftigen Eigenschaften seines Gegenstücks aus der Reserve gelockt, und das wirkt sich ausgesprochen vorteilhaft auf ihn aus. Lung-Bäken mit seiner einfühlsamen, feinfühligen Art versteht es, seinen dickfelligen Bäken-Partner in anregende Diskussionen zu verwickeln und zu geistiger Flexibilität zu inspirieren, ohne ihm auf die Nerven zu gehen. Das inspiriert Bäken, seine manchmal etwas festgefahrenen Denkweisen zu hinterfragen und sich mit Problemen auseinanderzusetzen, statt über sie hinwegzusehen. In harmonischen Beziehungen wird ihm das gelingen und zu seiner Weiterentwicklung beitragen. Doch nicht immer sind die Umstände so.

Denn genau an dem Punkt, wo die Wachstumschancen sich verbergen, liegt auch das Konfliktpotenzial dieser Beziehung: in der recht unterschiedlich gewichteten Lebenseinstellung des Paares. Themen wie Kindererziehung, Geldausgaben oder berufliche Ziele können zu Streitpunkten werden. Lung-Bäken setzt sich mit diesen Fragen sehr gründlich auseinander und neigt dazu, althergebrachte Regeln und Traditionen zugunsten unkonventioneller Modelle über Bord zu werfen. Das mag Bäken überhaupt nicht. Gut also, wenn die beiden ihre Lebensperspektiven und Erwartungen schon zu Beginn der Beziehung klären und einen Konsens finden. Hat man sich geeinigt, können beide Typen in dieser Beziehung aufblühen.

Der Lung-Bäken-Partner ist ein herzlicher, gefühlvoller Familienmensch mit Liebe zum Basteln und Handwerken. Bei allem Talent zum Praktischen kann er mit seiner besseren Hälfte aber auch besinnliche Abende verbringen, an denen tief greifende Gespräche über den Sinn des Lebens geführt werden. Je nach Ausprägung seiner Lung-Anteile kann Lung-Bäken aber auch sehr zurückhaltend und schüchtern wirken oder depressiv und lethargisch werden, weil es ihm an Dynamik fehlt. Dann ist es Bäkens Aufgabe, dem Partner genügend Erdung zu geben und ihn mit starken Armen aufzufangen.

Beispiel
Hans, 7 Lung, 24 Tripa, 69 Bäken, und
Alina, 34 Lung, 12 Tripa, 54 Bäken

Alina arbeitet als Psychologin an einem wissenschaftlichen Institut. Während ihrer Zusatzausbildung als Paartherapeutin hat sie sich eingehend mit den Abgründen menschlicher Beziehungen beschäftigt und sich dabei eines geschworen: Nie wieder kommt ein Mann mit narzisstischer Grundstruktur in ihr Leben. Im Alter von 37 Jahren, die erste Ehe mit einem Arzt ist geschieden, lernt Alina Hans kennen. Er ist zwölf Jahre jünger als sie, arbeitet als Schreinergeselle und lebt noch im Haus der Eltern auf dem Land. Der hübsche, kräftig gebaute junge Mann mit den großen blauen Augen und seiner ruhigen Art fasziniert die Psychologin auf Anhieb. »Garantiert nicht narzisstisch«, sagt sich ihr Analytikergehirn, »dieser Bär gefällt mir.« Und so kommt es, wie es kommen soll: Dem Bären imponiert Alinas Bildung und beide verlieben sich ineinander. Als Alina im Institut von ihrer neuen Eroberung erzählt, muss sie zwar auch ein wenig Spott ertragen, aber sie steht zu ihrer Entscheidung. Die Babyuhr tickt bereits, und Alina ist fest entschlossen, Hans zum Vater ihres Kindes zu machen. Der lebensunerfahrene Hans staunt nicht schlecht über die Zielstrebigkeit seiner neuen Freundin, als die ihm eines Tages frank und frei erklärt, dass sie sich von ihm ein Kind wünscht. Nach einer kurzen Bedenkzeit zeigt sich Hans einverstanden. Er vertraut Alina, sie ist schließlich die Psychologin. Tatsächlich wird Alina bald schwanger, und damit ändert sich beider Leben sehr drastisch. Die »spät gebärende Mutter« wünscht sich, dass ihr Kind auf dem Land groß wird, und so mieten sich die beiden ein hübsches kleines Haus unweit von Hans' Elternhaus. Eine Zeit lang muss Hans das Geld alleine für seine kleine Familie verdienen, denn Alina möchte sich voll und ganz ihrem Baby widmen. Sie freundet sich mit den Dorfbewohnern an und beginnt sich im Kreise dieser bodenständigen Menschen wohlzufühlen.

Vier Jahre, das hat sie mit Hans ausgemacht, soll er bei ihr und der gemeinsamen Tochter bleiben. Danach möchte sie wieder als Psychologin arbeiten und kann notfalls alleine für das Kind aufkommen. Genau so geschieht es. Nach vier Jahren zieht Alina mit der kleinen Tochter wieder in die Großstadt. Hans bleibt in seiner Heimat. Er besucht Alina und seine Tochter nun regelmäßig und verbringt auch Urlaube mit den beiden, aber ansonsten lebt jeder wieder sein eigenes Leben. Hans hat inzwischen eine Freundin aus dem Nachbardorf gefunden, die etwas jünger ist als er. Die beiden möchten bald heiraten. Alina hat inzwischen eine eigene psychologische Praxis aufgemacht. Sie möchte keine neue Beziehung mehr eingehen.

Bäken und Tripa-Bäken als Paar

Menschen mit überwiegender Bäken-Energie schöpfen einen
Großteil ihrer persönlichen Zufriedenheit aus einem heimeli-
gen Zuhause, einem gut funktionierenden Familienleben und
viel Geselligkeit. Den Traum von einem gemütlichen Nest und
vielen Kindern verwirklicht Bäken am besten mit einem Partner, der ebenfalls hohe Bäken-Anteile mit sich bringt. Damit
die Beziehung nicht zu langweilig wird, ist es geradezu optimal, wenn einer der Partner etwas feuriger ist – also genau wie
der Bäken-Tripa-Typ. Nicht von ungefähr ist dies eine klassische Verbindung, die häufig anzutreffen, immer wieder neu
erprobt und bewährt ist, seit es Mann und Frau gibt. Bäken-
Tripa wird in der Beziehung zum Macher, der imposanten Va-
ter- oder Mutterfigur, dem wortgewaltigen Charismatiker
oder dem weiblichen Oberhaupt der Familie. Hinter Bäken-
Tripa nimmt sich Bäken gerne freiwillig zurück und übernimmt die Rolle der treuen Seele, die ihrem Partner bis ans
Ende der Welt folgen würde, weil sie nichts anderes möchte,
als ihm zur Seite zu stehen. Kommt Bäken-Tripa abends heim
und möchte sich ausruhen von Politik und Weltgeschehen,
streicht Bäken ihm übers Haar und serviert ihm eine warme
Suppe.

Genau das ist es, was den beruflich engagierten und kraftvollen Bäken-Tripa so an Bäken bindet. Nach vielen halbherzigen
Beziehungen sucht er einen Menschen, der hundertprozentig
zu ihm hält. Das macht die Bäken-Persönlichkeiten als Partner
so begehrt. An ihrer Seite weiß man sofort und für alle Zeiten,
wo man hingehört.

Bäken und Lung-Tripa-Bäken als Paar

Vor der Frage, ob diese beiden Charaktere zusammenpassen,
stellt sich vor allem die, ob sie sich überhaupt jemals begegnen. Denn Bäken und Lung-Tripa-Bäken sind sich so fremd,
als käme jeder von einem anderen Stern. Sie haben nur sehr

wenig miteinander gemein. Keine ähnlichen Interessen oder Bedürfnisse, keine vergleichbaren Ziele. Und doch kann es geschehen, dass zwei so verschiedene Wesen Gefühle füreinander entwickeln. Dann entsteht eine Geschichte, die Stoff für Filme liefern könnte, etwa von der Machart »Die Schöne und das Biest«: Ein unbedarfter Riese mit großem Herzen tapst hinter einer bildschönen Prinzessin her, die er abgöttisch verehrt. Oder die dralle Bauernmagd verliebt sich in den geschmeidigen Professor und folgt ihm in die Stadt, um seinen Haushalt zu führen, weil dies für sie die einzige Möglichkeit ist, ihm nah zu sein. Selten wird aus solchen Liebesgeschichten eine Beziehung auf Augenhöhe.

Lung und Bäken als Paar s. S. 77 ff.
Tripa und Bäken als Paar s. S. 110 f.

Die glückliche Bäken-Persönlichkeit

Das Leben des Bäken-Typs ist gelungen, wenn er es geschafft hat, seine introvertierte Haltung abzulegen und den lebendigen Austausch mit der Außenwelt zu wagen. Für seine persönliche Weiterentwicklung muss er sich seiner Umwelt öffnen und bereit sein, sich mit den von außen kommenden Eindrücken auseinanderzusetzen. Dickfellig wie er ist, neigt er dazu, sich innerlich gegen Neues und Unbekanntes abzuschotten und es nicht wirklich an sich heranzulassen. Die mangelnde Aufnahmebereitschaft ist sein Grundproblem, und wie immer im Leben liegt auch hier gleichzeitig seine größte Chance. Als von ihren Schatten erlöste Persönlichkeit hat der harmonische Bäken-Mensch die Aufmerksamkeit für sein großes Lebensthema geschärft und kann sich Tag für Tag erneut für das »gesündere« Verhaltensmodell entscheiden.

Die Öffnung nach außen

Mit der ihm eigenen Beharrlichkeit wird er sich auf seinem Weg zur persönlichen Vervollkommnung daran machen, die Öffnung in allen Lebensbereichen zu vollziehen: in privaten Beziehungen, im Job, auch bei ganz alltäglichen Tätigkeiten wie dem Essen oder in der Freizeitgestaltung. Mit dieser Neuorientierung, die oft übrigens mit einer Fastenkur beginnt, ist fast immer ein Prozess des Loslassens verbunden. Hat das Bäken-Naturell einmal verstanden, was ihm guttut, beginnt es nun, in der ihm eigenen gründlichen Art, aufzuräumen und sich zu trennen. Es lernt, alles kritisch zu hinterfragen und auszusortieren. Und dann beginnt eine gründliche Reinigung auf allen Ebenen. Überholte Gewohnheiten werden ebenso entsorgt wie überflüssige Sammeltassen im Geschirrschrank, alter Groll aus längst beendeten Beziehungen wird aufgelöst, ebenso wie alte Bekanntschaften, die man nur noch wegen der Gewohnheit pflegt.

Nebenbei purzeln die Pfunde

Häufig verlieren die Betroffenen im Laufe dieser Entwicklung auch jede Menge überflüssige Pfunde, sozusagen als äußeres Zeichen für die innere Reinigung. Danach folgt in der Regel eine Phase der Erleichterung und des Aufatmens (nicht von ungefähr leiden viele bäken-betonte Typen unter Atemwegsbeschwerden). Und dann beginnt die Zeit für ein unbekanntes Lebensgefühl: Leichtigkeit. In der Tat ist Bäken ja auf vielen Ebenen leichter geworden. Er kann nun die beschwingte, verspielte Seite des Lebens entdecken und genießen. Die seinem Naturell komplett entgegengesetzten Eigenschaften der Luft eröffnen sich ihm und erweitern sein Denken und Fühlen.

Es lebe die Leichtigkeit

Der harmonische Bäken-Mensch beginnt nun, spontaner zu reagieren, entdeckt vielleicht seine Kreativität, schlummernde

Talente und findet Kontakt zur inneren Stimme. Endlich aus der geistigen Unbeweglichkeit herausgetreten, beginnt er sich tief und engagiert mit Menschen, Kunst und Umwelt auszutauschen und steigt ein in den ewigen Kreislauf des Gebens und Nehmens, des Ansammelns und Loslassens. Er wird lebendig, taut regelrecht auf und beginnt sich selbst feiner zu spüren.

Parallel dazu wird sich wie von selbst das Element Feuer in die Persönlichkeit integrieren. Denn das Spüren des harmonischen Ich verleiht ihm automatisch das selbstbewusste Auftreten und die Fähigkeit zu kraftvollen, zielgerichteten Aktionen. Denn was Bäken einmal von Grund auf begriffen und umgesetzt hat, wird dieser Typ mit seiner angeborenen Konsequenz und Beharrlichkeit umsetzen können.

Mischtyp Lung-Tripa

Elemente: Luft, Raum und Feuer
Sie sind leicht wie die Luft und intensiv wie das Feuer. Eine eigenwillige, kreativ-dynamische, vor allem aber stark indivi- duelle Persönlichkeit, bei der sich ein lebendiger Geist mit Temperament und Leidenschaft mischt. Um wirklich glück- lich zu werden, brauchen Sie aber auch das erdende Element. Deshalb lautet Ihre Aufgabe: Sorgen Sie für mehr Stabilität in Ihrem Leben, kommen Sie zur Ruhe.

So sind Sie

Körperbau und Aussehen

Eine dynamische Mischung
Ihr Körper strahlt Power aus. Trotzdem hat er auch etwas Sensibles. Mittelgroß, schlank, sportlich. Ein Energiepaket mit langen Gliedmaßen, muskulös und feinnervig zugleich. Vieles an Ihrem Äußeren dürfte eine Mischung aus den zu- grunde liegenden Typen Lung und Tripa sein. Zum Beispiel Ihr Haar: Es ist oftmals wellig, was sich aus dem krausen Haar von Lung und dem glatten des Tripa-Typs ergibt. Dazu kann es im Ansatz schnell fetten (Tripa), bei gleichzeitig tro- ckenen Spitzen und Spliss (Lung). Die Haut ist oft eine Misch- haut mit trockenen und fettigen Partien. Ihr Gesicht kann zum Beispiel markante Züge, ein energisches Kinn (Tripa), aber einen feinen und zerbrechlichen Ausdruck (Lung) haben. Genau wie der Lung-Typ neigen Sie vielleicht zu schlechter Durchblutung und sehnen sich nach Wärme. Ihre Feueranteile

setzen Ihrer Fähigkeit, Hitze zu ertragen, jedoch deutliche Grenzen. Wie alle tripa-betonten Menschen lieben Sie es, gut zu essen, aber durch Ihre lung-bedingte unregelmäßige Verdauungshitze könnten Sie hin und wieder Schwierigkeiten mit schweren Mahlzeiten haben.

Die Lung-Tripa-Persönlichkeit

Ihnen kann beides passieren: dass der Luft-Anteil Ihr inneres Feuer entweder verstärkt oder dass er es ausbläst. Da äußere Faktoren wie Ernährung und Lebensstil Ihr Verhalten beeinflussen, dominiert bei Ihnen immer wieder mal die feurige oder die leichte, luftige Energie. Um beide Wesensanteile voneinander unterscheiden zu können, lesen Sie bitte die Persönlichkeitsbeschreibungen des Grundtyps Lung (S. 49 ff.) und des Grundtyps Tripa (S. 87 ff.).

Kreativität und ein starker Wille
Die große Stärke Ihrer Persönlichkeit: Zu Ihrem enormen kreativen Potenzial gesellt sich ein starker Wille, verbunden mit Tatendrang und Durchsetzungskraft. Eine wahrhaft aufregende Mischung aus Spontaneität und Dynamik. Sind Sie ausgeglichen, gehen diese beiden Eigenschaften eine fruchtbare Ehe ein. In Ihnen reifen Gedanken und Ideen, die Sie mit Ehrgeiz und Power in die Praxis umsetzen – das Ganze mit Witz, mit Pfiff und Pep! Sie sind die temperamentvolle Künstlerin, die phantastische Installationen in Szene setzt; der avantgardistische Designer, der seine Kollektion im Alleingang auf den Laufsteg bringt. Aber auch der von Entdeckerdrang besessene Biologe, der rund um die Uhr im Labor Bakterienstämme kreuzt. Sehr oft haben Sie eine Botschaft, die Sie sendungsbewusst verkünden; ein Ideal, für das Sie kämpfen; ein Ziel, für das Sie auf die Straße gehen.

Auch wenn Sie nach außen sensibel wirken (was Sie hin und wieder sind), steckt in Ihnen ein rebellischer Kern. Etwas Provozierendes haftet Ihnen an. Etwas Ungewöhnliches. Der schillernde Abenteurer in Ihnen ist stolz auf seine Individualität und hat Lust, Konventionen zu brechen. Entweder durch einen ganz anderen Lebensweg, einen sehr besonderen Beruf, durch unorthodoxe Verhaltensweisen, ungewöhnliche Hobbys und Vorlieben oder durch extravagantes Auftreten. Sie haben keine Probleme, andere zu überzeugen. Ihr mitreißendes Wesen und die Leidenschaft, mit der Sie sich für Ihre Interessen engagieren, können tief beeindrucken. Setzen Sie dann noch Ihren ansteckenden Humor und Ihren Charme ein, erobern Sie die Herzen Ihrer Mitmenschen im Sturm. Ein Wolf im Schafspelz? Nicht auszuschließen, wenn es darum geht, Ihre Visionen umzusetzen. Aber auch die Rolle des Schafs mit Wolfsmütze ist drin. Dann nämlich, wenn Ihre zerbrechliche Lung-Natur überwiegt und Sie hilflos und verzagt wirken. Einer Ihrer Standardgedanken lautet in solchen Fällen: »Warum habe ich mir dieses Projekt nur angetan, ich werde es nie schaffen!« Damit stellen Sie alles infrage, was Sie sich mühsam aufgebaut, erkämpft und erstritten haben. In dieser Verfassung sind Sie dankbar für die Hand, die Ihnen beruhigend über den Kopf streicht und für die Stimme, die Ihre Zweifel besänftigt. So ist Ihr Leben: Mal so, mal so. Ein ruhiges Gleichmaß gibt es selten. Immer nur Phasen, in denen Sie von einem Thema fasziniert sind, das Sie mit der Ihnen eigenen Intensität verfolgen.

Sie zeigen Ihre Gefühle
Einer der Gründe für Ihren impulsgesteuerten Lebensstil ist Ihre starke Emotionalität. Unter allen sieben Typen sind Sie derjenige, der seine Gefühle am besten ausdrücken kann. Das ist sehr gesund. Aber Vorsicht, Sie leben nicht nur die positiven, sondern auch die negativen aus! Und das mit einer Intensität, die anderen den Atem rauben kann.

Wenn Ihre beiden Energien überschießen, kann es geschehen, dass Sie Ihren Emotionen völlig ausgeliefert sind. Ein Beispiel: In Zeiten, während derer Sie sehr angestrengt arbeiten (was häufig passiert, weil Ihr Ehrgeiz Sie dazu treibt, sich zu übernehmen), steigt in Ihnen die Hitzeenergie. Dann werden Sie leicht aufbrausend und aggressiv. So wie Luft das Feuer auflodern lässt, können Ihre Lung-Anteile die Emotionen noch verstärken und machen Sie zusätzlich ruhelos. Nun braucht es nur noch einen Auslöser, und das emotionale Chaos nimmt seinen Lauf. Gefühle von Angst (Lung) und Wut (Tripa) wechseln sich ab. Sie reagieren irrational, verwirrt, unberechenbar und unkontrolliert. Wie aufgewirbeltes Feuer eben, das sich in Windeseile ausbreitet und an vielen Stellen neue Brandherde setzt.

Zwei Seelen in Ihrer Brust
Ein gewisses Hin- und Hergerissensein zwischen Luft und Feuer zeigt sich auch in Ihrem Auftreten. Einerseits spüren Sie ein starkes Bedürfnis, eine Situation zu bestimmen und den Ton anzugeben, andererseits hegt Ihr Lung-Anteil erhebliche Zweifel, ob Sie das Recht und die Fähigkeit dazu haben. Daraus entsteht im Idealfall ein Kompromiss. Sie ergreifen die Initiative, wenn es angebracht ist, können sich aber auch einer stärkeren Autorität unterordnen. Zeitweise zumindest. In weniger idealen Konstellationen lassen Sie sich entweder auf einen Konkurrenzkampf ein oder ziehen sich verbittert zurück.

Wechselnde Stimmungen
Stimmungsabhängig, wie Sie oftmals sind, fällt es Ihnen schwer, sich an Abmachungen zu halten, Versprechungen einzulösen, bei einer Meinung zu bleiben. Letztlich können Sie aber nichts dafür. Das ist ein (Lung-)Teil Ihres Naturells. Während Sie dem Wind-Element Ihre Ideen und Eingebungen verdanken, gibt das Feuer Ihnen die Kraft, diese nach außen zu tragen. Eine geniale Kombination, allerdings mit einem

Haken – Ihnen fällt genau das schwer, was Sie dringend brauchen: Mäßigung, Ruhe und Gelassenheit.

Körper und Gesundheit

Die Lung-Tripa-Konstitution hat viele Vorteile. Durch Ihren gut funktionierenden Stoffwechsel nehmen Sie so gut wie nie zu und behalten bis ins hohe Alter die gleiche Figur. Bei ausgeglichenen Energien bleiben Sie lange jung und fit.

Ihre Schwachstellen

Körperliche Beschwerden hängen bei Ihnen häufig mit der Feuerenergie zusammen, die emotionalen Symptome eher mit Lung. Wenn zwei oder mehrere Symptome gleichzeitig auftauchen, gilt die alte Heil-Regel: Immer zuerst das akute Symptom behandeln.

Tinnitus und Schwindel
Diese typischen Lung-Stresssymptome tauchen in Zeiten der Überarbeitung auf. Durch Ihren Perfektionsdrang neigen Sie dazu, sich zu überfordern. Die Folge sind Ohrgeräusche oder Schwindelattacken.

Hautunreinheiten und -infektionen
Meistens haben Sie eine (ins Gelbliche tendierende) Mischhaut mit trockenen und öligen Partien. Dadurch können Sie einerseits leicht Trockenheitsfältchen (Lung) bekommen und andererseits Hautunreinheiten (Tripa). Bei Stress neigt Ihre Haut zu Pickeln und verstopften Poren. Viele Lung-Tripa-Menschen leiden in der Pubertät unter Akne. Wenn Sie sich ärgern, nervös oder aufgeregt sind, entwickeln sich bei Ihnen sogar Furunkel. Auch allergische Ekzeme (Lung), die sich stark infizieren können (Tripa), sind Ihnen nicht unbekannt.

Gastritis
Ärger schlägt Ihnen häufig auf den Magen. Es drohen Magenschleimhautentzündungen (Gastritis).

Leber- und Herz-Kreislauf-Probleme
Ihre anfälligsten inneren Organe sind die Leber (Leberschwäche, Hepatitis) mit Gallenblase (Gallensteine) und das Herz (Kreislaufstörungen, Herzinfarkt). Schwächen und Funktionsstörungen dieser Organe sollten Sie unbedingt ernst nehmen.

Infektionen und hohes Fieber
Ist Ihr Körper geschwächt, verstärkt Lung die heiße Energie. Dann kommt es zu »heißen« Infektionskrankheiten oder anderen entzündlichen Prozessen, die mit Fieber einhergehen, zum Beispiel Darmgrippe oder eine fiebrige Virusinfektion. Auch Augeninfektionen treten in diesem Zusammenhang auf.

Nervenschwäche und psychosomatische Probleme
Die starke Emotionalität des Lung-Tripa-Typs kann, vor allem in Verbindung mit den lung-bedingten schwachen Nerven, zu Verhaltensstörungen oder zu psychosomatischen Krankheiten führen. Klassische Beispiele sind Unruhe, Schlaflosigkeit, Burn-out-Syndrom, Ängste, Phobien, Panikattacken und die ganze Palette der Essstörungen. Sehr typisch sind auch wandernde Schmerzen, die überall am Körper auftreten. In Zeiten großer Ängste, Sorgen und starker psychischer Probleme (Lung) können Sie zusätzlich heftige Tripa-Krankheiten bekommen, wie zum Beispiel eine Infektionskrankheit, Migräneattacken oder stechende Kopfschmerzen.

Wege zur Harmonie

Ihre Symptome zeigen Ihnen, was Ihr Körper gerade braucht: kühlende oder wärmende Therapien.

Was hilft und heilt

Lernen Sie, Ihre Symptome einzuordnen

Gehört mein augenblickliches Problem in die Kategorie Lung oder Tripa? Eine Frage, die Sie sich immer wieder stellen sollten. Denn nur wenn Sie ganz klar zwischen Lung- und Tripa-Symptomen unterscheiden, können Sie sich nach den Regeln tibetischer Medizin behandeln. Am Anfang ist dieses Einordnen nicht ganz einfach, denn oft wechseln Lung- und Tripa-Symptome sich im Laufe des Tages ab. Manchmal treten sie sogar gleichzeitig auf. Wie bereits erwähnt, wird immer das akutere Symptom zuerst behandelt.

Hier einige Beispiele:

- Sie schwitzen viel. Das bedeutet, Ihre Tripa-Energie ist hoch. Sie brauchen also die kühlenden Heilmaßnahmen des Grundtyps Tripa (siehe Seite 94).
- Sie leiden unter Verstopfung und bekommen vor lauter Nervosität Herzrasen. Nun dominiert Ihre Lung-Energie. Ihnen helfen die wärmenden Therapien des Grundtyps Lung (Seite 59 ff.).
- Sie haben Kopfweh. Es gilt herauszufinden, ob es sich um lung-bedingte Spannungskopfschmerzen handelt oder um tripa-bedingtes Kopfweh. Sind es eher dumpfe, »kalte« Schmerzen (Lung), oder haben Sie einen »heißen« Kopf mit brennenden, stechenden Schmerzen (Tripa)? Der kalte Kopfschmerz wird mit Wärme kuriert, der heiße Schmerz mit kühlenden Maßnahmen.

In diesem Buch finden Sie an verschiedenen Stellen Hinweise, die Ihnen helfen, Ihre Symptome einzuordnen: die Symptomliste und die Checkliste im Anhang sowie die Abschnitte »Ihre Schwachstellen« bei den Grundtypen Lung (Seite 55 ff.) und Tripa (Seite 91 ff.).

Eine zusätzliche Hilfe, um Ihre Beschwerden richtig einzuordnen, sind die Tages- und Jahreszeiten.

Lung-Symptome erscheinen vermehrt

- in der Morgendämmerung (etwa zwischen 3 und 5 Uhr) und/oder in der Abenddämmerung (etwa zwischen 19 und 21 Uhr),
- im Spätsommer (Altweibersommer).

Tripa-Symptome verschlimmern sich

- um die Mittagszeit (etwa zwischen 12 und 14 Uhr) und mitten in der Nacht (etwa zwischen 0 und 2 Uhr),
- im Herbst.

Achtung: Da sich die jahreszeitliche Steigerung einer Energie niemals genau auf einen Monat festlegen lässt, kann es sein, dass sich zwischen Spätsommer und Herbst Lung- und Tripa-Symptome überlappen beziehungsweise dass beide zugleich auftreten. Achten Sie also in dieser Zeit besonders auf ausgleichende Ernährung und meiden Sie Stress.

Akute Krankheiten nicht selbst behandeln

Wenn Sie bei der Ermittlung Ihres Typs in der Checkliste einen hohen Tripa-Anteil ermittelt haben, müssen Sie immer wieder mit »heißen«, also heftigen, akuten Krankheiten rechnen, die mit Fieber einhergehen. Selbstbehandlung ist hier

nicht angezeigt. Gehen Sie bitte zu einem guten, naturheil-kundlich versierten Arzt. Selbsthilfemaßnahmen sind nur bei chronischen Beschwerden und zur Gesundheitsvorsorge emp-fehlenswert. Speziell für Sie eignen sich ganzheitliche asiati-sche Heilmethoden – zum Beispiel die chinesische Medizin, Ayurveda und natürlich auch die tibetische Medizin.

Generelles Stress-Verbot

Tibetische Ärzte erteilen Lung-Tripa-Patienten manchmal ein generelles Stressverbot. Auch wenn das recht unrealistisch ist, zeigt es doch sehr deutlich, dass Stress für Ihren Körper und Ihre Seele ein sehr großes Gift ist. Stress verstärkt sowohl Ihre Lung- als auch Ihre Tripa-Energie, die es im Sinne der Harmo-nielehre ja eigentlich zu reduzieren gilt, damit mehr ruhige Bäken-Kraft in Ihrem Leben Platz bekommt. Wie Sie Ihren Stress typgerecht meistern, lesen Sie unter der Überschrift »Wellness«.

Schwachpunkte Leber und Herz

Tipp zum Schutz der Leber: Führen Sie regelmäßig Entgif-tungskuren durch. Trinken Sie dazu Tee aus Bitterkräutern.

Tipp zum Schutz vor Herz-Kreislauf-Krankheiten: Gönnen Sie sich regelmäßig Entspannung und Ruhe nach Stress. Täg-lich ein Spaziergang oder leichte Bewegung wie z.B. Radfah-ren fördern die Erholung. Als zusätzliche Unterstützung empfiehlt sich wiederholt eine Kur mit Padma 28, vor allem, wenn Sie viel arbeiten und in einer Art Dauerstress leben. Der Hersteller dieses tibetischen Kräuterheilmittels rät dem Lung-Tripa-Typ, die Dosis mittags und im Herbst höher zu halten, morgens und abends sowie im Sommer niedriger.
Tibetische Ärzte sehen übrigens einen Zusammenhang zwi-schen Leber- und Herzproblemen. Wenn die Leber angegrif-fen ist, wirkt sich dies oft aufs Herz aus.

Tibetische Diät gegen Gastritis

Eine klassische Lung-Tripa-Krankheit ist die Magenschleimhautentzündung (Gastritis), die mit Symptomen wie Sodbrennen, saurem Aufstoßen, Schmerzen in Magen und Oberbauch und manchmal Verstopfung einhergeht. Tibetische Ärzte raten zu bestimmter Ernährung und Verhaltensweise:

- Essen Sie viel Reis, Joghurt und gekochtes Gemüse (besonders empfehlenswert: Karotten).
- Trinken Sie – wenn möglich frisch gepressten – Granatapfelsaft und Sanddornsaft (gibt es in Reformhäusern).
- Verzehren Sie wenig Fleisch.
- Meiden Sie saures und öliges, fettes Essen sowie scharfe Gewürze und Alkohol. Wenn Sie diesen Rat auch nicht immer beherzigen können, sollten Sie versuchen, Alkohol und öliges Essen wenigstens nicht zur gleichen Zeit zu sich zu nehmen.
- Essen Sie früh zu Abend und gehen Sie erst zwei bis drei Stunden nach dem Essen zu Bett.

Viel Flüssigkeit

Es gehört zu Ihrer Luft-Feuer-Konstitution, dass Sie so häufig Durst haben. Der Grund: Durch Ihre Feuerenergie ist alles Flüssige schnell verbrannt, und der Wind trocknet zusätzlich aus. Das bekommen Sie immer wieder zu spüren. Bei schweißtreibenden Tätigkeiten geraten Sie zwar schnell ins Schwitzen, doch Ihr Schweiß trocknet rasch wieder ab. Ähnlich geht es in Ihrem Inneren zu. Übergehen Sie also auf keinen Fall die Durstsignale Ihres Körpers!

Die tibetische Heilkunde rät Ihnen, Ihren Flüssigkeitsbedarf hauptsächlich mit (vorher abgekochtem) lauwarmem Wasser zu decken oder mit warm bis lauwarm getrunkenen Kräutertees.

Besser leben

Ein tibetisches Sprichwort lautet:»Warum sich Sorgen machen, wenn Sie die Dinge ändern können. Und wenn Sie die Dinge nicht ändern können: Warum sich dann Sorgen machen?« Ihr großes Lernziel heißt Gelassenheit. Gelingt es Ihnen, diese in den Alltag zu integrieren, verbessert sich Ihr gesamtes Lebensgefühl.

Sechs Regeln für ein harmonisches Leben

- Lernen Sie Stress-Management: Sie tun sich einen großen Gefallen, wenn Sie lernen, mit Stress umzugehen. Ob Sie ein Management-Training besuchen oder sich mit Büchern und Kassetten weiterbilden, ob Sie in einem Kloster Exerzitien machen oder bei einem Zen-Meister in die Lehre gehen – all das bleibt Ihnen überlassen. Wichtig ist nur, dass Sie Techniken lernen, die auf den Alltag übertragbar sind.
- Teilen Sie sich mit: Einen Großteil Ihrer Ängste, Sorgen und Ärgernisse können Sie lindern, indem Sie mit jemandem darüber reden. Das mag sehr allgemein klingen, weil es eigentlich für jeden Menschen gilt, aber bei Ihnen sind das Sich-Öffnen und Sich-Anvertrauen besonders wichtige »Heilmaßnahmen«. Steigt der innere Druck, brauchen Sie ein Ventil.
- Verwechseln Sie Ablenkung nicht mit Entspannung: Viele Menschen machen abends, wenn sie gestresst von der Arbeit heimkommen, den Fernseher an. Aber das ist keine Entspannung! Fernsehen zerstreut die Gedanken und Gefühle in alle Richtungen, statt sie zu sammeln und zu beruhigen. Legen Sie also lieber ruhige Musik auf, machen Sie Atem-Meditationen und entspannen Sie sich ganz gezielt.
- Meiden Sie die Beschäftigung mit Aggression und Gewalt: Gewaltfilme und aggressive Wettkämpfe lassen Ihr Lung-

und Tripa-Potenzial ansteigen. Die Auseinandersetzung mit solchen Themen kann Ihnen Kopfschmerzen bereiten und sogar den Schlaf stören. Action und Abenteuer finden in Ihrem Innern (und wahrscheinlich auch in Ihrem Leben) zur Genüge statt. Ihr Gehirn braucht diese Aufregungen nicht noch zusätzlich durch Filme im Kino oder durch aggressionsfördernde Freizeitaktivitäten.

- Steigern Sie sich in nichts hinein: »You can't stop the waves but you can learn to surf.« (Du kannst die Wellen nicht anhalten, aber du kannst lernen zu surfen.) Dieser Spruch von Yogi Swami Satchidananda erklärt das Wesen von Gelassenheit. Was passiert, wenn Sie aus der Haut fahren? Sie vergeuden Lebensenergie, der Blutdruck steigt und Sie schlafen schlecht. Lernen Sie, in nervtötenden Situationen anders zu reagieren, als gewohnt. Wie Sie das schaffen, lesen Sie im folgenden Abschnitt.

- Kultivieren Sie die süßen Seiten des Lebens: Diesen ernst gemeinten Rat der tibetischen Gelehrten können Sie auf alle Bereiche des Lebens anwenden. In der Ernährung ist der süße Geschmack für Ihren Typ ein wichtiges Heilmittel, weil er Ihre beiden entgegengesetzten Energien harmonisiert. Naschen Sie also Süßes, lassen Sie Ihren Gelüsten auf eine zuckrige Nachspeise freien Lauf. Im Übrigen dürfen Sie diese Aufforderung durchaus auch im übertragenen Sinne verstehen. Lernen Sie die Kunst des süßen Nichtstuns. Kultivieren Sie das Faulsein und den Müßiggang, lernen Sie das Leben von seinen schönsten Seiten zu genießen. Sie fördern damit Ihre persönliche Entwicklung.

So mäßigen Sie Ihre Emotionen

Von Natur aus sind Sie gut in Kontakt mit Ihren Gefühlen, können sie ausleben und zeigen. Aber Sie reagieren auch sehr impulsiv, und das schadet Ihnen mitunter. Sei es, dass Sie mit Ihrer Überschwänglichkeit anecken, vor Verzweiflung in see-

lische Abgründe stürzen oder in der Wut Gläser zertrümmern. Buddhistische Lehrer raten zwar allen Menschen, ihre Emotionen zu mäßigen und sich weder von positiven noch von negativen Gefühlen überwältigen zu lassen, aber das gilt ganz besonders für die feurigen Konstitutionsmischungen. Hier einige Tipps aus der westlichen Psychologie.

Negative Emotionen kanalisieren

Steigen Gefühle wie Wut, Hass, Ärger, Neid oder Eifersucht in Ihnen auf, hilft die Drei-Punkte-Regel:

- Erkennen und benennen Sie, was in Ihnen vorgeht.
- Machen Sie sich klar: Sie haben ein Recht darauf, das zu fühlen, was Sie fühlen.
- Befreien Sie sich von emotionalem Druck. Powern Sie sich entweder sportlich aus oder schlagen Sie zu Hause mit den Fäusten auf eine Matratze ein und schimpfen Sie, was das Zeug hält. Wenn die Arme lahm werden, ist die Wut verraucht.

Die Beobachter-Methode

Überwältigen unangenehme Gefühle Sie zu stark, probieren Sie die Beobachter-Methode aus. Damit gehen Sie innerlich auf Distanz und begeben sich in die Rolle des interessierten Zeugen. Untersuchen Sie, wie stark Ihr Gefühl ist, an welcher Körperstelle Sie es spüren, woran es Sie erinnert und was Sie gerade denken. Damit behalten Sie die Kontrolle, ohne zu kopflastig zu werden.

Selektive Offenheit

Wie gesagt, es ist absolut richtig und gesund, dass Sie anderen Ihre Gefühle mitteilen, damit die darauf reagieren können. Außerdem kostet es viel Energie, Gefühle zu domestizieren – zum Beispiel, wenn Sie sich zwingen, freundlich zu sein, obwohl Sie sich eigentlich ärgern. Gefühle zeigen heißt aber nicht, sie ungefiltert rauszulassen. Richtig ist es, sie der Situation angemessen zu äußern. Der Begriff dafür heißt »selektive Offenheit«. Sie können jederzeit entscheiden, wem Sie wie viel von Ihren Gefühlen preisgeben. Überlegen Sie also jedes Mal neu, in welcher Abstufung Sie Ihr Gefühl zeigen möchten. Im Job können Sie ganz sachlich äußern: »Es stört mich, wenn Sie bei anderen schlecht über mich reden.« Bei einer guten Freundin ist es in Ordnung, wenn Sie sich ausweinen.

Gefühle transformieren

Angenehme Gefühle wie Liebe oder Freude geben uns automatisch Schwung. Doch auch unangenehme Gefühle können Energiespender sein. Verwandeln Sie Ihren Ärger, Zorn oder Neid in fruchtbare Aktivität. Statt Ihre Energie auf blinde Rachefeldzüge zu verschwenden, können Sie sich selbst verwöhnen oder einen Wunsch erfüllen, damit es Ihnen blendend geht. Wenn Sie das immer wieder üben, werden Sie feststellen: Jedes Gefühl ist ein Energiespender.

Dieses Hobby empfehlen Ihnen die Tibeter

Gärtnern Sie! Den Kontakt mit der Erde, der Ihnen so dringend fehlt, sollten Sie nach Ansicht des tibetischen Arztes Dr. Namgyal Qusar ganz praktisch umsetzen, indem Sie gärtnern. Graben Sie Erde um, legen Sie sich einen Gemüsegarten zu, züchten Sie Rosen, pflanzen Sie Bäume. Und spüren Sie ruhig in sich hinein, wie zufrieden solche erdverbundenen Arbeiten machen.

Sollten Sie Lust haben, Ihre gärtnerische Kreativität Ihrem Typ gemäß etwas experimenteller einzusetzen, lassen Sie Ihrer Phantasie freien Lauf und gestalten Sie Ihren Garten individuell – vielleicht ganz wild oder exotisch oder nach dem Feng-Shui-Prinzip.

Die richtige Ernährung

Sie brauchen die kühlende Kost des Tripa-Typs und die nahr-
hafte des Lung-Typs.

Kalt oder warm? Lung oder Tripa?

Um sich typgemäß zu ernähren, müssen Sie bei der Nahrung
grundsätzlich umdenken. Ähnlich wie die Krankheitssymptome
teilt die tibetische Heilkunde auch die Lebensmittel in wärmende und kühlende Eigenschaften ein. Je nachdem, ob Ihre Lung-
oder Tripa-Energie gerade dominiert, gilt es, Ausgleich zu
schaffen – durch entsprechend kühlende oder wärmende Kost.
Wie fühlen Sie sich gerade? Haben Sie bestimmte Beschwerden? Welches Wetter und welche Jahreszeit herrschen vor?
Der Tibeter berücksichtigt solche Faktoren sehr gewissenhaft.
Einige ganz einfache Beispiele: Sind Sie wütend oder haben
Sie sich beim Tennismatch zu stark angestrengt (Tripa), sollten Sie auf jeden Fall Alkohol und scharfe Gewürze vermeiden, die Ihre Hitze noch weiter in die Höhe treiben. Wählen
Sie die kühlenden Nahrungsmittel des Grundtyps Tripa (Seite
98 ff.). Leiden Sie unter Schlafstörungen oder haben Sie gerade viel psychischen Stress (Lung), bevorzugen Sie die wärmende Kost des Grundtyps Lung (Seite 64 ff.), allerdings mit
weniger Fleisch und tierischem Eiweiß.

Wenn es Ihnen gut geht und Sie sich gerade recht ausgeglichen
fühlen, halten Sie sich bitte an die folgenden allgemeinen Er-
nährungsregeln:

• Lassen Sie niemals Hunger aufkommen, sonst fühlen Sie
  sich schnell unwohl, werden gereizt oder nervös. Nehmen
  Sie also immer wieder Kleinigkeiten zu sich, wenn Sie
  das Bedürfnis danach haben. Essen besänftigt Ihre Lung-
  Tripa-Energien und macht Sie zufrieden.

- Tragen Sie dem heißen und dem kühlen Element Ihrer Konstitution Rechnung, indem Sie Ihre Ernährung wie folgt den Jahreszeiten anpassen:

Im Winter: mehr wärmende Nahrungsmittel, die dem reinen Lung-Typus entsprechen.
Im Sommer: mehr kühlende Nahrungsmittel, die dem reinen Tripa-Typ entsprechen.
Im Herbst und im Frühjahr: wärmende und kühlende Kost.

So könnte Ihre Herbst-Frühlings-Kost aussehen

Morgens Lung besänftigen
Ein für Sie ideales Frühstück besteht aus: Müsli mit Joghurt und Früchten, dazu eine Tasse Kümmel-Muskat-Milch (Rezept s.u.).

Mittags Tripa ausgleichen
Wählen Sie zum Mittagessen kühlende Nahrungsmittel aus: grüner Salat mit Gurken und Löwenzahn. Dazu ein Dressing aus Joghurt oder Olivenöl, Muskat und Sesam.
Als Hauptgericht: ein Wildgericht mit Artischocken.

Abends Lung und Tripa beruhigen
Finden Sie einen Kompromiss zwischen kühlenden und wärmenden Zutaten. So könnte Ihr Abendessen aussehen: als Vorspeise eine Suppe aus Rinderknochen, anschließend eine Gemüsepfanne mit Karotten, Fenchel, Auberginen und Süßkartoffeln, gewürzt mit Safran, Sesam und Sonnenblumenkernen.

Tibetische Rindsknochensuppe
Zutaten:
- 4 Stücke Rindermarkknochen
- 2 TL Salz

- 1 l Wasser
- 3 Knoblauchzehen
- 1 kleine Zwiebel
- eine Prise Safran
- eine Prise Kurkuma (Gelbwurz)
- frische Pfefferminzblätter
- 1/2 Glas Weißwein
- Bindemittel oder Geliermittel
- 1/2 TL Muskatnusspulver
- 1/2 TL gemahlener Kümmel

Die Zwiebel schälen und zerschneiden und den Knoblauch pressen. Die Pfefferminzblätter waschen und zerkleinern. Lassen Sie die Rindsknochen zusammen mit den Gewürzen im Wasser bei mittlerer Hitze eine halbe Stunde lang kochen. Dann Bindemittel und Wein dazugeben. Nochmals eine Minute aufkochen lassen. Erst ganz zum Schluss die Pfefferminzblätter hinzufügen.

Ihr Morgendrink: Kümmel-Muskat-Milch
Dies ist ein Getränk aus kühlenden und wärmenden Substanzen. Ideal als Alternative zu Kaffee und Tee (die Sie meiden sollten) am Morgen: Macht wach, belebt die Sinne, balanciert die Elemente aus. Probieren Sie es aus!

Zutaten:
- 1/2 Glas Milch (tripa-ausgleichend)
- 1/2 Glas Wasser
- eine Prise frisch gemahlenes Muskatpulver (lung-ausgleichend)
- eine Prise frisch gemahlener oder mit dem Mörser zerriebener Kümmel (lung-ausgleichend)
- 1 TL Honig (lung- und tripa-ausbalancierend)

Die Milch und das Wasser kurz aufkochen lassen, dann die Gewürze hinzugeben und das Ganze einige Zeit bei geringer Hitze köcheln lassen. Den Topf vom Herd nehmen, kurz abkühlen lassen und erst ganz zum Schluss den Honig hineingeben.

Die Geschmacksrichtungen für Ihren Typ

Sehr empfehlenswert: Nahrungsmittel, die süß schmecken.
Empfehlenswert: die Geschmacksrichtung zusammenziehend.
In Maßen zu genießen: salzig und bitter.
Meiden Sie vor allem die Geschmacksrichtungen scharf und sauer.
Mehr über die Heilkraft der sechs Geschmacksrichtungen lesen Sie auf Seite 19 ff.

Hiervon sollten Sie viel essen

Hier ein Überblick über Lebensmittel, die Sie ins Gleichgewicht bringen. Sie wirken entweder kühlend oder wärmend, teilweise auch maßvoll kühlend oder maßvoll wärmend, also gewissermaßen lau. Wenn Sie keine besonderen Beschwerden haben, können Sie alle genannten Gemüse, Gewürze etc. abwechselnd in Ihren Speiseplan einbeziehen. Damit ernähren Sie sich im Sinne der tibetischen Konstitutionslehre optimal ausgewogen. Eine bessere Gesundheitsvorsorge gibt es nicht!

Getreide und Gemüse:

Auberginen	Knoblauch
Avocados	Lauch
Blumenkohl	Linsen
Bohnen	Reis
Brokkoli	Rettich
Gerste	Rote Bete
Hirse	Spargel (in Maßen)
Kartoffeln	Weizen
Kichererbsen	Zwiebeln

Kräuter und Gewürze:

Basilikum	Petersilie
Brennnessel	schwarzer Pfeffer (sehr
Eukalyptus	wärmend, Achtung bei
Fenchel	zu viel Tripa)
Gewürznelke	Pfefferminze
Honig	Safran
Kamille	Salbei
Kardamom	Schwarzkümmel
Koriander	Senf
Kurkuma	Sesam
Muskatnuss	Thymian
Oliven	Zimt
Oregano	Zucker

Früchte:

Äpfel	Grapefruit
Aprikosen	Nektarinen
Bananen	Orangen
Birnen	Rosinen
Datteln	Wassermelone (nur bei
Erdbeeren	starker Tripa-Dominanz,
Feigen	da sehr kühlend)

Nüsse und Samen:

Cashewnüsse	Sesam
Kokosnuss	Sonnenblumenkerne
Mandeln	Walnüsse

Fette:
Butter
Olivenöl
Senföl (stark wärmend, nur gut bei starker Lung-Dominanz)
Sesamöl

Fleisch:

Huhn	Rind
Lamm	

Milchprodukte:
Buttermilch und alle
  Milcharten
Käse
Sahnequark

Genussmittel (in Maßen):
süßer Aperitif-Wein wie
  Malaga oder Sherry
Bier

Das sollten Sie meiden

Stimulierende Getränke wie Kaffee, starker Schwarztee und guaranahaltige Energydrinks, denn sie erhöhen Lung und Tripa.

Wellness

Sie bewegen sich von Natur aus gut, gerne und schnell. Zum Ausgleich sollten Sie deshalb etwas gemächlichere Gangarten in Ihren Alltag bringen.

Drosseln Sie Ihre Power

Ihr Körper ist muskulös und leistungsfähig. Er braucht Bewegung, um seine vorwärtsdrängende Tripa-Energie zu binden. Allerdings müssen Sie wissen, dass Bewegung gleichzeitig die Tripa-Energie anregt. Für Sie geht es also auch beim Sport darum, ein gutes Mittelmaß zu finden. Da Ihr Geist die Herausforderung liebt, liegen Ihnen alle Sportarten, bei denen Sie sich mit anderen messen können, also Tennis, Mannschaftsspiele etc. Ihrer Vorliebe für Ungewöhnliches und Abenteuerliches kommen Klettern, Drachenfliegen, Surfen oder Wildwasserkajak entgegen. Aber wie gesagt: keine Übertreibung. Ihr Lebensmotto heißt Mäßigung.

Sie haben zwar die Power für jede Sportart, doch körperliche Überanstrengung lässt Ihre Tripa-Energie ansteigen und bringt Sie auf Dauer in Disharmonie. Mehr im Sinne der tibetischen Harmonielehre sind beruhigende Sportarten wie Golf oder spielerisch-meditative Formen wie Tai Chi oder Iyengar-Yoga.

Meditation: wie für Sie geschaffen

Laien haben mit Meditation oft Berührungsängste, weil sie damit stundenlanges Stillsitzen verbinden. Doch das ist nur eine Variante, die für Ihren Typ gar nicht geeignet ist. Sie sollten Meditation in einem viel weiter gefassten Sinn verstehen: als Ritual, das Ihre Energien bündelt, den Geist klärt und eine wohltuende Distanz zu Ihrer intensiven inneren Emotions- und Gedankenwelt schafft.

Entscheiden Sie sich für eine Methode, die nicht zu viel Konzentration erfordert, weil das Ihre Lung-Energie ansteigen lässt. Wählen Sie besonders Methoden, die den Atem einbeziehen. Unter den westlichen Entspannungsmethoden sind das besonders das Autogene Training oder Atemgymnastik, unter den fernöstlichen Methoden zählen dazu Yoga, Qi Gong und Tai Chi und alle Bewegungsmeditationen.

Mantra-Meditation

Mantras sind heilige Sanskritsilben aus der vedischen Hochkultur, die später von den tibetischen Buddhisten übernommen wurden. Man ruft mit diesen gesungenen, gemurmelten oder nur im Geiste rezitierten Silben Gottheiten an und bittet sie um Schutz, zum Beispiel vor den drei Geistesgiften, oder man bittet um eine innere Haltung von Liebe und Mitgefühl. Mit jeder Wiederholung, sagt die Lehre, wird die Wirkung eines Mantras tiefer.

Mantras muss man aber nicht unbedingt selbst rezitieren. Man kann ihnen auch einfach zuhören. Besonders magische

Mantra-Lieder gibt es von der tibetischen Sängerin Dechen Shak-Dagsay. Die Tochter des tibetischen Lamas Dagsay Rinpoche singt Heilmantras, mit denen man sich sehr gut auf meditative Übungen einstimmen kann (Adressen finden Sie im Anhang). Dechen Shak-Dagsay, die inzwischen zu Tourneen um die gesamte Welt reist, empfiehlt beim Hören ihrer Mantras eine Visualisierung, um die heilende Wirkung ihrer Mantras zu verstärken:

»Setzen Sie sich still an einen Platz und lassen Sie den Atem ruhig fließen, während Sie die Mantras im Hintergrund hören. Wenn Sie sich entspannt fühlen, drehen Sie den Ton etwas lauter. Nun stellen Sie sich vor, dass Sie mit jedem Atemzug die Kraft des Mantras aufnehmen. Lassen Sie die Heilkraft genau dahin fließen, wo Sie sich unwohl fühlen – meistens ist das übrigens der Kopf.«

Beruf und Berufung

Harmonisierend auf Ihre Energien wirken ein sicherer Arbeitsplatz und ein Job, bei dem Sie weder kaltem Wind noch starker Hitze ausgesetzt sind.

Eine karriereverdächtige Mischung aus Power und Phantasie
Die Tänzerin, die ihre eigene Ballettschule aufmacht, der Fotograf, der für seinen Bildband die ganze Welt bereist, die Redakteurin, die ihre feste Anstellung aufgibt, um Philosophie zu studieren – alles typische Lung-Tripa-Schicksale. Auch Lady Gaga und Madonna repräsentieren diese ehrgeizige Mischung.
Keine Frage, mit Ihrer künstlerisch-dynamischen Kombination stehen Ihnen viele berufliche Möglichkeiten offen. Sie haben genügend Selbstbewusstsein, um an sich und Ihre Ideen zu glauben. Und Sie finden Ihren Weg in sehr vielen Spar-

ten – als Künstler, Sportler, als Geschäftsfrau oder -mann, als Wissenschaftler, Architekt, Ingenieur, als Lehrer, Arzt oder Heiler, Rechtsanwalt und Autor. Ihr Auftreten wirkt überzeugend, Ihre großen Pluspunkte sind Ihre guten Ideen, Ihre eiserne Disziplin, Ihre Intelligenz und Ihr Engagement. Da Sie vom Typ her sehr flexibel sind, können Sie sich unterschiedlichen Arbeits- und Hierarchiestrukturen anpassen. Teamarbeit liegt Ihnen ebenso wie die Leitung einer Arbeitsgruppe. Allerdings gibt es auch einen Schwachpunkt in der Zusammenarbeit mit Ihnen: Sie sind nicht immer fair und können manchmal beleidigend und leider auch sehr ungeduldig sein.

Vorsicht Ehrgeiz! Sie sind der klassische Typ des Workaholics
Der Feuereifer, mit dem Sie an Ihre Aufgaben herangehen, verbunden mit Ihrem Perfektionismus, prädestinieren Sie zum Workaholic. Aus diesem Grund der dringende Rat von tibetischer Seite: Mäßigen Sie auch – und vor allem – im Berufsleben Ihr inneres Getriebensein. Sie müssen nicht immer der Beste oder Schnellste sein! Am besten, Sie gewöhnen sich an, täglich nach der Arbeit eine Entspannungsübung zu machen. Legen Sie sich aufs Sofa, kommen Sie zu sich, beruhigen Sie Ihren überaktiven Geist. Wenn Sie einen Bürojob haben und viel sitzen, kann eine abendliche Yogastunde Ihre Energien wieder ins Gleichgewicht bringen.

Das Liebesleben des Lung-Tripa-Typs

Lung-Tripa und Lung-Tripa als Paar
Paare mit der gleichen Energie-Mischung verstehen sich gut. Sie haben ähnliche Interessen, Ansichten und Leidenschaften. Daraus ergeben sich viele gemeinsame Themen. Aber sie besitzen leider auch die gleichen negativen Eigenschaften: Sie werden schnell ungeduldig, regen sich auf und geraten leicht

außer Kontrolle. Sind beide nicht geübt, sich zu beherrschen, kann das zu dramatischen Auseinandersetzungen führen. Alles in allem hat diese Liebe aber etwas Leichtes und Beschwingtes und kann gleichzeitig leidenschaftlich und intensiv sein. Hier kommen zwei Individualisten zusammen, die sich weder von Konventionen einengen lassen noch an Traditionen gebunden fühlen. Vielmehr versuchen sie, sich von anderen abzuheben, was teilweise auch provokative Züge annehmen kann. Die Lung-Tripas zelebrieren ihren besonderen Geschmack. Sie sind füreinander die besten Partner: Alles, was ihnen gefällt, was sie sich vom Leben wünschen, erhoffen und erträumen, können sie miteinander ausprobieren und genießen.

Immer ein bisschen anders
Im Alltag zeigt sich die Individualität des Paares etwa durch ungewöhnliche Formen des Zusammenlebens, vielleicht in einer Wohngemeinschaft, vielleicht mit mehreren Wohnsitzen und, wenn Kinder da sind, durch einen freiheitlichen, teils experimentellen Erziehungsstil. Selbstbewusst erlaubt sich dieses Paar, nach seinen Idealen und Überzeugungen zu leben, auch wenn das für Außenstehende exzentrisch wirken mag.

Der spontane Lebensstil
Herr und Frau Lung-Tripa folgen gerne spontanen Eingebungen, und oft entstehen daraus überraschende Aktivitäten: Ein nächtlicher Vollmondspaziergang, ein Last-Minute-Flug, ohne zu wissen, wohin die Reise führt. Ausgehen, Menschen sehen, ungewöhnliche Unternehmungen, mit Rollenspielen und Kommunikationsformen experimentieren und immer möglichst viel Spaß dabei haben: Das Leben mit dieser Energiemischung ist bunt, facettenreich und voller Überraschungen. Da diese beiden Menschen so stark am Leben teilnehmen, brauchen sie immer wieder den Austausch, um ihre Standpunkte zu überprüfen.

Da wird dann viel gelacht, diskutiert, gestritten und sich versöhnt.

Langeweile? Stillstand? Unmöglich!
Langweilig wird diese Zweisamkeit garantiert nicht, allenfalls hin und wieder ein wenig zu bunt. Je nachdem, wie viel Feuer in der Energiemischung vorhanden ist, spielen auch Machtkämpfe und Eifersucht eine Rolle. Und damit sind wir am kritischen Punkt in dieser Partnerschaft: Mit beider Neigung, sich in Gefühle zu verstricken, gibt es in dieser Beziehung auch Dramen und Tragödien, und im schlimmsten Fall reimt sich das Wort Liebe auf Hiebe.

Ruhe gibt es niemals
Um die Beziehung durch erdige Qualitäten wie Ruhe und Gelassenheit zu harmonisieren, könnten sich die beiden Lung-Tripas mit den Aspekten der Achtsamkeit auseinandersetzen. In dieser Bewusstseinsschule lernt man mithilfe von Meditation, Entspannung und gemeinsamem Schweigen alle Umtriebigkeit loszulassen und den Ruhepol in der eigenen Mitte zu finden. Achtsame Praktiken können eine Lung-Tripa-Beziehung stabilisieren und unter Umständen sogar retten. Im Übrigen hätte auch eine Wohnung oder ein Haus mit Garten eine heilsame Wirkung auf das Paar. Was immer Erdverbundenheit und Ruhe fördert, fördert auch die Harmonie in dieser Beziehung.

Beispiel
Charlotte, 55 Lung, 33 Tripa, 12 Bäken, und
Tom, 42 Lung, 48 Tripa, 10 Bäken

Charlotte, eine hübsche und begabte Germanistikstudentin, lernt an der Universität den attraktiven Tom kennen, der Betriebswirtschaft studiert. Die beiden heiraten schnell und beenden zügig ihr Studium.

Eigentlich wollten beide promovieren, aber es wird schnell klar, dass sie sich das finanziell nicht leisten können. So beschließen sie, dass Charlotte eine Stelle als Sprachberaterin annimmt und Tom seine Doktorarbeit macht. »Wenn ich dann einen festen Job habe, kannst du deine Promotion machen«, verspricht Tom seiner Frau. Doch leider treten bald andere Umstände ein. Als Tom seinen Doktor in der Tasche hat, bekommt er sofort eine feste Anstellung als Marketingdirektor in einem großen Konzern angeboten. Gleichzeitig steht ein sehr schönes Haus zum Verkauf, in welches das Paar sich auf Anhieb verliebt hat. Um sich den neuen Lebensstandard leisten zu können, sind Charlotte und Tom auf zwei Gehälter angewiesen. Charlotte geht also weiter zur Arbeit, spürt aber tagtäglich, wie diese Lösung sie frustriert. Eigentlich würde sie lieber heute als morgen aufhören. Aber Tom ist dagegen. Charlotte beißt die Zähne zusammen und macht weiter. Sie hasst die Routinearbeit inzwischen geradezu. Schließlich wird sie krank und bekommt Schwierigkeiten im Job. Ihre emotionale Zerrissenheit wird immer deutlicher, aber sie kann mit den Kollegen nicht darüber sprechen, weil sie sich fürchtet, nicht verstanden zu werden. Die Kollegen wiederum halten die introvertierte und sensible Charlotte für undurchschaubar und neurotisch und meiden den Kontakt mit ihr. Doch Charlotte will eigentlich nichts anderes als ihren eigenen Bedürfnissen zu folgen. Sie möchte zurück an die Universität, wo sie sich sehr wohlgefühlt hat. Eines Tages zieht Charlotte von heute auf morgen aus dem noblen Zuhause aus, kündigt den Job und sucht sich eine kleine Wohnung. Sie beginnt, Philosophie zu studieren. Die Promotion in Germanistik interessiert sie mittlerweile nicht mehr. Charlotte hat ihre Liebe zu Platon und Aristoteles entdeckt und legt nach nur sieben Semestern eine brillante Abschlussprüfung hin. All die Studienjahre hindurch hat sie nebenbei als Journalistin gearbeitet und sehr bescheiden gelebt. Aber sie hat diesen Schritt keine Sekunde lang bereut, weil sie tief in ihrem Innern wusste, dass sie sich ausschließlich den Geisteswissenschaften widmen will. Seit sie beschlossen hat, ihrer Berufung zu folgen, öffnen sich ihr viele Türen. Inzwischen hat sie einen Teilzeitjob als Assistentin an der Universität und bereitet sich auf ihre Promotion vor. »So zufrieden wie heute«, sagt sie rückblickend, »war ich noch nie in meinem Leben.«

Lung-Tripa und Lung-Bäken als Paar

Die Gemeinsamkeit von Lung-Tripa und Lung-Bäken ist das Element Luft. Das macht beide geistig sehr beweglich, sie können intuitiv aus dem Bauch heraus reagieren, haben einen besonderen Draht zu Philosophie und Natur, machen sich Gedanken über die Gesetze des Lebens. Auf dieser schöpferischen, kreativen Ebene teilen sie Interessen, Meinungen und Ideen. Die ähnliche Lebenseinstellung ist eine gute Basis für eine Partnerschaft.

Die Art, das Leben anzupacken
Die Unterschiede ergeben sich aus den anderen Elementen der beiden Mischtypen. Während Lung-Tripa durch seinen Feueranteil mehr Temperament und Durchsetzungskraft an den Tag legt, bringt Lung-Bäken mit seinem Erdanteil Ruhe und Besinnlichkeit in die Beziehung ein. Das kann sich sehr gut ergänzen, weil beide instinktiv spüren, wie gut sie sich ergänzen: Lung-Tripa fühlt sich von seiner besseren Hälfte voll und ganz angenommen, akzeptiert und sehr unterstützt. Er schätzt die Großzügigkeit, die Bodenhaftung und die Loyalität des Partners. Lung-Bäken wiederum bekommt durch sein aktives Gegenstück den Schwung und den Antrieb, die ihm selbst manchmal fehlen. Denn wie oft scheitert die Umsetzung seiner guten Ideen an mangelnder Tatkraft. Alles in allem also eine sehr alltagstaugliche Verbindung mit sehr guten Wachstumschancen.

Wo können Krisen entstehen?
Die Schwachstelle der Beziehung liegt dort, wo sich die meisten Übereinstimmungen ergeben, in den luftigen Anteilen. Wenn die romantischen Gefühle überschwänglicher Verliebt-

heit nachlassen, zu denen die beiden neigen, und wenn sich die ersten Unterschiedlichkeiten zeigen – Lung-Tripa möchte etwas unternehmen, Lung-Bäken vertieft sich lieber in ein gutes Buch, entsteht das Chaos der lung-typischen Ambivalenz. Selbstverständlich will jeder Rücksicht auf den anderen nehmen und seine eigenen Interessen zurückstecken – aber andererseits: Ist es nicht gerade wichtig, in einer Beziehung auch den eigenen Bedürfnissen nachzugehen und seine Eigenständigkeit zu wahren? Da wird hin und her überlegt, diskutiert, es werden psychologische Ratgeber zum Thema gewälzt, und manchmal entsteht dadurch aus einer Mücke ein Elefant. Doch wenn die beiden klug sind, besinnen sie sich auf das, was sie aneinander haben und widmen sich ihrer Beziehung, die dann sehr schnell wieder eine zärtliche, verspielte Grundstimmung annehmen kann.

Lung-Tripa und Tripa-Bäken als Paar

Eine Verbindung, in der die Partner sehr glücklich werden können. Beide Charaktere besitzen einen Feueranteil – hier gibt es also Übereinstimmungen. Darüber hinaus hat jeder eine Qualität, die der andere nicht hat: Lung-Tripa ist vom luftigen Element geprägt, Tripa-Bäken vom erdigen. Das erzeugt genau das Maß an Spannung, das den Partnern die Chance öffnet, sich zu ergänzen und viel voneinander zu lernen.

Respekt und Toleranz

Im Beziehungsalltag hängt vieles vom Respekt und von der Toleranz ab, die die Partner einander entgegenbringen. Respekt und Toleranz sind allerdings nicht unbedingt tripa-typische Eigenschaften, weswegen hier das größte Konfliktpotenzial liegt. Grundsätzlich kann man davon ausgehen, dass Tripa-Bäken durch seinen Erdanteil den stärker gefestigten Charakter besitzt als sein Partner und danach streben wird, innerhalb der

Beziehung die wichtigen Eckpfeiler zu setzen. Das ist wahrscheinlich sogar vernünftig, denn er verfügt über unternehmerischen Weitblick und lässt sich bei seinen Entscheidungen weniger von Emotionen leiten als sein Partner. Objektiv betrachtet besitzt er die besseren Führungsqualitäten.

Führung oder Bevormundung?

All das mag Lung-Tripa durchaus einsehen. Dennoch wird er das konsequente Vorgehen des Partners als übergriffig empfinden und sich vehement dagegen zur Wehr setzen. Je nach Ausprägung seines Feuer- beziehungsweise Luftanteils wird das Lung-Tripa-Naturell entweder zu offenen Auseinandersetzungen und heftigen Diskussionen (Feuer) neigen oder raffinierte Strategien (Luft) anwenden. Da ein Tripa-Bäken sich sehr gut wehren und verteidigen kann, gibt es hier immer wieder Zündstoff für Reibereien und Spannungen. Nicht zu Unrecht wird Lung-Tripa von Tripa-Bäken mehr Rücksicht und Toleranz fordern. Es geschieht tatsächlich oft genug, dass der zur Selbstzufriedenheit neigende Tripa-Bäken den Partner überrollt, ohne es zu merken und sich dann wundert, wenn der andere sich in die Ecke gedrängt fühlt.

Vorsicht Verletzungsgefahr!

Weil sie nicht nur intensiv lieben, sondern auch leiden, geht Lung-Tripa-Typen die manchmal sehr grobe, sture Art des Tripa-Bäken-Liebsten gegen den Strich. Aber er ist ihm keineswegs wehrlos ausgeliefert. Immerhin verfügt Lung-Tripa über ein breites Spektrum an Verhaltensweisen – von rational, kaltblütig und konsequent bis hin zu irrational, verrückt und völlig unberechenbar. Irgendein melodramatisches Stück fällt Lung-Tripa ganz bestimmt ein, um Tripa-Bäken in seine Schranken zu weisen.

Weniger Feuer, weniger Spannung
Doch nicht bei allen Paaren dieser Konstellation kommt es zwangsläufig zu Streit und Spannungen. Ist der Feueranteil beider Partner weniger stark ausgeprägt, kann man sogar ein sehr harmonisches Miteinander erwarten. In solchen Beziehungen entfaltet der Tripa-Bäken-Charakter seine fürsorglichen Eigenschaften und vermittelt dem Lung-Tripa-Typ das so dringend ersehnte Gefühl von Geborgenheit. Lung-Tripa wiederum bringt Lebendigkeit und vor allem viel Mitgefühl in die Beziehung ein.

Die Reviere abstecken
Wenn die Partner klug sind, teilen sie bereits zu Beginn ihrer Beziehung die Reviere und Zuständigkeiten ihren Kompetenzen entsprechend auf. Lung-Tripa könnte zum Beispiel alles Gestalterische (Konzept und Einrichtung von Haus oder Wohnung) übernehmen, Tripa-Bäken die Geldangelegenheiten verwalten und Investitionen tätigen. Ein Konsens sollte möglichst auch in Sachen Freizeitgestaltung erarbeitet werden, sonst geht jeder zu stark seinen eigenen Interessen nach. Gutes Einvernehmen findet das Paar, wenn es seinen tripatypischen Vorlieben frönt – zum Beispiel beim gemeinsamen Sport oder wenn man sich zusammen ein bisschen Luxus gönnt.

Lung-Tripa und Lung-Tripa-Bäken als Paar
Vom Naturell her passt in dieser Kombination vieles. Die Vorstellungen vom idealen Liebesglück etwa sind nahezu identisch. So haben in der Beziehung beide Partner ein großes Bedürfnis nach intensiven Empfindungen. Sie üben sich in der Kunst inniger Hingabe und können es darin sogar zur Meisterschaft bringen.

Eine romantisch verspielte Liebe
Alles in allem gelingt hier eine höchst lebendige Mischung aus romantischer Liebe und verspielter Verrücktheit. Auch in den sogenannten alten Ehen kommt nur selten Langeweile auf. Bei diesem Potenzial an Phantasie und Leidenschaft kann man davon ausgehen, dass die gegenseitige Anziehung ein Leben lang hält.

Zu erklären ist diese besondere Liebe durch die beiden lebendigen Energien, die sich hier vorteilhaft ergänzen: Sowohl Lung-Tripa als auch Lung-Tripa-Bäken sind kreative Wesen, bewegen sich leicht durchs Leben, besitzen Feingefühl und Intuition. Die Tripa-Energie verleiht diesen zarten Kräften Schwung und Dynamik, womit sich in dieser Verbindung eine breite Palette von Möglichkeiten öffnet. Grundsätzlich sind sämtliche Schattierungen der Liebe zwischen Himmel und Hölle möglich.

Der Ausgleich ist das Erdprinzip
Dass sich die Beziehung eher in himmlischeren Regionen abspielt, geht meistens auf das Konto von Lung-Tripa-Bäken. Schließlich ist er mit seinen drei gleich stark ausgeprägten Energien der harmonisierende Part. Neben der leichtsinnigen Lung- und der leidenschaftlichen Tripa-Energie besitzt er auch das erdige Bäken-Prinzip. Diesem Element ist geschuldet, dass es in der Beziehung außer Lieben, Leben, Spiel und Spaß und der Lust am Erfolg auch so etwas wie Solidität geben kann. Das macht es möglich, langfristig zu planen und die Liebe auf ein festes Fundament zu stellen.

Lung und Lung-Tripa als Paar s. S. 78 ff.
Tripa und Lung-Tripa als Paar s. S. 111 f.
Bäken und Lung-Tripa als Paar s. S. 140 ff.

Die glückliche Lung-Tripa-Persönlichkeit

Diese Persönlichkeit möchte sich entfalten, ausleben und weiterentwickeln – dafür sorgt die Kombination ihrer beiden lebendigen Energien: das bewegliche, schnell reagierende Luftelement und die ehrgeizige, vorwärtsstrebende Kraft des Feuers. Um so viel Power in gesunde Bahnen zu lenken, braucht es die positiven Eigenschaften des Bäken-Prinzips, also die Erdverbundenheit und die Ruhe, das Gleichmaß und die Stabilität der Gefühle. All das harmonisiert Lung-Tripa und lässt ihn nach seinen Höhenflügen sanft auf dem Boden der Tatsachen landen.

Leidenschaft ohne Leid: Das geht!
Die vollkommene Lung-Tripa-Natur hat das Maß aller Dinge gefunden – durch Mäßigung in jeder Beziehung, auf allen Ebenen! Keine emotionalen Höhenflüge durch Sieg, Lob oder Anerkennung, keine emotionalen Abstürze nach Misserfolg oder durch Verlust, keine Exzesse, sondern maßvoller Genuss. Innerlich ausbalanciert, kann die glückliche Lung-Tripa-Persönlichkeit ihre Leidenschaften leben, ohne ihnen zu verfallen. Sie macht sich voller Begeisterung an die Arbeit, ohne sich dabei zu verausgaben, gibt sich dem Leben hin, ohne sich darin zu verlieren. Dieses Naturell schöpft seine Ideen aus der Vielfalt seiner Gefühle und Inspirationen. Sie sind das Potenzial seiner Kreativität, der Motor seines Schaffens. Innere Prozesse auszudrücken und ihnen Gestalt zu verleihen – diese großen Fähigkeiten zeichnen Lung-Tripa aus. Im transformierten Zustand wird er darüber weder egozentrisch noch hochmütig oder schräg, sondern dankbar für die Geschenke und Talente, die ihm in die Wiege gelegt wurden. Er genießt die süßen Seiten des Lebens, ohne süchtig nach ihnen zu werden.

Die glückliche Lung-Tripa-Persönlichkeit hat Wege gefunden, um sich die artfremden Bäken-Qualitäten anzueignen: durch Kontakt zu Menschen mit hohem Bäken-Anteil. Von solchen gut geerdeten, ruhigen und gelassenen Menschen hat Lung-Tripa gelernt, diese ihm fehlenden Eigenschaften selbst zu entwickeln. Gleichmut und innere Ruhe findet er durch gute Gespräche mit einem Freund, durch einen Spaziergang in der Natur. Stabilität und Regelmäßigkeit kann durch den Kontakt mit Tieren und ein beschauliches Leben in ländlicher Umgebung entstehen.

Ein jederzeit gangbarer Weg zur inneren Mitte ist für Lung-Tripa regelmäßige Meditation und der Fokus auf das Hier und Jetzt. Da er am stärksten von seinen Gedanken und Emotionen gesteuert wird und sich leicht im Irrgarten seiner Wünsche, Begierden, Visionen und Obsessionen verfängt, braucht er zum Ausgleich immer wieder die heilsame Leere im Kopf. Abstand zu den eigenen Empfindungen und direkte Sinneserfahrungen sind das Rezept, um wieder mit sich eins zu werden.

Als glückliche Persönlichkeit weiß Lung-Tripa, immer wieder den Kreislauf der Gedanken zu durchbrechen, tief durchzuatmen und in der Gegenwart zu leben. Vielleicht geschieht es, während er ein Blumenbeet anlegt, einen Schmetterling auf seiner Hand betrachtet. Ganz präsent im Augenblick spürt er Glück, das keinen äußeren Anlass braucht.

Mischtyp Lung-Bäken

Elemente: Luft und Raum, Wasser und Erde
Luft und Raum sind kühl und durchdringend, Wasser und Erde feucht und kalt. Ihre Kombination aus Lung und Bäken macht Sie zu einem stillen, tiefen Wasser, ruhig, tiefgründig und manchmal etwas unterkühlt. Sie geben nicht viel von sich preis. Was Menschen Ihres Typus fehlt, sind die Dynamik, der Mut und Durchsetzungswille des heißen Elements. Deswegen könnte Ihr Lebensmotto lauten: Lassen Sie Ihren Ideen Taten folgen.

So sind Sie

Körperbau und Aussehen

Da die Grundtypen Lung und Bäken äußerlich exakte Gegensätze sind, ergibt sich bei Ihrer Mischung eine große Bandbreite von Möglichkeiten – von klein, fein und schmal bis groß, schwer und üppig. Eines ist jedoch mit Gewissheit zu sagen: Besonders sportlich sind Sie nicht, dazu fehlen Ihnen die Muskulatur und Dynamik des Feuertyps. Aber dafür können Sie sich sehr anmutig und geschmeidig bewegen. Je nachdem, wie stark oder schwach Ihre Bäken-Anteile sind, ist Ihr Körper mehr oder weniger ausladend. Viele Typen Ihrer Konstitution haben Normalgewicht, das häufigen Schwankungen von plus/minus fünf Kilogramm unterliegt. Grundsätzlich unterscheiden sich zwei Energietypen:
Typ 1: Die mildere Version des Grundtyps Lung ist schmal und schlank, aber nicht ganz so knochig und mit weniger hervor-

stehenden Gelenken sowie ins Dunkle tendierender, trockener Haut. In diesem grazilen Körper steckt oft eine Bäken-Persönlichkeit, »angereichert« mit Lung-Charakterzügen: Ein insgesamt ruhiger, sanfter und gelassener Mensch (Bäken), der manchmal etwas undurchsichtig und rätselhaft wirkt (Lung).

Typ 2 ist eine leichtere Variante des Bäken-Grundtyps. Der Körper ist zwar stark und teils üppig, aber weniger schwerfällig. Die Schultern sind zum Beispiel klar ausgebildet und dennoch rund, die Bewegungen weich und harmonisch. Diese Lung-Bäken-Typen besitzen oft die weißlich-blasse, weiche kühle Haut und den fahlen, ins aschblonde tendierenden Haarton des Bäken-Grundtyps. Die Gelenke sind bei dieser Variante kaum sichtbar (Bäken), können aber knacken (Lung). Die Gesichtshaut hat trockene (Lung) und ölige (Bäken) Partien, das Haar fällt weich (Bäken), aber nicht unbedingt üppig (Lung). Auch wenn das Gesicht rundlich und voll ist, wirkt es nicht grob. Mund, Nase und Kinn sind fein gezeichnet, die wachen Augen verraten die Sensibilität des oft lung-betonten Charakters.

Die Lung-Bäken-Persönlichkeit

Äußerlich zart, innerlich standfest
Wenn Sie dem grazileren Typ 1 nahekommen, sind Sie vom Wesen her wahrscheinlich recht gelassen. Sie haben eine freundliche, wohlwollende Art und denken sehr gründlich über die Dinge des Lebens nach. Haben Sie sich nach intensivem Abwägen eine Meinung gebildet, bleiben Sie dabei. Andere wundern sich dann vielleicht über Ihr Stehvermögen, aber das ist eben Ihr solides »Bäken-Standbein«. Sie wissen recht genau, was Sie wollen.

Zu den konventionellen und bürokratischen Zügen des Bäken-Grundtyps gesellt sich bei Ihnen ein Hang zum Schlichten und Klassischen. Sie verhalten sich sehr natürlich und unprätentiös und vermeiden es, im Rampenlicht zu stehen. Auffallend ist Ihr Sinn für Stil und Geschmack. Wahrscheinlich lieben Sie klassische Musik und haben einen Sinn für klare Linien (z.B. als Architektin), hassen Schnörkel und Kitsch. Auch im Privatleben legen Sie Wert auf klare Verhältnisse. Auf eine solide, liebevolle Beziehung zum Beispiel oder auf ein gut funktionierendes Familienleben, für das Sie auch Ihre Karriere hintanstellen.

Außen stark, innen verletzlich
Sind Sie der Typ mit dem stattlichen Körper, wundern sich Außenstehende manchmal über Ihre Dünnhäutigkeit. Die tibetische Harmonielehre erklärt das so: In Ihrem Charakter verstärken sich zwei sensible Grundtypen gegenseitig. Das macht Sie innerlich doppelt verletzbar. Vereint sich die gefühlvolle Bäken-Seele mit der sentimentalen Lung-Psyche, können emotionale Hiebe tiefe Kerben graben.

Ein gutes Buch und philosophische Gespräche
Trotz der großen Bandbreite Ihrer kühl-kalten Natur gibt es einige Merkmale, an denen man Sie erkennt. An erster Stelle wäre hier Ihre reservierte und zurückhaltende Art zu nennen. Auf Menschen, die Sie nicht kennen, kann Ihr Auftreten anfangs durchaus distanziert und kühl wirken, aber nicht etwa weil Sie arrogant wären, sondern weil Sie Zeit brauchen, um aufzutauen. Manchmal sind Sie geradezu menschenscheu, wären am liebsten unsichtbar. Haben Sie aber einmal Vertrauen gefasst, pflegen Sie gern herzliche Verbindungen. Dem anderen Geschlecht nähern Sie sich langsam an. Als Mann sind Sie das genaue Gegenstück des Draufgängers, als Frau reagieren Sie auf Annäherungsversuche vorsichtig abwägend. Dieser kühle Eros hat Frauen wie Marlene Dietrich berühmt gemacht.

Fast alle Lung-Bäken-Menschen lieben Kunst, Kultur und Literatur, viele sind ausgesprochene Leseratten und unterhalten sich gerne über grundsätzliche, geistige Themen. Ihr Lieblingsort für solche Gespräche ist ein wärmendes Kaminfeuer oder ein Platz, an dem die Sonne scheint. Wenn es Ihnen gut geht und Ihre beiden Energien harmonisch fließen, wirken Sie sehr zufrieden.

Im Problemfall launisch und passiv
Ganz anders, wenn Sie schlecht drauf sind. In Krisen zeigen sich bei Lung-Bäken-Typen die problematischen Seiten der Lung-Natur. Sie wirken dann emotional sehr unausgeglichen, unterliegen Stimmungsschwankungen, werden nervös, gereizt und launisch. Mitunter versinken Sie in trübsinnige Grübeleien und in Selbstmitleid. Da Lung die negativen Bäken-Tendenzen verstärkt, können Sie noch introvertierter als sonst werden. Ihre passive Haltung macht Sie matt und müde, ohne dass Sie wirklich schlafen könnten. Sie haben noch weniger Appetit als sonst und können kein Essen mehr genießen. Unter allen sieben Typen neigen Sie am ehesten zu Depressionen.

Durch Ihr gesamtes Leben zieht sich ein Thema, das mit Ihrer kühl-kalt-feuchten Elemente-Mischung zu tun hat: Ihr Mangel an Vitalität. Kein Wunder, denn Ihnen fehlen die heißblütigen Qualitäten des Tripa-Typs. Vielleicht haben Sie sich schon gefragt, warum Sie nicht den Mut hatten, die eine oder andere wirklich gute Idee in die Tat umzusetzen. Möglicherweise haben Sie andere Menschen oder äußere Umstände dafür verantwortlich gemacht. Aber das war nicht der Grund. Ihnen fehlt einfach die Feuer-Dynamik! Sie können also gar nichts dafür, wenn sich in Ihrem Leben einige verpasste Gelegenheiten aneinanderreihen.

Wie allen anderen Typen kann es auch Ihnen gelingen, Ihre Energien auszubalancieren. Die tibetische Harmonielehre rät

Ihnen, sich die Feuer-Elemente von außen zuzuführen, durch Ernährung, Verhalten und Lebensstil. Je mehr Wärme-Energie Sie sich einverleiben, desto lebendiger und vielseitiger wird Ihr Leben.

Körper und Gesundheit

Ihre Schwachstellen
Träger Stoffwechsel
Sie neigen vorwiegend zu »kalten«, chronischen Krankheiten, allen voran Stoffwechselkrankheiten wie z.b. Diabetes, Übergewicht, Wasseransammlungen in den Beinen oder im Gesicht. Lassen Sie bitte vom Arzt regelmäßig Ihren Blutzucker kontrollieren!

Verdauungsschwäche
Die Tibeter würden Ihr Problem als schwaches »Verdauungsfeuer« bezeichnen, und dieses Bild stimmt sehr genau. Ihr Körper bildet nicht genügend Hitze, um die Verdauungsvorgänge anzukurbeln. Dadurch haben Sie ständig mit Verdauungsstörungen zu kämpfen. Sie bekommen leicht Durchfall und/oder Verstopfung, müssen sich manchmal erbrechen, wenn Ihnen etwas nicht bekommt oder fühlen sich vom Magen her unwohl. Ihre schwache Verdauungshitze ist aus Sicht der tibetischen Medizin auch schuld, dass Sie vieles schlecht vertragen, vor allem Rohkost und kalte Speisen.

Kalte Hände, kalte Füße
Eigentlich neigen Sie in jeder Jahreszeit zu kalten Händen und Füßen, doch speziell im Winter kann das ein echtes Problem werden, denn in dieser für Sie schwierigen Jahreszeit kann es passieren, dass Sie eine Erkältung nach der anderen bekommen. Noch schlimmer wird alles, wenn Sie sich wenig bewe-

gen. Das verstärkt Ihre Durchblutungsstörungen, die wiederum Ursache Ihrer kalten Hände und Füße sind.

Verschleimte Atemwege
Asthma, Bronchitis, Schnupfen, chronische Nasennebenhöhlenentzündungen – die Palette der möglichen Atemwegserkrankungen ist groß. Das Hauptsymptom ist eine Verschleimung der Atemwege. Schlimmer werden diese von der tibetischen Heilkunde als kalt eingestuften Krankheiten, wenn die Temperaturen sinken, und ganz speziell an kalten, neblig-feuchten Tagen. Behandeln Sie Ihre Beschwerden unbedingt – mit Nasenspülungen, Inhalationen, Kräutersauna und Wärme jeder Art, sonst können Ihre Atemwegsprobleme chronisch werden.

Probleme mit Nieren, Magen, Pankreas
Nieren, Magen und Pankreas sind Ihre anfälligsten Organe. Zu den Nierenkrankheiten gehören neben allgemeinen Funktionsstörungen auch Nierensteine, Nierenbeckenentzündungen und aufsteigende Harnwegsinfektionen. Magenverstimmungen haben mit der schwachen Verdauungshitze zu tun, eine schlecht funktionierende Bauchspeicheldrüse (Pankreas) kann auf Diabetes hinweisen.

Depressionen
Geraten Ihre Energien in Disharmonie, kann sich bei Ihnen schnell eine depressive Verstimmung entwickeln. Solche Stimmungstiefs sollten Sie nicht auf die leichte Schulter nehmen. Wenn sie länger als drei Wochen anhalten, sollten Sie einen Arzt oder Therapeuten aufsuchen.

Wege zur Harmonie

Wärme und Bewegung sind Ihre wichtigsten Heilmittel. Sobald Sie in Bewegung kommen, lösen sich viele Ihrer gesundheitlichen Probleme wie von selbst.

Was hilft und heilt

Lernen Sie, Ihre Symptome einzuordnen

Wie alle Mischtypen sollten auch Sie lernen, Ihre Beschwerden einzuschätzen: Handelt es sich um ein Lung- oder ein Bäken-Problem? Die genaue Unterscheidung ist sehr wichtig, weil sich Ihre Heilmittel danach richten. Um Ihre Beschwerden beurteilen zu können, lesen Sie bitte die Symptomliste (Seite 271 ff.) durch und ziehen Sie im Zweifel auch die Checkliste hinzu. Weitere Hinweise geben Ihnen die Abschnitte »Ihre Schwachstellen« bei den Grundtypen Lung (Seite 55 ff.) und Bäken (Seite 124 ff.).

Und hier ein weiterer wichtiger Hinweis: Es kann immer wieder vorkommen, dass Sie gleichzeitig unter einem Lung- und einem Bäken-Symptom leiden. In diesem Fall gilt die Faustregel: Immer zuerst das stärkere beziehungsweise das gerade akute Problem behandeln.

Hier zwei Beispiele:
* Sie hatten tagsüber viel Arbeit und Stress und sind kaum dazu gekommen, etwas zu essen. Am Abend können Sie nicht einschlafen (Lung), unter anderem wegen Ihrer eiskalten, feuchten Hände und Füße. Die durch Stress angestiegene Lung-Energie hat Ihre Bäken-Symptome verschlimmert. Jetzt brauchen Sie Wärme von außen, z.B. einen warmen Stein unter den Füßen und zusätzlich einen wärmenden Schlafdrink (z.B. das Rezept Seite 60).

- Sie kommen morgens nur schwer aus dem Bett, wachen mit geschwollenen Lidern auf und brauchen lange, um wach zu werden. Alles Bäken-Symptome, denen Sie mit wärmenden und durchblutungsanregenden Maßnahmen begegnen sollten. Trinken Sie zum Frühstück eine Tasse heißes Wasser und essen Sie etwas Säuerliches oder leicht Pikantes. Danach empfiehlt sich eine sanfte Gesichtsmassage und Gymnastik, um Sie in Schwung zu bringen.

Zwei weitere Kriterien, Ihre Symptome voneinander zu unterscheiden, sind die Tages- und Jahreszeiten.

Lung-Symptome werden besonders stark

- in der Morgendämmerung (etwa zwischen 3 und 5 Uhr) und/oder in der Abenddämmerung (etwa zwischen 19 und 21 Uhr),
- im Spätsommer (Altweibersommer).

Bäken-Symptome verstärken sich

- morgens (etwa zwischen 9 und 11 Uhr) und/oder abends (etwa zwischen 21 und 23 Uhr),
- im Frühjahr.

Wärmende Steine und Felle

Eine Anschaffung, die sich für Sie in jedem Fall bezahlt macht, ist ein weißer Kalzit-Stein (Kalkspat). Er sollte möglichst flach sein, mit glatt geschliffener Oberfläche. In der tibetischen Medizin wird dieser Heilstein sehr häufig benutzt. Man sagt ihm eine vitalisierende, belebende Wirkung nach.

Kalzit-Steine können Sie leicht auf der Heizung oder im Ofen aufwärmen und dann überall auflegen, wo Ihnen kalt ist oder Sie sich unwohl fühlen: auf den übersäuerten Magen, auf den

Oberbauch, wenn Sie Krämpfe haben, auf die Lenden, um das Lymphsystem anzuregen, und selbstverständlich auch unter die ewig kalten Füße. Gegen Durchblutungsstörungen gibt es zwei weitere Tipps der Tibeter:

- Suchen Sie sich Steine aus, die Sie in einem See, in einem Fluss oder im Meer finden, meistens also Kieselsteine, und verwenden Sie diese wie Kalzit-Steine.
- Tragen Sie Angorawolle, vor allem um die Nierengegend.

Kompressen aus Salz oder Stoff

- Die Tibeter benutzen Salzkompressen, um dem Körper punktuell Wärme zuzuführen. Wickeln Sie ein halbes Kilo Mineralsalz (zum Beispiel aus dem Toten Meer) in ein warmes Baumwolltuch ein und legen Sie das »Paket« auf die schmerzenden oder kalten Stellen.
- Stoffkompresse: Bei Verspannungsschmerzen in Nacken oder Schultern benutzen die Tibeter gewalkten Stoff, den sie in warmes Öl tauchen und auflegen.

Tipp gegen Hämorrhoiden

Lung-Bäken-Typen neigen zu Hämorrhoiden. Hier einige Ratschläge aus dem Himalaja:

- Tragen Sie erwärmtes Sesamöl auf die Knoten auf.
- Vermeiden Sie bei der Ernährung scharfe Gewürze und Saures.
- Trinken Sie so viel Buttermilch wie möglich. Die Tibeter behaupten, dass einfache, nicht blutende Knötchen sich davon zurückbilden.
- Ein weiteres Rezept vom Dach der Welt ist die Sesamtherapie: Kochen Sie eine halbe Tasse Reis in einem Topf mit zwei Tassen Wasser, bis das Wasser sich weiß färbt. Das Reiswasser absieben und zusammen mit einem Teelöffel

Zucker, fünf Teelöffeln Sesamsamen und einem Glas Milch eine Weile lang nochmals köcheln lassen. Trinken Sie hiervon täglich eine große Tasse.

Verbessern Sie Ihre Durchblutung

Alle Maßnahmen, die Ihre Blutzirkulation ankurbeln, steigern Ihr Wohlbefinden. Also:

- Machen Sie täglich Trockenbürstenmassagen.
- Treiben Sie Sport.
- Lassen Sie sich so oft wie möglich massieren.
- Gehen Sie in die Sauna.
- Essen Sie scharfe Gewürze (Vorsicht: nicht bei Hämorrhoiden).
- Bewegen Sie sich so viel Sie können.

Machen Sie es wie die Tibeter und gönnen Sie sich hin und wieder folgende wärmende Ölmassage mit abschließender Mehlabreibung. Hier das Rezept für ein echt tibetisches gewürztes Körperöl, das die durchwärmende Wirkung einer Massage noch steigert:

Drei bis vier Esslöffel Sesamöl anwärmen und mit vier Tropfen Zimtölessenz, einer Prise Muskat und einer Prise Kümmelpulver verrühren. Lassen Sie sich mit dieser Mischung eine Ganzkörpermassage verabreichen, und Sie werden merken, wie gut Ihr Körper durchblutet wird. Nach der Behandlung reiben Sie Ihren gesamten Körper mit Linsenmehl ab. Diese Mehlabreibung hat mehrere Effekte: Sie intensiviert nochmals die Durchblutung und sorgt dafür, dass das Sesamöl von der Haut aufgenommen und der Rest vom Mehl absorbiert wird. Dann das Linsenmehl nur sanft abstreifen. Ihre Haut ist jetzt gereinigt und genährt, Sie brauchen nichts abzuduschen.

Fasten – nur bedingt

Wenn Sie zu den schlanken Lung-Bäken-Mischungen zählen, ist Fasten kein Heilmittel für Sie. Sind Sie jedoch kräftig gebaut, können Fastenkuren Ihren Körper sehr gut entgiften, sie bringen Sie auch seelisch wieder ins Lot. Wichtig: Bewegen Sie sich während der Fastenkur unbedingt und trinken Sie viel warme Flüssigkeit – am besten warmes, abgekochtes Wasser oder Kräutertees. Weitere Fastentipps entnehmen Sie bitte dem Grundtyp Bäken auf Seite 135.

Ihre besten Heiltees

Gegen viele Ihrer Beschwerden ist ein Kraut gewachsen. Die folgenden Teemischungen verordnen tibetische Ärzte. Die Zutaten bekommen Sie in Apotheken und im Kräuterfachhandel. Lassen Sie sie bitte zu jeweils gleichen Teilen mischen.

Kuriert verschleimte Atemwege: Süßholzwurzel, Rosinen und weißer Kümmelsamen.

Bei Magenverstimmung: Alant, Koriander.

Stoppt Durchfall: Kalmuswurzel, Clematiswurzel, Breitwegerich.

Stärkt die Nieren: Mangokernmark, Jambolana-Frucht.

Für mehr Wärme: schwarzer Pfeffer, Sezuanpfeffer, Koriander, Kardamom, Muskat, Stinkasant, Sanddorn.

Erste Hilfe gegen den Blues

Drückt Ihnen etwas auf die Stimmung, fühlen Sie sich niedergeschlagen? Dr. Namgyal Qusar rät Ihnen, rechtzeitig etwas zu tun, um nicht noch weiter in eine depressive Verstimmung hineinzurutschen.

- Finden Sie heraus, was der hauptsächliche Grund für Ihre Frustration ist.
- Wenn Sie es wissen, versuchen Sie, eine einfache Lösung zu finden, und setzen Sie diese um.

- Gibt es keine Lösung für Ihr Problem, ist dies die Lösung! Sie müssen das, was Ihr Stimmungstief auslöst, wohl oder übel akzeptieren.
- Teilen Sie Ihre Gefühle anderen, Ihnen nahestehenden Menschen mit.
- Bitten Sie diese Vertrauensperson(en) um einen Rat und wenden Sie diesen an.
- Zwingen Sie sich dazu, sich zu bewegen, auch wenn es Sie Überwindung kostet.
- Gehen Sie aus! Ins Kino, ins Theater, zu Vergnügungsveranstaltungen.
- Trinken Sie eine Mischung aus halb Gewürztee, halb Johanniskrauttee.
- Essen Sie viele scharfe Gewürze wie Chili, scharfe Paprikaschoten und Pfeffer.

Tipps für Ihren Schlaf

Sogar beim Schlafmuster zeigt sich Ihr Mischtyp, Sie können nämlich eine Kombination aus dem leicht störbaren Schlaf von Lung und dem tiefen, festen Schlaf von Bäken entwickeln: Anfangs haben Sie mit Einschlafschwierigkeiten zu kämpfen, doch einmal eingeschlafen, bleibt Ihr Schlaf tief und fest. Wenn Sie häufig schlecht einschlafen, sollten Sie es sich angewöhnen, sich vor dem Zubettgehen die Füße zu massieren, am besten übrigens mit angewärmtem Sesamöl. Das zieht die Energie der sich kreisenden Gedanken wohltuend aus dem Kopf in die Füße. Bei sehr großem Schlafbedürfnis, einem klassischen Symptom zu starker Bäken-Energie, versuchen Sie am besten, insgesamt weniger zu essen und sorgen Sie für mehr Bewegung. Tibetische Ärzte raten Ihnen übrigens grundsätzlich, morgens früh aus den Federn zu kommen.

Besser leben

Gehen Sie aus sich heraus

Zurückhaltende, scheue Menschen leiden oft unter ihrer selbst gewählten Isolation. Genau hier liegt Lung-Bäkens Herausforderung: Er wird glücklicher, wenn er es schafft, die Haltung der Unnahbarkeit aufzugeben. Denn die Mauern, die man um sich herum aufbaut, schützen zwar vor Verletzungen, machen aber auch einsam.

Zeigen Sie, was in Ihnen vorgeht

Nicht nur Ihr Körper, auch Ihre Psyche braucht Wärme. Schaffen Sie sich also eine Atmosphäre von Geborgenheit, damit Sie auftauen können. Öffnen Sie ganz bewusst Ihr Herz! Lassen Sie die Menschen in Ihrer Umgebung wissen, was Sie denken und fühlen, wovon Sie träumen und woran Sie glauben. Ein offenes Miteinander und ein echter Austausch bereichern Ihr Innenleben und lassen Sie aufblühen.

Pflegen Sie Kontakte

Bei starker Bäken-Dominanz haben Lung-Bäken-Typen oft ein starkes Bedürfnis nach Familie. Sie ziehen sich gerne auf ihre engsten Vertrauten zurück und vernachlässigen dabei ihre sozialen Kontakte. Das sollten Sie wissen und nach Möglichkeit vermeiden. Denn Ihre Seele braucht Anregungen und Begegnungen mit vielen verschiedenen Menschen. Das gleicht Sie aus und macht Sie selbstbewusster.

Leben Sie mit anderen Menschen zusammen

Allein zu leben ist kein Idealzustand für Sie. Es fördert Ihre Neigung zu Depressionen und Ihren Hang zu Rückzug und Unbeweglichkeit. Auch als Single müssen Sie nicht alleine leben, es gibt viele Wohnformen, in denen Menschen ihr Leben miteinander teilen.

Suchen Sie nach Ausdrucksmöglichkeiten für Ihre Gefühle

Sie haben ein bewegtes Innenleben und starke Gefühle. Das möchte ausgelebt werden. Experimentieren Sie mit verschiedenen Ausdrucksmöglichkeiten. Mit Malen, Schreiben, Musik, Singen oder mit Ausdruckstanz. Einen sehr lebendigen Austausch von Gefühlen und Stimmungen bietet die Kontaktimprovisation, eine moderne Form des Ausdruckstanzes.

Zeigen Sie es, wenn Sie sauer sind

Ihre »heilende« Geschmacksrichtung ist sauer. Aber Sie dürfen dies ruhig auch im übertragenen Sinn verstehen, also als Aufruf, Ihren Zorn oder Ihre Wut auszudrücken. Sie haben das Recht, sauer zu sein. Wie Sie angemessen mit negativen Emotionen umgehen, entnehmen Sie bitte dem Abschnitt »So mäßigen Sie Ihre Emotionen« (Seite 160 f.) beim Mischtyp Lung-Tripa.

Wie viel Ruhe brauchen Sie wirklich?

Wenn Sie schlecht drauf sind, verbringen Sie oft mehr Zeit im Bett, als Ihnen guttut. Deshalb lernen Sie zu unterscheiden: zwischen dem normalen Bedürfnis nach Ruhe und Erholung – zum Beispiel nach anstrengender Arbeit – und der Müdigkeit als Folge von zu viel Bäken-Energie. Im zweiten Fall hilft Ihnen eine Fastenkur.

Die richtige Ernährung

Ihr Essen soll wärmend wie die Bäken-Kost und nahrhaft wie die Lung-Nahrung sein.

Was Ihnen guttut

Essen ist kein ganz einfaches Thema in Ihrem Leben. Wegen Ihres geringen Verdauungsfeuers haben Sie eher wenig Appetit und essen insgesamt nicht viel – unter anderem, weil Sie vieles nicht vertragen. Die tibetische Ernährungslehre kann Ihnen vielleicht helfen, ein neues Verhältnis zum Essen aufzubauen. Auf jeden Fall wird es Ihnen damit bald besser gehen.

Ihre wichtigsten Essregeln

- Essen Sie wenig Fett, vor allem keine Speisen, die mit hocherhitzten Fetten hergestellt werden, wie zum Beispiel Frittiertes.
- Nehmen Sie viel pflanzliches Eiweiß zu sich.
- Meiden Sie nach Möglichkeit Süßes.
- Suppen sind bekömmlich für Sie, sie dürfen jedoch nicht allzu fett sein.
- Verzehren Sie wenig stärkehaltige Nahrungsmittel – dazu zählen übrigens auch Kartoffeln.
- Trinken Sie viel Tee und gekochtes, warmes Wasser.
- Verzichten Sie auf schwere Mahlzeiten zugunsten häufiger, kleinerer Mahlzeiten. Sie können gut und gern vier bis fünf kleine Snacks zu sich nehmen. Gute Zeiten dafür sind morgens, mittags, drei Stunden nach dem Mittagessen und zwei Stunden vor dem Zubettgehen (dann am besten Suppen).
- Berücksichtigen Sie die Jahreszeiten in Ihrem Ernährungsplan. Im Sommer und Herbst empfehlen die Tibeter vorwiegend Lung-Nahrung, im Winter und Frühling überwiegend Bäken-Kost. Besonders wichtig für Sie: im Sommer nur wenig Rohkost, wenig kalte Speisen und Getränke und nur hin und wieder Früchte der Saison zu sich nehmen. Im Winter sollten Sie Rohkost, kalte Speisen und kalte Getränke am besten ganz meiden und nur sehr wenig Obst essen.

Die Geschmacksrichtungen für Ihren Typ

Sehr empfehlenswert: alles, was sauer schmeckt.
Empfehlenswert: Nahrungsmittel mit der Geschmacksrichtung salzig.
In Maßen zu empfehlen: scharf gewürzte Speisen.
Besser meiden: Lebensmittel mit den Geschmacksrichtungen süß, bitter, zusammenziehend (herb).

So könnte Ihr Essen für einen Tag aussehen

Das Frühstück
Trinken Sie auf nüchternen Magen ein Glas gut warmes, abgekochtes Wasser. Genießen Sie danach ein warmes, leicht saures und/oder leicht pikantes Frühstück. Hier drei Beispiele:

- ein oder zwei Scheiben getoastetes, dunkles Brot mit Butter, Schinken und Gurke, evtl. einige Granatapfelkerne; als Getränk Ingwertee mit Honig
- Reisporridge, gewürzt mit Zimt, Muskat und Honig
- eine Tasse dicke Reissuppe mit etwas schwarzem Pfeffer

Das Mittagessen
Mittags sollten Sie Ihre Hauptmahlzeit zu sich nehmen. Zum Beispiel Lamm oder Fisch, fettarm gedünstet oder mit Kräutern gekocht (siehe Gewürzliste). Dazu Gemüsereis.

Zur Kaffeepause
Ingwertee mit Zitrone und Honig, dazu ein paar Trockenfrüchte und Nüsse.

Das Abendessen
Die folgende warme Fleischbrühe mit Gemüse und Reis oder Nudeln (siehe Rezept) ist ideal für Ihren Typ. Sie ist übrigens auch ein sehr gutes Frühstück!

Zutaten für 1 Person:
- 1 l Wasser
- Ingwer
- Kardamom
- Knoblauch
- 200 g Lammfleisch ohne Fett oder Hühnerfleisch ohne Haut (wegen des Fettes)
- Langpfeffer
- Reis oder Nudeln
- Rettich
- Salz
- Zimt
- Zwiebel

Schneiden Sie die Kräuter und Gewürze klein und den Rettich in zehn Zentimeter große Scheiben. Legen Sie das Fleisch in einen Topf und bedecken Sie es mit Wasser. Nun geben Sie die Gewürze und den Rettich hinzu und lassen das Ganze erst aufkochen, dann weiterköcheln. Wenn das Fleisch gar ist, ist Ihre Suppe fertig. Als Einlage empfehlen sich Reis oder Nudeln. Wenn Sie es den Tibetern gleichtun wollen, reichern Sie Ihre Suppe mit etwas Tsampa (siehe folgendes Rezept) an, das macht sie schön sämig.

Tsampa
Tsampa, das Mehl aus gerösteter Gerste, gehört zu den traditionellen Grundnahrungsmitteln der Tibeter. Es wird als Grundlage für die verschiedensten Gerichte verwendet – unter anderem rührt man es in tibetisches Bier, in Wein oder Buttertee ein oder reichert Suppen damit an. Tsampa ist ein tibetisches Nahrungsheilmittel gegen kalte Krankheiten. Es hilft gegen Störungen der Lung- und der Bäken-Energie.

Zutaten:
- Gerstenkörner
- Wasser

Gerstenkörner waschen und über Nacht in Wasser einweichen. Morgens das Wasser abgießen und die Körner auf einem sauberen Tuch zum Trocknen ausbreiten. Wenn die Gerste trocken ist, in einer großen Eisenpfanne ohne Fett rösten. Danach zu Mehl mahlen.

Zwei Tsampa-Rezepte
Eine der beliebtesten Speisen aus tibetischen Dörfern heißt »Sem-gong«. Sie ist einfach und nahrhaft: Etwas Wasser in einem Topf kochen, einen Teelöffel Salz und drei Teelöffel Butter hinzugeben. Dann 500 Gramm Tsampa einrühren, bis ein fester Brei entsteht – fertig.

Möchten Sie einmal den dickflüssigen Tsampa »Ja-dhur« ausprobieren? Es geht ganz einfach: Rühren Sie nach und nach eine Handvoll Tsampa und einen Teelöffel Butter in eine Tasse gesalzenen Schwarztee. Während des Einrührens fangen Sie schon mit dem Essen an.

Hiervon sollten Sie viel essen
Um sich Ihrem Typ entsprechend zu ernähren, sollten Sie folgende Nahrungsmittel möglichst oft in Ihren Speiseplan mit einbeziehen. Es handelt sich überwiegend um wärmende Nahrung, die Ihre kalten Energien harmonisiert.

Getreide und Gemüse:
Fenchel
Frühlingszwiebeln (gut)
abgelagertes Getreide (mindestens ein Jahr alt; vor Gebrauch kurz anrösten)

Gerste	Reis
Hafer	Zwiebeln (sehr gut)
Lauch	

Kräuter und Gewürze:

Chili (wenig)	Muskat (Vorsicht bei
Gewürznelken	Nierenschwäche)
Ingwer (sehr gut)	Peperoni (mäßig)
Kardamom (großer	schwarzer Pfeffer
und kleiner)	Rosinen (mäßig)
Knoblauch (in Maßen)	Salz
Koriander (sehr gut)	Sanddorn (als Saft)
Kümmel (weiß)	Sezuanpfeffer
Kreuzkümmel	Stinkasant
Langpfeffer (sehr gut, auch	Süßholz
bei Magenproblemen)	Zimt

Früchte:

Aprikosen (mäßig)	Rhabarber
Granatapfel (sehr gut bei	Sanddorn
Verdauungsstörungen)	

Nüsse und Samen:

Leinsamen (mäßig)
Sesam (sehr gut)

Fleisch:

Hühnerfleisch, ohne Haut	**Fette und Öle:**
Lammfleisch, ohne Fett	Butter (in Maßen)
Schaf	Ghee (geklärte Butter)
	Sesamöl (sehr gut)

Milchprodukte:

Buttermilch	Hartkäse (z. B. alter Berg-
Molke	käse, aber nur mäßig)

Genussmittel (in Maßen):
Wein

Darauf sollten Sie verzichten

Diese Nahrungsmittel wirken kühlend und erhöhen damit Ihre kalte Energie. Vor allem, wenn es Ihnen nicht gut geht, sollten Sie nichts davon zu sich nehmen.

Backwaren, speziell süße	kalte Speisen
kalte Getränke	Zucker, vor allem weißer
Rohkost	

Wellness

Finden Sie einen Kompromiss zwischen Ihrem Ruhebedürfnis und der Aufforderung, sich zu bewegen.

Sport: Ja, aber nicht zu viel

Damit Bewegung Sie körperlich und geistig wirklich in Schwung bringt und Sie nicht überfordert, sollten Sie sich an die bewährte Devise »mäßig, aber regelmäßig« halten. Tibetische Ärzte empfehlen: Anstrengungen immer nur für kurze Phasen, dann eine Pause einlegen. Und im Winter bitte möglichst nur indoor sporteln, wobei zum Sport auch gesellige Veranstaltungen wie Bowling, Volleyball oder Tischtennis zählen. Oder wie wär's als weibliche Lung-Bäken mit Bauchtanz oder indischem Tempeltanz? Von Ihrem Naturell her haben Sie ein gutes Gefühl für Musik und weiche, weibliche Bewegungen.

So können Sie den Winter genießen
Wenn es draußen kalt wird, kann man förmlich dabei zusehen, wie Ihre Lebensenergie zusammenschrumpft. Deshalb hier einige Verhaltenstipps:

- Bleiben Sie ohne schlechtes Gewissen im Warmen, wenn Ihnen das Wetter draußen zu unwirtlich ist. Kalter Wind schadet Ihnen wirklich.
- Winterspaziergänge bei klarem Wetter sind in Ordnung, weil Sie dabei Sonnenlicht tanken (und Winterdepressionen vorbeugen). Aber bitte unbedingt warm einpacken, vor allem Kopf, Ohren und Hals!
- Heizen Sie Ihre Räume gut, damit Sie sich wohlfühlen.
- Tragen Sie Unterwäsche aus Wolle oder Angora.
- Gehen Sie viel in die Sauna und machen Sie Aufgüsse mit ätherischen Ölen. Gut für die Atemwege: Latschenkiefer, Lavendel und Kanuka.

Kum Nye – tibetisches Heilyoga
In den Klöstern des alten Tibet gehörte Kum Nye (gesprochen *kumjee*) zu den bewusstseinsfördernden Körperübungen. Auch die Medizin-Lamas trainierten damit ihre Achtsamkeit. Für westliche Menschen war diese Form jedoch zu schwer. Deshalb entwickelte der in Kalifornien lebende tibetische Lama Thartang Tulku Rinpoche ein neues Kum-Nye-Konzept, nach dem man heute in den USA und in Europa lehrt. Die Übungen sind betont einfach und bringen alle drei Energien in Einklang. Sie sind für alle Typen geeignet. Weil sie den Organismus sehr stark beleben und durchbluten (gut für Bäken) und gleichzeitig Stress auflösen (gut für Lung), werden sie hier dem Lung-Bäken-Typ zugeordnet. Zum Kennenlernen zwei Grundübungen:

Sitzen in den sieben Gesten
Kum Nye beginnt immer mit der Meditationshaltung des Buddha Vairocana. Sie besteht aus sieben Gesten:

1. Sitzen Sie aufrecht und entspannt mit verschränkten Beinen. Es muss nicht die Lotushaltung der Buddhas sein. Notfalls können Sie sogar auf einem Stuhl sitzen.
2. Legen Sie die Hände mit den Handflächen nach unten ganz locker auf die Knie. Auch Schultern und Arme sollen sich dabei entspannen.
3. Die Wirbelsäule ist aufrecht, aber nicht starr. Wenn Sie auf einem Stuhl sitzen, bitte nicht anlehnen.
4. Ziehen Sie nun das Kinn ein wenig nach hinten. Die Stirn geht dabei automatisch etwas nach vorn.
5. Die Augen sind halb geöffnet und ruhen entspannt auf einem Punkt am Boden, etwa in Verlängerung des Nasenrückens nach unten.
6. Der Mund ist leicht geöffnet, als hielten Sie ein Reiskorn zwischen den Lippen.
7. Die Zungenspitze berührt den Gaumen hinter den Schneidezähnen.

Freudiges Atmen

In der Haltung der sieben Gesten entspannen Sie nun ganz bewusst Kehle und Bauch. Atmen Sie weich durch Mund und Nase gleichzeitig. Spüren Sie alle Verspannungen in Ihrem Körper auf und atmen Sie in diese Stellen hinein. Nehmen Sie sich Zeit dafür – lassen Sie den Atem immer weicher werden. Manchmal taucht ein Gedanke oder eine Körperempfindung, vielleicht sogar ein schmerzhaftes Gefühl auf. Lassen Sie alles bestehen oder kommen und gehen. Die heilende Energie des bewussten Atmens soll Sie Atemzug um Atemzug erfüllen. Spüren Sie den Atem als Ihre Lebensenergie und bleiben Sie in diesem Zustand, solange es Ihnen ohne Zwang möglich ist.

Beruf und Berufung

Jobs, die Dynamik und Beweglichkeit erfordern, gleichen Sie am besten aus.

Für alle Sparten geeignet
Sie sind zuverlässig, gründlich, gewissenhaft und haben eine sehr sanfte, verbindliche Art. Mit diesen Eigenschaften kommen sehr viele Jobs für Sie in Frage. Als Officemanager oder Erzieher können Sie ebenso Lorbeeren ernten wie in technischen Berufen oder als Lehrer, Architekt, Jurist, Lektor oder Wissenschaftler. Allein diese Aufzählungen zeigen, dass die Sparte bei Ihnen nicht ausschlaggebend ist. Für Ihren Typ ist es viel wichtiger, sich einbringen zu können, und zwar gründlich und genau, denn das liegt Ihnen. Um Ihre Energien auch im Berufsleben zu harmonisieren, sollten Sie sich ruhig auch einmal um brenzlige Angelegenheiten (Tripa) kümmern. Nehmen Sie zum Beispiel einen riskanten Auftrag an, bei dem Sie Ihre Fähigkeiten unter Beweis stellen müssen. Trauen Sie sich etwas zu. Einen kühlen Kopf bewahren Sie allemal, wenn es knifflig wird. Jobs mit »Feuerqualität«, die Dynamik und Power erfordern, gibt es übrigens zuhauf in der Unterhaltungsbranche: Als Moderator, Regisseur oder Schauspieler kommt Ihre coole und trotzdem sympathische Art prima zum Einsatz und die vielen Kontakte halten Sie lebendig.

Nicht draußen und nicht nachts arbeiten
Einen wichtigen Ratschlag gilt es für Sie aber doch bei der Berufswahl zu beherzigen: Treten Sie nach Möglichkeit keine Jobs an, bei denen Sie Wind und Wetter ausgesetzt sind. Förster, Landwirt, Gärtner oder Fischer sind alles andere als ideal für Sie. Vorsicht auch bei Schichtarbeit. Ihr Organismus reagiert besonders sensibel auf unregelmäßige Tag-und-Nacht-Rhythmen.

Das Liebesleben des Lung-Bäken-Typs

Lung-Bäken und Lung-Bäken als Paar

Gleiche Mischung – gute Mischung
Gleich und gleich gesellt sich gern – dieses Motto scheint es auch im fernen Tibet zu geben. Jedenfalls empfiehlt Ihnen die Lehre vom Dach der Welt, für optimales Liebesglück einen Partner des gleichen Mischtyps zu wählen. Damit teilen Sie Ihre Neigungen, verstehen Ihre Gedanken, erraten Ihre Gefühle und Bedürfnisse. Vor allem aber suchen Sie beide eine tiefe, ernsthafte Liebesbeziehung und haben das gleiche starke Bedürfnis nach Familie.

Eine unspektakuläre Zweisamkeit
Die Liebe zwischen zwei Lung-Bäkens ist tief und (fast) unerschütterlich, ihr Vertrauen ineinander (meist) grenzenlos. Das sind beste Voraussetzungen für eine lebenslange Partnerschaft. Bedenkenlos können diese Partner miteinander das Leben verwirklichen, nach dem ihr Herz sich sehnt: eine unspektakuläre, beschauliche Zweisamkeit, ein häusliches Leben – kurzum eine Insel der Geborgenheit. Außenstehende könnten versucht sein, hinter dem unauffälligen Lebensstil des Paares etwas Spießiges zu vermuten. Welch ein Irrtum! Das bürgerliche »Gehäuse«, mit dem sich das Paar umgibt, ist Ausdruck seiner Sehnsucht nach einem festen Rahmen und klaren äußeren Strukturen. Denn tief im Inneren wohnt in beiden eine sensible Künstlerseele. Und die braucht einen geschützten Platz. Die Anfechtungen der rauen Welt können diesem defensiven Paar hart zusetzen.

Die Liebe zur Natur
Zweifelsohne gibt es in diesem Nest genügend Raum für Blumen, Pflanzen und Haustiere; wenn kein Garten vorhanden

ist, wird der Balkon zum Blütenmeer oder das Wohnzimmerfenster zum Orchideenparadies. Und wie es sich gehört, sind Kinder die Krönung dieses Glücks. Zu Lung-Bäken-Eltern kann man jedes Kind nur beglückwünschen, denn so viel Feingefühl, so viel Fürsorge, so viel Nachsicht und so viel Raum zur Selbstentfaltung gibt es in kaum einer anderen Familie.

Eine Spielwiese für Experimente
Das Zuhause ist für das Lung-Bäken-Paar aber auch eine Spielwiese für kreative Experimente – sei es, dass im Haus regelmäßig Meditationssitzungen oder Massagesessions stattfinden, die Garage zum Musikzimmer wird oder der Wintergarten zum Maleratelier umfunktioniert wird. Im Leben dieses Paares ist immer Raum für kreative Aktivitäten. Künstlerischer Ausdruck ist wichtig für die Seelenhygiene der beiden. Doch das Paar öffnet seine Tür nicht nur engen Freunden und Gleichgesinnten, sondern auch Not leidenden Fremden und Verwandten, armen Künstlern, Kriegsopfern und Waisenkindern. Im Zweifelsfall verzichten die beiden sogar auf das größere Auto und spenden stattdessen für einen guten Zweck.

Das Verhältnis zum Geld
Da diese eher nachdenklichen Persönlichkeiten kein großes Interesse an Ruhm und Reichtum haben, werden sie darauf nicht viel Energie verwenden. Möglicherweise schneiden sie sich damit aber ins eigene Fleisch. Zum Beispiel, wenn andere sie bei Spekulationen oder Geldanlagen übers Ohr hauen oder wenn der Chef sie bei der Gehaltserhöhung übergeht. Nach der tibetischen Konstitutionslehre fehlt dem Paar der geschäftstüchtige Feueraspekt. Um sich miteinander weiter zu entwickeln, könnte das Lung-Bäken-Paar ganz bewusst Risiken eingehen, etwa bei großen Reisen oder Unternehmungen mit ungewissem Ausgang. Abenteuer locken Lung-Bäkens aus

ihrer Komfortzone heraus und machen ihr Leben lebendig und abwechslungsreich.

Beispiel

Richie, 48 Lung, 7 Trip, 45 Bäken, und
Valerie, 39 Lung, 12 Tripa, 49 Bäken

Valerie und Richie haben sich vor 25 Jahren kennengelernt, beide bezeichneten sich damals als spirituelle Sucher. Valerie, eine große schlanke Frau mit ruhiger Stimme, glaubte damals ihre geistige Heimat in einer buddhistischen Glaubensgemeinschaft in Indien gefunden zu haben, wo sie einige Jahre verbrachte. Richie, ein ebenfalls großer, schlanker, ruhiger Mann, fühlte sich zum Heiler berufen. Da er seine Berufung sehr ernst nahm, lag ihm an einer soliden Grundlage. Er absolvierte nach dem Abitur eine Heilpraktikerausbildung und besuchte anschließend eine Reihe von Seminaren, um sich in verschiedenen Körper- und Psychotherapien auszubilden. Heute gilt er als einer der besten Shiatsu-Therapeuten seiner Stadt. Obwohl er begnadete Heilerhände hat und die Patienten bei ihm Schlange stehen, hat er seine Honorare für Behandlungen in den letzten zehn Jahren nicht mehr erhöht.

Valerie ist inzwischen von ihrem »jugendlichen Selbsterfahrungstrip«, wie sie ihre Indienzeit heute nennt, abgekommen und hat ebenfalls beschlossen, sich den Naturheilkünsten zuzuwenden. Sie absolvierte eine Ausbildung als Feldenkrais-Therapeutin und betreibt zusammen mit Richie eine Praxis. Bemerkenswert ist die ausgeklügelte Arbeitsteilung des Paares. Um sich beruflich nicht zu überlasten und auch für andere Interessen Zeit zu finden, benutzt jeder die Praxis an zweieinhalb Wochentagen. So haben beide einen Halbtagsjob und damit quasi nur einen Verdienst. Aber damit leben sie bewusst und gerne. Ihre Lebensqualität ist ihnen wichtiger.

Dass Valerie und Richie trotzdem inzwischen in einer Eigentumswohnung mit Garten leben können, ist Valeries Vater zu verdanken, der seiner Tochter zu Beginn der Beziehung die Wohnung schenkte. Sie ist bis heute die einzige finanzielle Basis des Paares und wird es wohl auch bleiben. Beide fahren Fahrrad statt Auto und geben nicht viel Geld für Kleidung oder Urlaub aus. Über Anschaffungen, Weiterbildungen und andere Ausgaben wird fair diskutiert und demokratisch abgestimmt. Beiden ist es ungemein wichtig, bewusst und korrekt miteinander umzugehen und sich möglichst nicht zu verletzen. Das gebietet ihnen ihr hoher ethisch-moralischer Anspruch. Inzwischen haben Valerie und Richie ein Kind, das sie nach bestem Wissen und Gewissen erziehen. Da beide durch ihre Arbeitsteilung gleich viel Zeit mit dem Kind verbringen, ist es an beide gebunden und wächst gut behütet auf. Es erlebt eine unbeschwerte Kindheit und findet sich problemlos in der Schule zurecht. Valerie und Richie, die nie geheiratet haben, haben beide den Wunsch, einander nie zu verlassen.

Lung-Bäken und Tripa-Bäken als Paar

Die Harmonie in dieser Kombination hängt von der Mischung der Partner ab: Je ausgeprägter der Tripa-Anteil bei Tripa-Bäken und je stärker der Lung-Anteil bei Lung-Bäken, desto geringer die Chancen für eine zukunftsträchtige Beziehung. Der Grund: Durch sein nach Dominanz strebendes Tripa-Prinzip wird Tripa-Bäken immer die Führung übernehmen wollen. Tripa-dominierte Menschen sind ungeduldig, halten sich für den Mittelpunkt der Welt und neigen dazu, Schwächere zu überfahren – Lung-Bäken-Typen wiederum lassen sich oft überfahren, und so kann sehr schnell ein einseitiges Machtgefälle entstehen.

Die rettende Brücke und der gemeinsame Nenner in dieser Paar-Beziehung ist das Bäken-Prinzip. Es steht für die Bereitschaft zu friedlicher Kommunikation, für Eintracht und häuslichen Frieden. Je deutlicher die Bäken-Anteile beider Partner ausgeprägt sind, desto besser, denn damit können sich die beiden gut miteinander ausruhen und entspannen, einander verwöhnen und umsorgen. Sie schätzen den behaglichen Lebensstil und ein wohnliches Zuhause. Dennoch kommt dieses

Paar immer wieder an den Punkt, an dem seine gegensätzlichen Prinzipien Spannung erzeugen.

Was können die beiden Naturelle also voneinander lernen? Der Tripa-Bäken-Partner sollte sich zum einen für die kreativen Fähigkeiten seines feinsinnigen, intuitiven Partners interessieren und sich zum anderen etwas von dessen Zurückhaltung abschauen. Je besser er sein forderndes Verhalten zurücknehmen und den anderen in Entscheidungen einbeziehen kann, desto mehr kommt ihm Lung-Bäken entgegen. Dieser muss sich ja gerade etwas von der Power und der Willenskraft des souveränen Partners aneignen.

Lung-Bäken und Lung-Tripa-Bäken als Paar

Das gemeinsame Leben dieses Paares hat gute Zukunftsaussichten. Mit Kindern, Haus und Hund, interessanten Reisen und vielen Überraschungen. Von außen betrachtet mag die Beziehung aussehen wie jede andere. De facto kommen hier jedoch zwei sehr reflektierte und bewusst lebende Persönlichkeiten zusammen, die sich sehr gut ergänzen. Sie respektieren die Wünsche und Bedürfnisse des anderen und besitzen genügend Kreativität, um sich ein Leben zu schaffen, in dem sich beide Charaktere verwirklichen können.

Normen und Regeln werden hinterfragt
Unhinterfragte Regeln haben in dieser Partnerschaft ebenso wenig Platz wie hohle Konventionen. Dieses Paar schafft seine eigenen Traditionen. Vor allem der etwas weniger tatkräftige Lung-Bäken-Partner profitiert von dieser Beziehung, er erhält von seiner besseren Hälfte eine Menge Rückenwind. Die wohlwollende Unterstützung macht ihm Mut, seine Ziele direkter anzugehen.

Lung und Lung-Bäken als Paar s. S. 81 f.
Tripa und Lung-Bäken als Paar s. S. 112 ff.

Bäken und Lung-Bäken als Paar s. S. 142 ff.
Lung-Tripa und Lung-Bäken als Paar s. S. 175 f.

Die glückliche Lung-Bäken-Persönlichkeit

Im harmonischen Zustand hat Lung-Bäken es geschafft, das
Feuer in sein Leben zu integrieren, das in seiner Konstitution
schwach ausgeprägt ist. Durch bestimmte Ernährung und bewusst ein wenig extrovertiertere Verhaltensweisen nimmt er
nun stärker am Leben teil und freut sich, hin und wieder aus
seinem Schneckenhaus auszubrechen. Die Sympathien der
Nachbarn und Kollegen hat er ohnehin, denn seinem Wesen
nach ist Lung-Bäken ein ausgesprochen sympathischer
Mensch. Nicht zu laut, nicht zu schrill, nicht zu schräg, sondern angenehm natürlich. Ganz ohne Allüren, freundlich und
aufgeschlossen. Ein Typ mit ausgeprägten sozialen Fähigkeiten, keiner von denen, die nur an sich denken, sondern im
Gegenteil ein klassischer Altruist. Er sieht sofort, wo es fehlt,
und hilft, ohne nachzudenken. Er freut sich, wenn er andere
beschenken und mit ihnen die Schönheiten des Lebens teilen
kann. Und er hat ein so wohltuendes Mitgefühl. Nächtelang
kann er zuhören, wenn es jemandem schlecht geht. Dann
denkt er gut und gründlich darüber nach, wie er der Person
helfen kann. Seine Ratschläge sind wohlüberlegt. Vor allem
kann man auf ihn zählen. Auch seine Meinungen über die
Dinge des Lebens sind wohldurchdacht, weil er sich infor-
miert.

Was er sagt, hat Hand und Fuß
Die reife Lung-Bäken-Persönlichkeit ist ehrlich, und diese
Ehrlichkeit kommt von Herzen. Sie lehnt es zutiefst ab, Wahrheiten zu manipulieren. Denn sie ist durch und durch integer
und leidet, wenn anderen Unrecht geschieht. Man könnte sie

auch idealistisch nennen, aber anders als der Grundtyp Lung baut sie keine Luftschlösser, sondern glaubt einfach an das Gute im Menschen.

Menschen von edler Gesinnung
Doch dieser nachdenkliche Typ kann auch sehr lustig sein. Nach Zeiten des Rückzugs, die er immer wieder braucht, um zu sich zu kommen und seinen Gedanken und Gefühlen nachzuhängen, genießt er Phasen der Geselligkeit. In guter Gesellschaft lebt er auf und wird zum Genießer. So liebt er es, vortrefflich zu speisen, gute Gespräche zu führen und sich zu amüsieren. Protzige Partys und große Menschenansammlungen findet er allerdings anstrengend. Lieber sind ihm Treffen im kleinen Kreis mit ausgesuchten Freunden. Da darf er nämlich das tun, was er am liebsten tut: sich entspannen, tief durchatmen und mit dem Fluss des Lebens schwimmen.

Leben und leben lassen
Weil er so lässig ist und andere leben lassen kann, fühlt man sich sehr wohl in der Nähe des vollkommenen Lung-Bäken-Typs. Er ist eben ein Freigeist: ein großzügiger, toleranter Partner, eine verständnisvolle Mutter oder ein gutherziger Vater und ein Gastgeber, der seine Gäste niemals einengt. Da bleibt für die anderen viel Raum zur Entfaltung, da kann sich Neues entwickeln. Ob in der Küche oder in der Kunst, im Job oder privat – die Gegenwart eines ausgeglichenen Lung-Bäkens inspiriert seine Mitmenschen, sich auszuprobieren.

Die Lethargie ist überwunden
Seine angeborene Zögerlichkeit und Passivität, die schwachen Seiten seines Naturells, hat der vollkommene Lung-Bäken aus eigener Kraft überwunden. Er hat Mittel und Wege gefunden, den kämpferischen, dynamischen Teil in sich zu erwecken. Vielleicht trainiert er Aikido oder Karate, hat eine Verhaltens-

therapie gemacht oder einen Kurs in Selbstbehauptung erfolgreich abgeschlossen. Auf jeden Fall hat er sich Strategien angeeignet, um seine Aggressionen nicht mehr hinunterzuschlucken. Denn in seinem Innern, das weiß er heute, richtet so ein Verhalten großen Schaden an. Lange genug hat er an den Auswirkungen seiner Autoaggressionen, sprich Depression gelitten. Aber das ist nun vorbei. Er kennt inzwischen die Augenblicke, in denen er dazu neigt, in sich statt aus sich heraus zu gehen – und er spricht aus, was ihm gegen den Strich geht. Das lässt ihn klarer und eindeutiger wirken und er erreicht seine Ziele schneller und ohne Umwege. Die dadurch errungenen Erfolge machen ihn glücklich und selbstbewusst. Ja, es scheint sogar, als würde er das Leben jetzt ganz anders wahrnehmen: Seit er erfahren hat, dass man sich das, was man möchte, manchmal einfach nehmen oder holen kann. Und noch etwas hat der vollkommene Lung-Bäken gelernt: Er zeigt seine Gefühle und lässt sich nichts mehr gefallen. Wenn ihm Unrecht geschieht, setzt er sich zur Wehr. Er ist hier weit aus seinem Schatten herausgetreten. Endlich setzt er den Schikanen und Demütigungen von feuerbetonten Typen etwas entgegen. Selbstbewusst, mit ruhigen, wohlgesetzten Worten legt er seinen Standpunkt dar. Und erntet tiefen Respekt.

Mischtyp Tripa-Bäken

Elemente: Feuer, Wasser und Erde
*Ihre heiß-kalte Elemente-Mischung macht Sie robust, stabil,
vital und anpassungsfähig. Sie sind ein Siegertyp, ausgestattet
mit natürlicher Autorität und souveräner Ausstrahlung.
Glücklicher und ausgeglichener jedoch werden Sie, wenn Sie
mehr Qualitäten und Eigenschaften der Lung-Energie in Ihr
Leben integrieren. Ihre Herausforderung besteht darin, Rücksicht und Respekt gegenüber Schwächeren zu lernen und sensibler für feinere Schwingungen zu werden.*

So sind Sie

Körperbau und Aussehen

Eine starke körperliche Präsenz
Kompliment, Sie machen Eindruck. Bereits durch Ihren kraftvollen Körper, Ihre aufrechte Haltung, Ihr selbstsicheres Auftreten und Ihren energischen Gang vermitteln Sie das Gefühl
von Überlegenheit. Meistens sind Sie mittelgroß bis groß, mit
einer festen, starken Figur, die durchaus üppig sein kann.
Egal, ob Sie mehr zum muskulösen Tripa-Grundtyp neigen,
zum weicheren, korpulenten Bäken-Typ oder zu einer Mischung aus beiden, immer besitzen Sie eine starke körperliche
Präsenz.
Prägnant und ausdrucksstark wie Ihre gesamte Erscheinung
ist auch Ihr oft quadratisch geformtes Gesicht. Mit seinen
strahlenden Augen wirkt es dynamisch, offen und sympathisch. Ihre Haut ist häufig hell oder tendiert ins Rötliche und

besitzt einen öligen Schimmer. Das Haar fettet eher leicht, ist voll, kräftig und gesund. Durch Ihr kompaktes Gewebe und Ihre kraftvolle Lebensenergie gehören Sie zu den Menschen, die ihre dynamische Ausstrahlung bis ins hohe Alter behalten.

Die Tripa-Bäken-Persönlichkeit

Günstig kombiniert: die heiß-kalte Persönlichkeit
Viele Menschen, die privat und beruflich sehr erfolgreich sind, besitzen Ihre Konstitution. Von allen sieben Typen können Sie die Hürden des Lebens am besten meistern. Dank Ihrer Hartnäckigkeit und Ihres energischen Einsatzes öffnen sich Ihnen viele Türen. Manche gehen wie von selbst auf, andere rennen Sie schon mal ein (glauben aber hinterher, sie wären schon offen gewesen). Das Geheimnis Ihrer Power: In Ihnen sind die Gegenpole kalt und heiß vereint, und nicht nur das – Ihr Bäken-Anteil stabilisiert zusätzlich die Dynamik des Tripa-Teils. Damit fällt es Ihnen leicht, sich einen guten Platz in dieser Welt zu schaffen und sich an die Schnelllebigkeit und Widersprüche unserer Zeit anzupassen.

Wie bei allen Mischtypen können sich auch bei Ihnen die beteiligten Energien sehr unterschiedlich auswirken. Vielleicht besitzen Sie das freundliche, bedächtige und vertrauenswürdige Gemüt des Bäken-Typs, sind jedoch körperlich sehr aktiv und vital (Tripa). Oder Sie haben ein feuriges Temperament, wirken dynamisch und manchmal aggressiv (Tripa), haben aber körperlich mit dem Gewicht zu kämpfen (Bäken). Wenn Sie als dritte mögliche Variante die charakterlichen Vorteile beider Grundtypen besitzen, zähmt und zügelt die Vorsichtigkeit des Bäken-Typs Ihr feuriges Draufgängertum (Tripa). Das macht Sie mental zu einem besonders ausgeglichenen Menschen. Doch wie auch immer Ihre Mischung sich ausgestaltet – insgesamt kann nichts Sie so leicht aus dem Gleichgewicht bringen. Als gesunde, selbstbewusste Persönlichkeit sind Sie körperlich und psychisch sehr belastbar und übernehmen durch Ihre natürliche Überlegenheit automatisch in jedem Team die Führungsrolle.

Ihr Erfolg kann Sie eitel machen
Ihre Schattenseite leitet sich aus der Kombination der feuchten und öligen Qualitäten der in Ihnen kombinierten Elemente ab. Um den disharmonischen Zustand des Tripa-Bäken-Typs zu beschreiben, benutzen die Tibeter folgendes Bild: Ähnlich wie Wasser auf dem Gefieder einer Ente abperlt, so perlt auch Kritik an Ihnen ab oder wird höchstens nebenbei registriert. Weil Ihnen im Leben der Erfolg auf so vielen Ebenen quasi hinterherläuft, laufen Sie Gefahr, eine gewisse Überheblichkeit an den Tag zu legen. Das verführt Sie zur Selbstüberschätzung (Tripa). In Kombination mit Selbstzufriedenheit (Bäken) entsteht im negativen Fall eine sehr borniert Lebenshaltung. Dann können Sie eitel und sehr egoistisch werden. Da man sich mit Ihnen nicht gerne anlegt, wird Ihnen nur selten Kritik entgegengesetzt. Diese problematischen Eigenschaften können das Zusammenleben mit Ihnen sehr schwer machen.

In extremer Disharmonie kann es passieren, dass Sie sich total und absolut von Gegebenheiten und Realitäten entfernen. In diesem Zustand verzerrter Wahrnehmung nehmen Sie nur noch die Dinge wahr, die Sie zu sehen wünschen. Freunde suchen Sie danach aus, ob sie Ihre eigenen Ziele und Meinungen teilen. Schlimmstenfalls werden Menschen mit unbequemen oder das eigene Weltbild störenden Ansichten abgewertet oder als »Feinde« bekämpft.

Körper und Gesundheit

Ihre Schwachstellen

Zu welchen Krankheiten Sie neigen, hängt davon ab, ob Sie den aktiven Stoffwechsel von Tripa oder den trägen von Bäken besitzen.

Akute und chronische Krankheiten
Kalte, chronische Krankheiten wie Diabetes, ein träger Darm, Ödeme, Asthma oder Zysten machen Ihnen zu schaffen, wenn Sie den ausladenden Bäken-Körperbau besitzen. Sind Sie eher athletisch gebaut, müssen Sie öfter mit heißen, akuten Krankheiten rechnen, zum Beispiel mit plötzlich stark ansteigendem Fieber, heftigen Infekten und mit Infektionskrankheiten, die mit Fieber einhergehen. In solchen Fällen sollten Sie sofort einen Arzt aufsuchen.

Brennende Kopfschmerzen
Migräne und andere Formen stechender und brennender Kopfschmerzen sind klassische Beschwerden Ihres Typs. Sie gehören zu Ihrem Tripa-Anteil. Die tibetische Heilkunde bezeichnet diese Kopfschmerzen als »heiß«, weil sie mit einem Hitzegefühl einhergehen.

Probleme mit Leber und Galle
Leber und Galle können Ihnen tendenziell Probleme bereiten. Sie neigen zu Leberentzündung (Hepatitis), Leberschwäche, Gallenblasenentzündung und Gallensteinen.

Gastritis, Verdauungsstörungen
Die Managerkrankheit ist ein typisches Symptom der Tripa-Bäken-Persönlichkeit. Zu viel Stress und falsche Nahrung verursachen entwder Sodbrennen, Refluxkrankheit, Völlegefühl und Magenschleimhautentzündung (Tripa) oder schla-

gen auf den Darm. Die Folge sind Verdauungsstörungen oder Darmzysten (Bäken).

Hoher Cholesterinspiegel, Bluthochdruck, Arteriosklerose
Ähnlich wie westliche Ärzte verstehen auch tibetische Mediziner diese Beschwerden als Folge falscher Lebensweise und Ernährung. Dringender Rat aus West und Ost: regelmäßig zum Check-up! Unbehandelt können sich daraus nämlich zwei weitere typische Tripa-Bäken-Krankheiten entwickeln: Durchblutungsstörungen und Arteriosklerose. Tibeter verstehen diese Störungen als Folge eines überbetonten Egos. Tipps zur Bewältigung dieses Persönlichkeitsanteils finden Sie im Folgenden unter der Überschrift »Besser leben«.

Chronische Krankheiten, die akut werden oder umgekehrt
Der heiß-kalte Typ neigt zu heiß-kalten Krankheiten: Zu einer chronischen (kalten) Krankheit kommt in der Regel eine akute (heiße) Infektion oder Entzündung hinzu oder umgekehrt. So kann sich zum Beispiel aus einer akut schmerzhaften Arthritis eine dauerhaft schwelende Arthrose entwickeln, oder aus einer degenerativen Erscheinung (Arthrose) wird plötzlich eine Gelenkentzündung (Arthritis). Der Zustand pendelt dann meistens hin und her. Ebenso kann bei einer chronischen Bronchitis eine Lungenentzündung oder eine akute (heiße) Darmentzündung hinzukommen, die sich nach außen mit kalten Symptomen (Schüttelfrost) zeigt.

Wege zur Harmonie

Manchmal brauchen Sie wärmende, manchmal kühlende Heilmaßnahmen.

Was hilft und heilt

Lernen Sie Ihre Symptome einzuordnen

Um sich nach den Prinzipien tibetischer Heilkunde zu behandeln, müssen Sie sich mit Ihren beiden Energien auseinandersetzen. Lernen Sie, bei Ihren Beschwerden zwischen kalten und heißen Symptomen zu unterscheiden, denn beide müssen sehr unterschiedlich therapiert werden. Als kalt gelten alle Bäken-Symptome. Einige Beispiele dazu finden Sie weiter vorne, wo es um Ihre körperlichen Schwachstellen geht. Alle klassischen Bäken-Symptome sind in der Symptomliste auf Seite 124 ff. aufgezählt. Zur Behandlung von Bäken-Störungen werden wärmende Maßnahmen eingesetzt.

Als heiß gelten die Tripa-Symptome. Auch hierzu finden Sie Beispiele bei den Schwachstellen Ihres Typs und auf Seite 91 ff. Tripa-Symptome brauchen kühlende Heilmittel.

Hier einige Beispiele:

- Sie waren in letzter Zeit oft gereizt. Wenn andere zu langsam sind oder etwas nicht verstehen, rasten Sie aus und werden aggressiv. Ihre Symptome sind eindeutig »heiß« (Tripa). Lesen Sie hierzu bitte die Heiltipps für den Grundtyp Tripa in den Abschnitten »Was hilft und heilt« (Seite 94 ff.) und »Besser leben« (Seite 96 ff.).
- Sie fühlen sich unwohl und frieren innerlich. Am liebsten würden Sie den ganzen Tag im Bett liegen bleiben. Das sind klassische Bäken-Symptome. Ihre Behandlungstipps finden Sie beim Grundtyp Bäken ab Seite 127 ff.
- Ihre anfänglichen Schluckbeschwerden verschlimmern sich sehr schnell, bald zeigen sich im Rachen die typischen weißen Punkte einer eitrigen Entzündung. Die bei uns als eitrige Angina bezeichnete Krankheit hat aus tibetischer Sicht gleichzeitig heiße und kalte Symptome. In diesem Fall gilt wieder die bereits erwähnte Heil-Regel: immer

zuerst die akuten, heißen Symptome behandeln. Bei einer Angina müssen Sie zum Arzt.

Wann ist es heiß, wann kalt?
Die Unterscheidung zwischen heißen und kalten Symptomen ist nicht immer ganz einfach, denn beide können gleichzeitig auftreten oder sich abwechseln. Um sicherzugehen, nehmen die Tibeter weitere Kriterien zu Hilfe.

Die Tageszeit
Tripa-Symptome zeigen sich besonders stark um die Mittagszeit (etwa zwischen 12 und 14 Uhr) und/oder um Mitternacht (etwa zwischen 24 und 2 Uhr).
Bäken-Symptome verstärken sich morgens (meistens zwischen 9 und 11 Uhr) und abends (etwa zwischen 21 und 23 Uhr).

Die Jahreszeit
Tripa-Symptome sind im Spätsommer und Herbst stärker, Bäken-Symptome treten vermehrt im späten Winter und im Frühjahr auf.

Das Wetter
Tripa-Symptome verschlimmern sich, wenn Sie starker Hitze ausgesetzt waren (wozu auch Sauna und Sonnenbaden zählen).
Bäken-Symptome tauchen vermehrt auf, wenn Sie bei kaltem oder feucht-kaltem Wetter draußen waren.

Körperliche Aktivitäten
Bei einem Übermaß an Tripa-Grundenergie können Symptome entstehen, sobald Sie sich körperlich sehr stark verausgaben.
Ist Ihre Bäken-Energie zu hoch, lösen Bewegungsarmut und zu viel Essen Beschwerden aus.

Stress
Tripa-Symptome verstärken sich nach Stress und Aufregung. Bäken-Symptome bleiben unabhängig von Stress. Sie können sich sogar bessern, wenn etwas in Bewegung kommt oder Überraschendes geschieht.

Wenn Leber und Gallenblase angegriffen sind
Leichtere Störungen beider Organe machen sich mit sehr diffusen Beschwerden bemerkbar. Man fühlt sich müde, hat eine Abneigung gegen fette Nahrung, verträgt vieles nicht. Auch Allergien und Schmerzen im Oberbauch gehören ins Symptombild. Sobald Sie den Verdacht haben, dass bei Ihnen mit Leber oder Galle etwas nicht stimmt, sollten Sie unbedingt einen Arzt aufsuchen. Unterstützend zur Behandlung können Sie selbst einiges für sich tun:

- vieles mit Safran würzen
- große Mengen an Tee aus Färberdistel trinken
- bittere Kräuter, Bittersalate und Bittergemüse bevorzugen
- nicht rauchen
- auf Kaffee und Alkohol verzichten
- Ärger vermeiden

Risiko Gelbsucht
Sie können sich schneller als andere Typen eine Hepatitis (Gelbsucht) einfangen. Bei gelblichen Augäpfeln und Gelbfärbung der Haut ist ein Arztbesuch unerlässlich. Fördern können Sie den Heilprozess, indem Sie

- Zuckerrohrsaft trinken,
- frisch gepressten Saft aus Äpfeln, Orangen und Grapefruit mischen und trinken,
- fette und ölige Nahrung strikt meiden,

- viel kühles Wasser trinken,
- ausgiebig ruhen.

Ewiger Kampf mit der Verdauung

Das kennen Sie bestimmt: Nach dem Essen liegt Ihnen die Nahrung wie ein Stein im Magen, Sie kämpfen mit Blähungen, Völlegefühl, Unwohlsein. Hier sind Ihre Selbsthilfemaßnahmen:

- Trinken Sie viel abgekochtes, lauwarmes Wasser.
- Essen Sie immer nur kleine Mahlzeiten.
- Essen Sie langsam, kauen Sie gut.
- Genießen Sie Ihr Essen!
- Kochen und essen Sie zu Hause und verwenden Sie möglichst wenig Fertigzutaten.
- Nehmen Sie morgens auf nüchternen Magen ein Glas Ingwertee mit etwas Honig zu sich.
- Benutzen Sie vermehrt Gewürze wie Zimt, Kardamom und schwarzen Pfeffer.

Übrigens: Bei Ihrem Konstitutionstyp verstehen tibetische Ärzte Blähungen auch als Stresssymptom und empfehlen dagegen Entspannungsmethoden.

Schlafprobleme

Wenn bei Ihnen die Tripa-Anteile überwiegen und Sie tagsüber mit viel Aufregung und Ärger zu kämpfen hatten (was Ihre Tripa- und Lung-Energie erhöht), müssen Sie mit Schlafproblemen rechnen. Die Tibeter raten Ihnen, dieses Thema sehr ernst zu nehmen, denn als viel beschäftigter Mensch brauchen Sie genügend Schlaf. Ihre Einschlaftipps:

- ein Abendspaziergang an einem Gewässer, z.B. am Fluss, an einem See oder in der Nähe eines Springbrunnens

- Entspannungsübungen wie Tai Chi, Yoga oder Meditation
- keinen Alkohol, keine scharf gewürzten Speisen
- vor dem Schlafengehen eine leichte Gemüsebouillon mit Zwiebeln und Knoblauch
- vor Mitternacht zu Bett gehen
- bei offenem Fenster schlafen (aber ohne Durchzug)

Fieber und häufige Infekte

Eine Variante Ihrer Konstitution ist körperlich sehr aktiv und oft sportlich engagiert. Beim Checklisten-Test hat dieser Typ deutlich mehr Tripa- als Bäken-Anteile gezählt. Er neigt zu plötzlichem hohem Fieber, fiebriger Grippe oder anderen heftigen Infektionskrankheiten. Hier raten tibetische Ärzte ganz allgemein: Cool down – kühlen Sie Ihr überschießendes inneres Feuer ab! Durch kühlende Nahrung (Seite 98 ff.) und entsprechende Verhaltensweisen (Seite 94 ff.) senken Sie auf Dauer den zu hohen Grundpegel der Tripa-Energie.

Um Ihr Immunsystem besser zu regulieren, können Sie auch das tibetische Kräuterheilmittel Padma 28 probieren. Es enthält kühlende Komponenten, die ausgleichend auf die heiße Energie wirken, außerdem viele pflanzliche Antioxidantien, denen ja auch die westliche Medizin »immunregulierende Wirkung« nachsagt. Der in der Schweiz ansässige Hersteller empfiehlt dem tripa-betonten Tripa-Bäken-Typ eine kurmäßige Einnahme über zwei bis drei Monate im Herbst. Mittags sollte die Dosis höher sein, morgens und am späten Abend eher gering.

Wenn Sie füllig gebaut sind und auf der Checkliste Ihre Bäken-Anteile überwiegen, lohnt sich ein Versuch mit diesem Mittel aus anderen Gründen. Es schützt nachweislich die Gefäße vor Arteriosklerose und verbessert ganz allgemein die Durchblutung. Für Sie kommt eher eine Frühlingskur in Frage, und zwar morgens, mittags und abends mit nur mäßiger Dosierung.

Besser leben

Lebensregeln für Ihr inneres Glück

Um das bei Ihrem Typus unterentwickelte Lung-Prinzip anzunehmen und in Ihr Verhaltensrepertoire aufzunehmen, hier einige Vorschläge.

Arbeiten Sie an Ihrem Ego

Dieser Rat aus dem Himalaja mag für Sie unverständlich klingen. Schließlich basiert Ihr Erfolg zum großen Teil auf Ihrem ausgeprägten Selbstwertgefühl und Ihrer starken Ausstrahlung – beides Teile Ihres Egos. Die Bewunderung, die Ihnen von vielen Seiten entgegengebracht wird, bestätigt Ihre Überzeugung, ein wertvoller Mensch zu sein. Dazu haben Sie allen Grund. Aber Sie sind nicht allein in Ihrer Einzigartigkeit. Andere Menschen mögen im Leben weniger erreichen, sie sind deswegen nicht weniger wert. Buddhisten würden sagen: Üben Sie die Haltung der Demut und Bescheidenheit.

Lernen Sie Respekt vor Schwächeren

Sie besitzen eine überschäumende Lebenskraft und können andere leicht mitreißen, aber leider auch überrollen. Sensibleren oder langsameren Menschen fällt es schwer, sich gegen Ihre Dominanz und Vitalität zu behaupten. Üben Sie Respekt und Toleranz gegenüber Menschen, die anders sind, anders denken und anders reagieren. Bemühen Sie sich, die Wünsche und Bedürfnisse Ihrer Mitmenschen wahrzunehmen und zu respektieren.

Freuen Sie sich an kleinen Dingen

Wie eingangs erwähnt, fehlt Ihnen zur perfekten Harmonie die Qualität des feinsinnigen, empfindsamen, kreativen Luftelements. Um sich diesem Thema anzunähern, können Sie mit kleinen Übungen beginnen: Freuen Sie sich an kleinen, nicht materiellen Geschenken, werden Sie aufmerksamer gegenüber Menschen, versuchen Sie, sich in sie hineinzudenken, ihre Gefühle nachzuvollziehen. Beschäftigen Sie sich mit Kunst und Kreativität.

Schulen Sie Ihr Bewusstsein

Menschen wie Sie müssen von Kindesbeinen an mit Neidern zurechtkommen, mit Missgunst und Rachsucht. Doch auch Sie selbst entwickeln immer wieder Gefühle von Feindseligkeit. Setzen Sie sich damit auseinander, dass nicht die anderen daran schuld sind. Sie selbst entwickeln diese negativen Emotionen. Ein anderes Beispiel: Wenn etwas nicht nach Ihren Vorstellungen läuft, sind Sie schnell frustriert, werden ungeduldig, aufbrausend oder aggressiv. Wem nützen diese Ausbrüche?

Suchen Sie sich einen Persönlichkeitstrainer oder einen spirituellen Lehrer, von dem Sie etwas annehmen können. Lernen Sie, Ihre Emotionen zu mäßigen und stattdessen die tiefen Gefühle zu zeigen, die sich dahinter verstecken. Üben Sie eine liebevolle Lebenshaltung. Gut für Sie sind Meditationstechniken, die über Bewegung zur Stille führen.

Schlucken Sie die bittere Pille der Desillusion

Von Natur aus neigen Sie dazu, sich etwas vorzumachen. Realitäten akzeptieren Sie nur, sofern sie in Ihr Weltbild, in Ihr Konzept von der Wirklichkeit passen. Damit blenden Sie einen Teil der Wahrheit aus. Es ist gut, sich diese Tendenz immer wieder ins Bewusstsein zu rücken, vor allem, wenn man felsenfeste Überzeugungen vertritt, eindeutige Entscheidungen trifft und kompromisslose Urteile fällt. Bei all diesen Unzweideutigkeiten fehlt die Dimension des Luftelements, das Zweifeln und Abwägen. Betrachtet man die Dinge von einer höheren Warte aus, verlieren sie ihre Eindeutigkeit zur Gänze. Die buddhistische Philosophie zeigt auf, dass es hinter der vermeintlichen Wahrheit immer noch eine andere, übergeordnete Wahrheit gibt. Sie fordert auf, die bittere Pille der Desillusion zu schlucken. Interessant ist in diesem Zusammenhang, dass für Ihre Konstitution der bittere Geschmack als heilsam gilt. Wenn Sie also bereit sind, der ganzen Wahrheit des Lebens ins Auge zu schauen, können Bitterkräuter Ihre Energien auf körperlicher und seelischer Ebene ins Gleichgewicht bringen.

Lassen Sie Chaos in Ihr Leben

Ein Hauptmerkmal der Lung-Energie sind Chaos und Unregelmäßigkeit. Die Harmonielehre vom Dach der Welt rät Ihnen, diese keineswegs nur negativen, sondern auch hochkreativen Zustände bei sich und bei anderen zuzulassen. Setzen Sie sich ganz gezielt immer wieder unvorhersehbaren Situationen aus, probieren Sie Dinge, die Sie nicht können, testen Sie Ihre Grenzen. Solche Situationen sind hervorragende Lehrmeister gegen Selbstgefälligkeit.

Die richtige Ernährung

Ihre Nahrung sollte kühlend wirken wie die Tripa-Kost, gleichzeitig leicht sein wie für den Bäken-Typ.

Ihr Körperbau entscheidet über Ihre Nahrung

Um sich optimal zu ernähren, müssen Sie sich – ähnlich wie bei den Heilmitteln – in Ihren Typ hineindenken. Nehmen Sie dazu ruhig noch einmal den Energietyp-Test zu Hilfe. Entsprechen Sie körperlich dem aktiven, sportlichen Tripa-Typ oder sind Sie eher korpulent oder füllig gebaut wie Bäken? Manchmal gibt es äußerlich keine eindeutigen Tendenzen. In diesem Fall ist Ihre Verdauung das entscheidende Kriterium: Funktioniert sie gut und problemlos (Tripa), bekommt Ihnen

Nahrung mit mehr kühlender Energie. Bei eher trägem Darm und Neigung zu Verstopfung (Bäken) brauchen Sie eher leichte, wärmende Kost.

Ihre wichtigsten Essregeln

- Nicht heiß, nicht kalt, sondern lau – diese Devise gilt für die Temperatur all Ihrer Nahrungsmittel. Ihre Getränke sollten also weder heiß noch eisgekühlt sein, sondern sich irgendwo zwischen Zimmertemperatur und lauwarm bewegen. Lassen Sie Tees und Suppen vor dem Verzehr also etwas abkühlen. Bei den Speisen halten Sie sich an die Regel der Mittelmeerküche und servieren Sie die Gerichte warm statt heiß.
- Vermeiden Sie schwer verdauliche Nahrungsmittel und solche, die Ihrer Leber schaden. Schwere, ölige Nahrung und fettes Fleisch bringen Ihre beiden Energien in Disharmonie. Besser ist leicht gegartes Gemüse mit wenig oder keiner Soße und ansonsten viele bitter schmeckende Lebensmittel. Mehr über die für Ihren Typ heilsamen Geschmacksrichtungen lesen Sie im Folgenden.
- Beziehen Sie die Jahreszeiten in Ihre Ernährung mit ein. Da Außentemperaturen einen deutlichen Einfluss auf die Körperenergien haben, ist es ratsam, die Nahrung darauf abzustimmen. Ist es draußen warm (und steigt damit auch Ihre innere Hitze), bevorzugen Sie am besten eine tripa-reduzierende Kost: Zwischen Frühjahrsende und frühem Herbst also keine stark erhitzende Nahrung (z.B. keine scharfen Gewürze, keine harten Schnäpse). In der kühleren Jahreszeit sollten Sie Lebensmittel wählen, die Ihre kalte Bäken-Energie kontrollieren: Zwischen Spätherbst und Frühlingsanfang also keine stark kühlende Nahrung (z.B. nicht so viel Süßes, keine Rohkost).

Die Geschmacksrichtungen für Ihren Typ

Ideal: Die Geschmacksrichtung, die Ihre beiden Energien am besten ausgleicht, ist bitter.

Empfehlenswert: Nahrungsmittel von zusammenziehendem Geschmack.

In Maßen und abhängig von Ihrer bestimmenden Energie können Sie scharf (bei Bäken-Dominanz) und süß (bei Tripa-Dominanz) essen.

Meiden Sie nach Möglichkeit sehr saure und salzige Geschmäcke. Beide vermehren Ihre Tripa- und Bäken-Energie zu stark.

Wie die Nahrungsmittel den sechs Geschmacksrichtungen zugeordnet werden, lesen Sie auf Seite 19 f.

So könnte Ihr Essen für einen Tag aussehen

Die Faustregel für Ihren Typ: morgens und mittags reichlich, abends eher wenig.

Das Frühstück

Machen Sie es wie die Asiaten. Regen Sie Ihr Verdauungssystem mit einem Glas Wasser auf nüchternen Magen an. In Ihrem Fall sollte es warm und vorher abgekocht sein. Dazu empfehlenswert: eine kleine Schale Porridge oder kurz in etwas Wasser aufgekochtes Müsli. Danach ein oder zwei Scheiben dunkles Brot und als Aufstrich frische Butter, etwas Weichkäse und Honig. Wählen Sie als Getränk warmen (nicht heißen) Tee.

Das Mittagessen

Auch vor dem Mittagessen tut es Ihnen gut, erst etwas zu trinken. Als Aperitif eignet sich zum Beispiel ein Glas frisch gepresster Fruchtsaft in Zimmertemperatur. Zum Essen eine mittlere Portion Chicorée-Salat, Vollkornreis oder Nudeln und gekochtes, mild gewürztes Gemüse, eventuell etwas gekochten Fisch oder Rindfleisch. Zum Nachtisch Naturjoghurt mit etwas Honig.

Die Kaffeepause
Eine (!) Tasse Kaffee oder Schwarztee mit Honig und Milch.

Das Abendessen
Warm, aber nicht allzu schwer sollte Ihre Mahlzeit abends sein. Ideal wäre vorab eine warme Gemüse- oder Fleischsuppe, danach gekochter Reis mit Dal (indisches, scharf gewürztes Linsengericht) oder Gemüse.
Trinken Sie vor dem Schlafengehen ein Glas Wasser.

Rezepte für Ihren Typ
Folgendes Rezept eignet sich für bäken-betonte Tripa-Bäkens, die morgens schwer aus dem Bett kommen.

Tibetischer Granatapfelcocktail zum Aufwachen
Zutaten:
- 200 g frische Granatapfelkerne
- 1 Msp. Zimtpulver
- 1 TL Honig
- Saft einer halben Zitrone
- 1 Msp. Zuckerrübenmelasse
- 1 Glas gekochtes Wasser

Alle Zutaten im Mixer zerkleinern und morgens frisch servieren.

Diese Rezepte werden unabhängig von der Energie-Gewichtung jedem Tripa-Bäken empfohlen:

Apfel-Koriander-Saft
Zutaten:
- 200 g geschälte Apfelstücke
- 1 Orange oder Grapefruit
- 1 Msp. gemahlener Koriander
- 1 TL Zuckerrübensirup
- 1 EL Honig
- 1 Glas abgekochtes Wasser

Alles mixen und am besten zur Mittagszeit trinken.

Tibetischer Lassi
Zutaten:
- 1 Becher Joghurt
- 1/2 TL gemahlener Koriander
- 1/2 TL frisch gemahlener Kümmelsamen
- 1 TL Zuckerrübensirup
- 1 EL Honig

Alle Zutaten im Mixer mischen und mittags oder abends trinken.

Spinatsuppe mit Zimt
Zutaten:
- 1 l Wasser
- 1 Handvoll frischer Spinat
- 1 TL Zimtpulver
- 1 TL Korianderpulver
- 1/4 TL gemahlene Gelbwurz (Kurkuma)
- eine klein geschnittene Frühlingszwiebel
- eine Prise Salz

Kochen Sie das Wasser in einem Topf auf, geben Sie den gewaschenen Spinat hinein und lassen Sie ihn einige Minuten köcheln. Dann kommen die Gewürze und das Salz hinein. Alles noch ein wenig kochen lassen, bis der Spinat gar ist. Anschließend die Stücke der Frühlingszwiebel in eine Suppenschale geben und mit der Suppe auffüllen. Etwas abkühlen lassen und warm servieren.

Lammsuppe mit Ghee
Zutaten:
- 1 l Wasser
- 100 g Hackfleisch vom Lamm
- 1 klein geschnittene Zwiebel
- 1 TL Gelbwurz (Kurkuma)
- 1 Handvoll geschnittene Petersilie
- 3 Körner Sezuanpfeffer
- 50 g frische Erbsen
- 1 Msp. Salz
- 1 enthäutete, in Stücke geschnittene Tomate
- etwas Ghee oder Olivenöl

Das Ghee oder das Olivenöl in einem Topf erhitzen. Die Tomaten- und die Zwiebelstücke hinzufügen und etwa eine Minute lang anbraten. Dann die Lammstücke in den Topf geben und bei kleiner Hitze braten. Nach zehn Minuten kommen die Gewürze hinzu. Nun geben Sie die Erbsen in den Topf und bedecken alles mit Wasser. Zehn Minuten bei geringer Hitze köcheln lassen. Erst ganz zum Schluss die zerhackte Petersilie darüber streuen.

So stellen Sie Ghee her:
250 g frische Butter in einer Eisenpfanne bei mittlerer Flamme schmelzen lassen. Den an die Oberfläche steigenden Butterschaum abschöpfen, dabei die Butter bei niedriger Hitze weiterkochen lassen. Steigen keine Schaumbläschen mehr auf, ist die Butter geklärt. Ghee ist der indische Name für geklärte Butter, bei uns auch als Butterschmalz bekannt.

Hiervon sollten Sie viel essen

Die folgenden Lebensmittel harmonisieren Ihre Energien. Wenn Sie sie abwechselnd in Ihren Speiseplan integrieren, ernähren Sie sich im Sinne der tibetischen Ernährungslehre optimal ausgewogen.

Gemüse:

Aubergine	Karotten (mäßig)
Blumenkohl	Salate (vor allem mit bitterem
Brokkoli	Geschmack wie Chicorée)
Erbsen	Spinat

Kräuter und Gewürze:

Ajowan-Kümmel	Oregano
Gelbwurz	Petersilie
Ingwer	Pfefferminze
Koriander	Senf
Kümmelsamen	Thymian
Löwenzahn	

Früchte:
alle Früchte der Saison

Milchprodukte:

Butter	Kuhmilch
Joghurt	Ziegenmilch

Fleisch:

Fisch	Rind
Lammfleisch	Wild

Öle und Fette:

Kokosnussöl	Senföl (mäßig)
Olivenöl (mäßig)	Sonnenblumenöl

Genussmittel (in Maßen):
Bier
Wein

Darauf sollten Sie verzichten

Chili	scharfe Gewürze
Eier (in großen Mengen)	Süßigkeiten (in großen
Huhn	Mengen)
Kartoffeln	Zucker

Wellness

Sie lieben es, sich körperlich zu verausgaben, um sich und Ihre Kraft zu spüren

Sport ist Ihr Ding

Keine Frage: Sie brauchen Bewegung. Welche, ist eigentlich unwichtig. Sie sind für alle Sportarten geeignet. Hauptsache, Sie können sich voll ins Zeug legen, dann fühlen Sie sich lebendig. Wenn Sie einen muskulösen Tripa-Körper haben, können Sie beim Sport das Gefühl genießen, im Vollbesitz Ihrer dynamischen Kraft zu sein. Auch Ihr vorwärts strebender Geist liebt diese Art von Herausforderung. Athletische Kraft, der Wille zum Sieg (Tripa), gepaart mit Ausdauer und Belastbarkeit (Bäken) – dieses »Paket« wurde Ihnen in die Wiege gelegt. Es befähigt Sie zur Profisportlerin beziehungsweise zum Profisportler.

Doch auch als bäken-betonte Sportlerin oder Sportler können Sie enorme Muskelpakete entwickeln, werden aber wahrscheinlich keine allzu stark wettkampforientierten Formen wählen, wie z.B. Hammerwerfen, Radfahren oder andere Ausdauersportarten.

Powersport im Winter, leichte Bewegung im Sommer
Die Harmonielehre der Tibeter mahnt allerdings, nicht zu übertreiben. Bei aller Liebe zum Sport – behalten Sie bitte immer im Hinterkopf, dass körperliche Überanstrengung Ihre heiße Energie ansteigen lässt. Sobald sich bei Ihnen tripa-typische Symptome zeigen (z.b. Migräne, aggressives Verhalten), ist es höchste Zeit, für Ausgleich zu sorgen. Dann ist Abkühlung angesagt: Ein Sprung in den kühlen See, anschließend vielleicht eine Meditationsübung am Ufer oder ein beschaulicher Spaziergang im Wald.
Wenn Sie Ihr Bewegungsprogramm ganz im Sinne der Harmonie ausrichten möchten, verlegen Sie exzessives Training ins Winterhalbjahr und entscheiden sich im Sommer für ruhigere Sportarten.

Heiß-kaltes Wellness-Programm
Sie können auch Ihr Wellness-Programm typgemäß abstimmen. Genießen Sie Sauna, Warmwassertherapien und Massagen vor allem in der kalten Jahreszeit. Lassen Sie sich mit wärmendem Sesamöl massieren, das Sie mit einigen Tropfen ätherischen Öls wie Ylang Ylang oder dem Öl aus Zimtblättern anreichern können.
Im Sommer rät die tibetische Heilkunde von Massagen ab. Allenfalls kommen ganz leichte Ganzkörperbehandlungen mit (kühlendem) Kokosnussöl in Frage, eventuell versetzt mit einigen Tropfen (ebenfalls kühlend wirkendem) Sandelholzöl.

Ihr Detox-Plan
Tibetische Ärzte raten Ihnen, Ihren Organismus regelmäßig zu entgiften. Leider gibt es im Westen kaum Möglichkeiten, sich einer tibetischen Reinigungskur zu unterziehen. Am ehesten artverwandt und für Ihren Typ gut geeignet ist die Panchakarma-Kur aus der ayurvedischen Heilkunde, die der tibetischen in einigen Punkten sehr ähnlich ist.

Eine deutlich preisgünstigere Alternative: Fasten Sie – und zwar am besten regelmäßig zweimal im Monat jeweils drei Tage lang. So geht's: Nehmen Sie am Vorabend ein Abführmittel ein (z.b. FX-Passagesalz, Padma Lax oder Glaubersalz), um am Morgen des ersten Fastentages den Darm möglichst vollständig entleeren zu können. Verzichten Sie dann drei Tage lang vollständig auf festes Essen. Trinken Sie stattdessen zwei bis drei Liter Flüssigkeit täglich. Wechseln Sie ab zwischen verschiedenen, möglichst frisch gepressten Säften, zum Beispiel aus Grapefruit oder Äpfeln. Trinken Sie zwischendurch viel lauwarmes Wasser.

Achtung: Wenn Sie gerade eine anstrengende Arbeit vor sich haben oder unter Stress stehen, verschieben Sie Ihre Fastentage auf ruhigere Zeiten.

Beruf und Berufung

Sie finden sich in vielen Berufen zurecht. Meistens führt Ihr Weg Sie nach oben.

Selbstbewusst und zielstrebig
Auch wenn Sie beruflich noch ganz am Anfang stehen, wissen Sie oft schon in jungen Jahren, was Sie wollen. Haben Sie Ihr Ziel einmal angepeilt, verlieren Sie es nicht so schnell aus den Augen. Früh werden Ihre Lehrer und Vorgesetzten erkennen, dass in Ihnen eine Führungspersönlichkeit steckt, und Sie im günstigen Falle fördern. Aber Sie müssen auch mit Neid und Missgunst rechnen.

Die beste Voraussetzung für Ihre Karriere tragen Sie von Geburt an in sich: Ihr konstitutionell verankertes Selbstbewusstsein. Die im Feuerelement angelegte Selbstsicherheit bekommt durch das Erdelement noch mehr Stabilität. Diese Kombination verleiht Ihnen eine natürliche Autorität.

Ihre Beliebtheit bei den Mitarbeitern hängt allerdings davon ab, mit wie viel Herz Sie bei der Sache (und bei den Menschen) sind. Mit dominantem Tripa-Anteil in Ihrer Persönlichkeit können Sie sehr berechnend sein, sehr ungeduldig und nicht allzu rücksichtsvoll. Mehr Bäken-Anteile machen Sie toleranter, einfühlsamer und verständnisvoller.

Bei aller Power und Dynamik, die Sie an den Tag legen: Machen Sie sich bitte immer bewusst, dass exzessive körperliche Überanstrengung, zu viel Kopfarbeit und mentaler Stress auch noch so gut ausbalancierte Energien aus dem Gleichgewicht bringen können. Damit die Stimmung stimmt, müssen Sie sich zwischendurch ausruhen.

Wie gesagt können Sie in jeder Branche zurechtkommen. Mit Ihrem klaren analytischen Verstand, Ihrer Anpassungsfähigkeit und praktischen Intelligenz kommen Sie überall weiter. Sie spekulieren brillant an der Börse, bekleiden souverän einen Managerposten in Wirtschaft oder Politik, sind ein guter Redner, Lehrer, Verkäufer, Journalist und Chefredakteur, überzeugen als Richter und im Sport. Viele Tripa-Bäken-Typen drängt es schon früh im Leben danach, ihr eigenes Geschäft aufzubauen. Ihr gut ausgebildeter Unternehmergeist und Ihr Organisationstalent helfen Ihnen dabei.

Riskant könnte es allenfalls für Sie werden, wenn Sie sich beruflich auf dem weiten Feld der Kunst bewegen. Dieses Terrain liegt Ihnen von der Konstitution her nicht im Blut. Wenn Sie sich zur Kunst hingezogen fühlen und sich gerne in inspirierenden Künstlerkreisen bewegen, was Ihren Horizont ganz sicher erweitert, wäre vielleicht eine Tätigkeit in einer Künstleragentur denkbar. Damit haben Sie zwei Fliegen mit einer Klappe geschlagen: Ihr Organisationstalent kommt zum Einsatz und gleichzeitig profitieren Sie vom kreativen Esprit in diesem Ambiente.

Das Liebesleben des Tripa-Bäken-Typs

Tripa-Bäken und Tripa-Bäken als Paar

Der tibetischen Harmonielehre zufolge passen Partner der gleichen Konstitution am besten zueinander. Sie sind gewissermaßen aus dem gleichen Holz geschnitzt, haben ähnliche Interessen und Sichtweisen. Tripa-Bäken-Partner sind sehr selbständig, mit großem Verantwortungsbewusstsein und starkem Lebenswillen ausgestattet. Doch wenn zwei Menschen mit so viel Energie zusammenkommen, entsteht auch Reibung, und hier sind wir beim wunden Punkt dieser Beziehung angelangt: Vor allem in jungen Jahren kann es im Zusammenleben zu unterschwelligen Konkurrenzsituationen und Machtkämpfen kommen. Deshalb wäre es gut, wenn die Partner sich bereits zu Beginn ihres gemeinsamen Lebens in einer ruhigen Stunde zusammensetzten, um sich über ihre Kompetenzen, Aufgaben und Geldangelegenheiten zu einigen. Damit sie, wenn es emotional sehr eng wird, auf klare Vereinbarungen zurückgreifen können. Teilen Sie sich also Ihre »Reviere« auf und lassen Sie einander Raum – im direkten und im übertragenen Sinne. Wenn Sie diese ersten Hürden bewältigt haben, kann Ihr gemeinsamer Weg steil nach oben führen. Sie können Seite an Seite ein beachtliches Lebenswerk aufbauen, mitunter sogar weltbewegende Projekte und Aufgaben. Ein gutes Beispiel für so eine gelungene Teamarbeit: Hillary und Bill Clinton, beide klassische Tripa-Bäken-Persönlichkeiten.

Am Hungertuch wird ein Tripa-Bäken-Paar in der westlichen Zivilisation eher selten nagen – und wenn, dann wird es schnell Mittel und Wege finden, diese Phase zu beenden. Tatendurstig, erfolgshungrig und materiell orientiert wie die beiden sind, machen sie sich frühzeitig daran, sich eine solide Finanzbasis zu schaffen. Materieller und beruflicher Erfolg haben in dieser Beziehung eine große Bedeutung, weil sie dem Paar dazu verhelfen, das zu tun, was ihm am Herzen liegt:

Macht und Einfluss auszuüben, Geschicke zu lenken, etwas zu bewegen.

Tripa-Bäken-Partner stehen hundertprozentig zueinander, komme, was wolle. Ihr großes gemeinsames Interesse ist es, Geld und Prestige zu vermehren oder ein gemeinsames Lebenswerk zu schaffen.

Beispiel

Anna, 14 Lung, 60 Tripa, 26 Bäken, und
Tom, 16 Lung, 58 Tripa, 26 Bäken

Anna, Geschäftsführerin einer PR-Agentur, und Tom, ein studierter Philosoph und freier Schriftsteller, sind seit acht Jahren ein Paar. Sie ist sechseinhalb Jahre älter als er und verdient gut das Doppelte von dem, was er für den Hörfunk und verschiedene Feuilletons »erschreibt«. Trotzdem hat er noch nie von ihr Geld bekommen, betont Anna: »Wenn er sich nicht selber finanzieren könnte, hätte ich keinen Respekt vor ihm.«

Getrennte Kassen waren von Anfang an Voraussetzung für das Gelingen in dieser Beziehung. Tom zahlte immer so viel, wie es ihm möglich schien, Anna legte den Rest dazu. Meistens gab es da keinen großen Unterschied, denn auch Tom besteht auf seiner finanziellen Unabhängigkeit.

Als Basis ihrer Beziehung definieren Anna und Tom ihre Individualität, ihre absolute Eigenständigkeit und ihre Ebenbürtigkeit. Jeder erwartet vom anderen, dass er – ebenso wie er selbst – »stark ist und etwas Großes macht«. Anna und Tom wollen stolz aufeinander sein und freuen sich am Erfolg des anderen. Ständig fordern sie sich gegenseitig heraus. »Sobald es zwischen uns langweilig wird, werde ich zur Hexe«, sagt Anna. Sie verlangt von ihrem Mann, dass er ihr Kontra gibt, und umgekehrt ist es genauso: »Wenn ich mein Leben nach Tom ausrichten würde, bekäme er die Krätze.«

Anna und Tom sind sehr eingespannt in ihren Berufen und unterstützen sich gegenseitig, ihren eigenen Weg konsequent zu verfolgen.

Wenn einer dabei einen Misserfolg erleidet, kann er sich darauf verlassen, dass er vom anderen Hilfestellung bekommt – aber nicht ständig. Ein ungeschriebenes Gesetz zwischen Anna und Tom lautet: Schwächen sind erlaubt, aber sie müssen auf eine vorübergehende Situation beschränkt bleiben, weil das gemeinsame Selbstverständnis lautet: Wir beide sind gleich stark.

Anna und Tom haben von Anfang an ihr Eigenleben behalten. Jeder pflegt seinen eigenen Freundeskreis, und so geht man in der Woche meistens getrennt aus. Nur die Wochenenden verbringen sie zusammen.

Es gibt aber auch Probleme. Eines davon ist Annas höherer Anspruch an Wohn- und Lebensqualität. Ein Thema, über das viel, zum Teil sehr heiß diskutiert wird. Schließlich kann Anna sich den Luxus, mit dem sie sich gerne umgibt, auch leisten, im Gegensatz zu ihm. Er sieht sich gezwungen, ihr entgegenzukommen, als Tribut an ihre bessere finanzielle Situation. Im Urlaub bemüht sich das Paar um einen Kompromiss. Sie sind meist mit dem Rucksack unterwegs und gehen zwischendurch für ein oder zwei Tage in ein Luxushotel.

Wie alle Liebenden fragen sich auch diese beiden immer wieder, ob sie ein Kind wollen. Doch bisher fiel die Antwort immer gleich aus: »Eigentlich würden wir schon gerne wollen. Aber um Kinder muss man sich ja auch kümmern.« Dazu haben sie keine Lust. Zudem befürchten sie, dass ein Kind sie zu sehr voneinander ablenken könnte. Das wollen sie auf keinen Fall. Ihr Leben zu zweit ist aufregend und soll es bleiben.

Kürzlich stand eine große Entscheidung an: Tom bekam eine sehr reizvolle Festanstellung in einer anderen Stadt angeboten. Nach langen Diskussionen, in denen Anna ihn selbstverständlich ermutigte, den Schritt zu wagen, entschied er sich tatsächlich, den Job anzunehmen. Doch dann passierte mit Anna etwas Seltsames: Sie war plötzlich sauer und wusste nicht, warum. Was war geschehen? Anna ging in sich und kam darauf: »Es wurmt mich, dass Tom jetzt neue Tatsachen schafft und ich gezwungen bin, darauf zu reagieren. Ich habe keine Kontrolle mehr über die Situation. Das macht mich rasend.«

Annas Reaktion auf diesen Kontrollverlust ist eine Mischung aus Aggression und Angst. In letzter Zeit leidet sie öfter unter Magenschmerzen und bekommt Migräne. Sie stößt mit Armen und Beinen an Möbelkanten oder reißt sich die Fingernägel ein. Aber sie wäre keine Tripa-Bäken-Frau, hätte sie nicht bereits nach einer Lösung für sich gesucht:»Ich werde jetzt ein neues Betätigungsfeld finden und etwas tun, was für mich selbst Erfolg versprechend ist.« Anna trägt sich schon lange mit dem Gedanken, in der Stadt, in die Tom zieht, eine Filiale ihrer Agentur aufzubauen. Dieses Projekt kommt ihr jetzt sehr gelegen. Es wird ihr neue Anerkennung und das Gefühl einbringen, mit Tom wieder auf einer Ebene zu stehen.

Tripa-Bäken und Lung-Tripa-Bäken als Paar

Gäbe es unter den sieben Charaktertypen eine Hierarchie der Ausgeglichenheit, stünden Tripa-Bäken und Lung-Tripa-Bäken auf der sechsten und siebten Stufe, sie würden also die beiden oberen Sprossen der Leiter belegen. Die Tibeter glauben, dass diese Persönlichkeiten ein besonders günstiges energetisches Potential besitzen. Damit kann zwischen zwei Menschen dieser Konstellation eine ausgesprochen stabile, harmonische Beziehung entstehen.

Wahrscheinlich nimmt Lung-Tripa-Bäken wie so oft einen günstigen Einfluss auf seinen Partner. Seine Aufgabe besteht darin, die überbordende Feuerenergie des Tripa-Bäkens zu zähmen und dessen unterentwickelte »luftige« Eigenschaften zu fördern.

Mehr Betonung auf Lung-Themen

In dem von Natur aus ausgewogenen Lung-Tripa-Bäken hat Tripa-Bäken ein gutes Vorbild, um Sensibilität und Intuition zu schärfen und Interesse für geistige Themen zu entwickeln. Die Kreativität des Lung-Tripa-Bäken und sein Faible für Kunst und Literatur wirken in der Regel sehr inspirierend. Sehr zugute kommen der Beziehung aber auch die in beiden angelegten positiven Eigenschaften, etwa praktische Intelligenz, Lebenstüchtigkeit und der gemeinsame Sinn für Humor. Mit der Fähigkeit, gemeinsam zu lachen, lassen sich eine Menge Hürden nehmen.

Tripa-Bäken mildert seine Kontrollsucht
Mit etwas Geschick kann Lung-Tripa-Bäken dazu beitragen, dass der Partner seine kontrollierende Art etwas zurücknimmt und Vertrauen darin entwickelt, dass die wichtigen Dinge im Leben auch ohne seinen Einfluss ihren Lauf nehmen. Wenn das gelingt, wird neue Energie frei für spielerische Leichtigkeit, für den Spaß am Ausprobieren und Experimentieren. Wenn die Partner ein Stück ihres Lebens gemeinsam gegangen sind, stellen sie oft mit Staunen fest, dass sie sich noch nie miteinander gelangweilt haben. Trotz großer Vertrautheit ist die Dynamik innerhalb der Beziehung groß, ebenso wie der Drang, aktiv am Leben teilzunehmen. Da beide sich gerne beruflich verwirklichen und dabei sehr erfolgreich sein können, wird es auch an Geld nicht mangeln. Allerdings entwickelt sich ein Lung-Tripa-Bäken-Charakter nur selten zum Arbeitstier. Er findet die anderen Seiten des Lebens zu interessant, um sie einer Energie raubenden Karriere zu opfern. Tripa-Bäken hingegen definiert sich oft allzu sehr über seinen Erfolg.

Beispiel
Sybille, 35 Lung, 33 Tripa, 32 Bäken, und
Bert, 24 Lung, 45 Tripa, 31 Bäken

Bevor sie zusammenkamen, kannten sich Sybille und Bert schon elf Jahre, allerdings als Frau beziehungsweise Mann eines anderen Partners. Die beiden Paare waren eng befreundet. Sie fuhren gemeinsam in den Urlaub, besuchten einander regelmäßig, gingen zu viert aus. Bei diesen Treffen tauschten sich Sybille und Bert auch über ihre Partnerprobleme aus. Beide waren nicht sehr glücklich in ihren Beziehungen und gaben sich gegenseitig Tipps. Sie ahnten damals noch nicht, dass sie mit diesen vertrauten Gesprächen den Grundstein für ihr späteres Verhältnis legten. Inzwischen sind Sybille und Bert längst von ihren Partnern geschieden und leben seit über zehn Jahren zusammen – in einem idyllischen Haus in einer idyllischen Kleinstadt. Ihre Beziehung ist sehr glücklich, finden beide. Beide haben zum Beispiel ein sehr enges Verhältnis zur Natur, lieben ausgedehnte Spaziergänge, Pflanzen und Blumen und können sich an ihrem Garten freuen. Sie schätzen ein schönes Zuhause, laden gerne Freunde ein, gehen viel auf Reisen, essen und trinken mit Genuss.

Bert, der Tripa-Bäken-Charakter, leitet eine Spezialeinheit der Polizei, die für Krisenfälle eingesetzt wird. Er treibt berufsmäßig Hochleistungssport und ist »zum Töten ausgebildet«, wie Sybille es formuliert. Sie schätzt an ihm seine spezielle Mischung aus Männlichkeit, Sensibilität und Fürsorglichkeit: »Bert ist ein Macho, der vieles sehr analytisch beurteilt. Aber er kann auch mit Pflanzen reden und über die Schöpfung nachdenken. Außerdem ist er einer, der sich kümmert.«

Sybille, eine Lung-Tripa-Bäken-Frau, ist Ernährungswissenschaftlerin. Sie hat sich im Lauf der Jahre eine völlig undogmatische Einstellung zur Ernährung angeeignet, die sie mit sehr viel Menschenkenntnis und »medialem Einfühlungsvermögen« weitergibt, wie sie sagt. Privat isst Sybille sehr gerne gut und ist im Übrigen völlig unsportlich.

Vom sozialen und beruflichen Umfeld her ist das Paar durch Welten getrennt: Anfangs war es weder für Sybille einfach, mit Polizistenehepaaren Smalltalk zu betreiben, noch kam Bert mit dem elitären Gehabe von Sybilles Freundinnen zurecht. Ein Problem war das aber nur zu Beginn ihrer Beziehung. Inzwischen haben die beiden einen Weg gefunden – auf die gleiche Art übrigens, wie sie immer einen Weg finden: überwiegend problemlos. Die Bekannten- und Kollegenkreise bleiben säuberlich getrennt, werden aber von dem Paar gemeinsam gepflegt. »Wir streiten uns wenig über Wesentliches«, sagt Sybille. »Wenn es um Lebenseinstellungen, um große Anschaffungen, Berufspläne oder Sinnfragen geht, sind wir uns sehr einig.«

Auch die klassischen Streitpunkte, über die andere Paare regelmäßig aneinandergeraten – etwa wer im Haushalt welche Aufgaben übernimmt –, gibt es zwischen Sybille und Bert nicht. Irgendwie verteilt sich die Haus- und Alltagsarbeit von allein: Beide kochen, beide kümmern sich um den Einkauf, wer mehr Zeit hat, wäscht und putzt. Wenn das harmonische Geben und Nehmen gestört ist, weil einer beruflich sehr gestresst ist, kommt es allerdings auch in diesem Haus zum Streit. Fast immer ist Bert derjenige, der anfängt. »Im Gegensatz zu mir scheut er keine Auseinandersetzung. Er ist einfach lauter und temperamentvoller als ich«, sagt Sybille und fügt nach einer Weile hinzu: »Und er bleibt nicht immer sachlich.«

Sie begegnet den feurigen Ausbrüchen ihres Partners mit der ihr eigenen Ruhe, bewahrt den Überblick – und manchmal etwas zu viel Humor. Hin und wieder muss sie nämlich über seine »abstrusen Argumente« lachen, was der Sache nicht unbedingt dienlich ist. Meistens beendet Sybille die unerfreulichen Gespräche, indem sie einfach weggeht. »Das ist die einzig wahre Art, mit seiner Wut umzugehen. Es nimmt den Diskussionen die Schärfe.«

Dass jedem Ehekrach eine Versöhnung folgt, hat drei wesentliche Gründe: Erstens pflegen Sybille und Bert eine Streitkultur, in der sie bewusst darauf achten, sich nicht unter der Gürtellinie zu treffen, zweitens sind beide finanziell voneinander unabhängig, könnten also theoretisch sofort auf eigenen Beinen stehen, wenn es ernst würde. Und drittens kann Bert sich hinterher entschuldigen. Das findet Sybille so gut, dass sie es auch lernen will.

Fragt man Sybille, was Bert ihr geschenkt hat, kommt spontan: »Er hat mir etwas weggenommen: das, was mich stresst.« Fragt man Bert, was Sybille ihm gibt, sagt er: »Sie entspricht meinem Ideal von einer Frau.«

Lung und Tripa-Bäken als Paar s. S. 82 f.
Tripa und Tripa-Bäken als Paar s. S. 114 ff.
Bäken und Tripa-Bäken als Paar s. S. 145
Lung-Tripa und Tripa-Bäken als Paar s. S. 176 ff.
Lung-Bäken und Tripa-Bäken als Paar s. S. 209 f.

Die glückliche Tripa-Bäken-Persönlichkeit

Der Tripa-Bäken-Charakter besitzt von Natur aus eine herausragende Persönlichkeit, hat das Zeug zum Charismatiker, der Menschen anzieht und lenkt, ganz ohne es zu wollen, weil sein Auftreten so bestimmt, seine Ausstrahlung so stark und seine Worte so überzeugend wirken. Seine bodenständige Kraft und sein tief verwurzeltes Selbstwertgefühl verleihen ihm Bärenkräfte – psychisch wie physisch. Mit diesen handfesten Gaben gesegnet, kann der souveräne Charakter große Taten vollbringen. Unbeirrbar verfolgt er seine Ziele und erreicht sie unter vollem Einsatz. Wahre Zufriedenheit beschert ihm sein Erfolg aber nur, wenn es ihm gelingt, die Fallen seiner Persönlichkeit zu umgehen.

Herunter vom hohen Ross

Statt am Ende seines Weges einsam auf seinem Thron zu sitzen, hat sich der vollkommene Tripa-Bäken rechtzeitig darauf besonnen, die Mauern seines Hochmuts einzureißen. Uneitel ist er herabgestiegen von seinem hohen Ross und beschenkt die, die ihm die Steigbügel gehalten haben, weil er begriffen hat, dass er nichts wäre ohne die Menschen, die zu ihm stehen. Er lehnt es ab, nur sich selbst von seinem Erfolg bestrahlen zu lassen, und stellt die, die an seiner Seite stehen, ins Licht, denn er weiß: Nur ihre Loyalität wärmt ihn in den kalten Höhen seiner Macht.

Mut zum Gefühl

Auf dem Weg zum besseren Menschen hat Tripa-Bäken begriffen, was es ihm einbringt, andere zu unterwerfen: nichts als Feindseligkeiten, gegen die er sich wappnen muss. So hat er sich angewöhnt, sich für die feingeistigen Schwingungen sensibler Menschen zu öffnen. Er lauscht ihren Worten, bewundert ihre ihm so fremde Durchlässigkeit.

Er kann sich den Gegebenheiten fügen
Tripa-Bäken war es sein Leben lang gewohnt, Fakten und Realitäten zu schaffen, an die andere sich anzupassen hatten. Mithilfe seines geschulten Bewusstseins beginnt er nun, sich den Gegebenheiten zu fügen und die Dinge so zu akzeptieren, wie sie sind. Themen wie Achtsamkeit, Annahme und Toleranz bedeuten für ihn Neuland, doch er ist ein wissbegieriger Schüler geworden, der es nun genießen kann, sich der Entscheidung anderer unterzuordnen und im Übrigen die Gesetze des Lebens zu befolgen. Die alten Überheblichkeiten, mit denen er sein Weltbild zementiert hat, hat der vollkommene Lung-Tripa längst überwunden. Er erlebt es als bereichernd, andere Meinungen zu hören, und ist offen für Kritik. Da er seine Schaffenskraft jetzt auch für altruistische Zwecke und für die Sozialgemeinschaft einsetzt, fliegen ihm nicht nur die Herzen der ewigen Jasager zu, sondern auch die seiner schärfsten Kritiker.

Mischtyp
Lung-Tripa-Bäken

Elemente: Luft und Raum, Feuer, Wasser und Erde
*Sie wirken sehr unkompliziert. Durch Ihr natürliches Wesen
gewinnen Sie schnell an Sympathien.*

So sind Sie

Körperbau und Aussehen

Gute Proportionen
Wegen der großen Bandbreite an Möglichkeiten lässt sich über
Ihr Aussehen keine eindeutige Aussage machen. Zu sagen ist
allenfalls, dass Sie meistens zu den durchschnittlich großen
Menschen mit einem sportlichen, beweglichen, insgesamt sehr
gut proportionierten Körper gehören. Ihre Gliedmaßen sind
fein, aber nicht knochig. Ihr Gesicht ist wohlgeformt, wirkt
offen und sympathisch. Mit Haut und Haaren dürften Sie
kaum Probleme haben. Bei Augen-, Haut- und Haarfarbe sind
alle Variationen möglich.

Die Lung-Tripa-Bäken-Persönlichkeit

Sie wissen selbst, was gut für Sie ist
Es gab schon Fälle, in denen sich Menschen mit Ihrer harmonischen Kombination beklagt haben: »Für alle anderen sechs
Typen gibt es Regeln, Richtlinien und Orientierungshilfen –
nur für meinen Typ nicht. Das ist ungerecht.« Sehen Sie das

auch so, gibt es nur zwei Möglichkeiten: Entweder sind Ihnen beim Ausfüllen der Checkliste Fehler unterlaufen oder aber Sie sind sich der Besonderheit Ihrer ausgewogenen Energien (noch) nicht bewusst. Machen Sie also zu Ihrer eigenen Sicherheit nochmals den Typentest.

Lung, Tripa, Bäken – von allem etwas
Sie sind eine psychisch gesunde, innerlich stabile Persönlichkeit. Anders als bei den anderen Typen gibt es bei Ihnen kein angeborenes Ungleichgewicht, das es durch Verhalten, Ernährung oder Lebensstil auszugleichen gälte. Daher ist es kaum möglich, Eigenarten oder Schwerpunkte zu benennen. Sie haben schließlich von allen Energietypen etwas: die Leichtigkeit, Kreativität und schnelle Auffassungsgabe der Lung-Natur, die Vitalität und das Selbstbewusstsein des feuerbetonten Tripa-Typs und die Belastbarkeit und Erdverbundenheit der Bäken-Persönlichkeit. Glückspilze wie Sie verfügen über die große Gabe, sich in jeder Lebenssituation angemessen verhalten zu können. Ihre Flexibilität macht Sie sympathisch und angenehm unneurotisch. Sie haben wenige »Macken«, Allüren oder Verhaltensauffälligkeiten, genießen den Respekt und das Vertrauen Ihrer Mitmenschen.

Für Sie ist das Glas immer halb voll
Durch Ihre harmonisch fließenden Energien sind Sie körperlichen und geistigen Belastungen gut gewachsen. Probleme verstehen Sie naturgemäß als Herausforderung. Mittels Ihrer positiven Lebenseinstellung gelingt es Ihnen oft, negative Themen in einem größeren Zusammenhang zu betrachten und ihnen etwas Gutes abzugewinnen.

Ärger hält nicht lange
Da Sie für Süchte und Abhängigkeiten nicht besonders anfällig sind und meistens aus Fehlern lernen, gibt es in Ihrem Leben

kein großes Problemthema. Insgesamt halten Ärger oder schlechte Stimmung nicht sehr lange an, weil Sie bestrebt sind, sofort die bestmögliche Lösung zu finden – und zwar mit dem geringsten Aufwand. Beneidenswert, eigentlich gibt es kaum etwas, das Sie für längere Zeit aus dem Gleichgewicht bringt, es sei denn, Sie sind lange Zeit extremen Bedingungen ausgesetzt.

Nur Sie kennen den Weg zum Ziel
Alles in allem können Sie also mit sich und der Welt bestens zufrieden sein. Doch auch Sie haben eine Lebensaufgabe, und die ist gar nicht so einfach. Bei Ihnen geht es darum, Ihre Fähigkeiten optimal zu entwickeln, Ihren Visionen zu folgen, Ihre Berufung zum Beruf zu machen und Ihren Bedürfnissen nachzugehen. Das Schwierigste dabei: Welche Wege zu diesen Zielen führen, müssen Sie selbst herausfinden.

Mit anderen Worten tragen ausnahmslos Sie die Verantwortung für Ihr Lebensglück. Sie können sich ja nicht auf eine angeborene Schwäche herausreden, wenn Ihnen etwas nicht gelingt, wenn Sie falsche Entscheidungen treffen oder irgendwo nicht weiterkommen. Selbst wenn Sie krank werden, müssen Sie zuerst sich selbst fragen, was bei Ihnen nicht stimmt.

Besondere Aufgaben warten auf Sie
Die Hüter der Weisheit aus dem Himalaja sind der Meinung, dass Ihnen vom Schicksal ein besonderer Auftrag zugeteilt wurde, der dem Wohl aller Menschen dient. Sollten Sie also so einen »Auftrag« in sich spüren, ermuntert Sie die Harmonielehre, dieser Berufung nachzugehen. Immerhin sind Sie mit außerordentlichen Fähigkeiten ausgestattet. Auf eine davon können Sie übrigens sehr stolz sein: Sie wissen immer ziemlich genau, was Sie wollen, was Sie brauchen, was wann zu tun ist. Ihre gesunden Instinkte, Ihre Intuition und Ihr gesunder Menschenverstand helfen Ihnen immer, wenn es schwierig wird. Sie können sich darauf verlassen.

Körper und Gesundheit

Ihre Schwachstellen
Nur äußere Faktoren machen Sie krank
Sie müssen nicht unbedingt mit ernsthaften Gesundheitsproblemen rechnen. Trotzdem können Sie sich natürlich mit Viren anstecken, sich das Bein brechen oder Kopfweh bekommen, genau wie jeder andere. Haben Sie zum Beispiel eine leichte Lung-Dominanz – etwa bei einer Punkteverteilung von 40–30–30, können Sie bei den Heilmaßnahmen für den Grundtyp Lung nachschauen, bei einer Tripa-Dominanz beim Grundtyp Tripa und bei besonders vielen Punkten unter der Rubrik Bäken beim Grundtyp Bäken.
Krankheiten entstehen bei Ihnen durch äußere Faktoren wie

- falsche Ernährung,
- Umweltbelastungen,
- Stress,
- einen ungesunden Lebensstil.

Geht es Ihnen gesundheitlich mal nicht gut, müssen Sie also immer überlegen, welche der genannten Faktoren infrage kommen: Haben Sie sich beruflich überfordert, schlecht ernährt, zu wenig geschlafen, zu viel getrunken oder geraucht?

Wege zur Harmonie

Für Sie gelten die allgemeinen Regeln zur Gesunderhaltung von Körper, Geist und Seele.

Was hilft und heilt

Leben Sie nach den Naturgesetzen

Wie alle lebendigen Kreaturen sind auch Sie den Gesetzmäßigkeiten der Natur unterworfen. Beschäftigen Sie sich mit ihnen! Viele Menschen wissen nicht mehr, was es eigentlich heißt, im Einklang mit der Natur zu leben. Hier einige Gesundheitsgesetze:

Das Gesetz über die drei Grundpfeiler des Lebens

Das Haus, das unseren Körper darstellt, steht auf drei Pfeilern: Essen, Schlaf und Sex. Sie sind das Fundament unserer Körpergesundheit und unseres seelischen Wohlbefindens, aus ihnen schöpfen wir Lebenskraft und Lebensmut. Sorgen Sie dafür, dass diese Basis in Ihrem Leben stimmt. Nehmen Sie ausgewogene Nahrung zu sich, achten Sie auf ausreichend Schlaf und leben Sie Ihre Sexualität.

Das Gesetz der natürlichen Rhythmen

Organe, Herzschlag, Atmung, Verdauung – alles funktioniert nach seinem eigenen Rhythmus. Unsere Biorhythmen sind die Voraussetzung für unsere Anpassungsfähigkeit. Ohne sie wären wir außerplanmäßigen Belastungen und Stress nicht gewachsen. Doch um für Notfälle gerüstet zu sein, müssen wir unsere inneren Abläufe durch ein regelmäßiges Leben unterstützen. Die wichtigsten Körperrhythmen betreffen Essen, Ruhe und Bewegung:

- Essen Sie regelmäßig und passen Sie Ihre Mahlzeiten Ihren Lebensumständen an.
- Gehen Sie zu festen Zeiten zu Bett. Sie brauchen sieben bis neun Stunden Nachtschlaf. Auch tagsüber verlangt Ihr Körper nach Phasen der Anspannung immer wieder Ruhe und Entspannung.
- Bewegen Sie sich täglich. Es reicht schon ein 20-minütiger Spaziergang an der frischen Luft, um die Energiereserven aufzufüllen.

Das Gesetz der richtigen Nahrungsaufnahme

Viele westliche Menschen verstehen nicht, warum die Heilkundigen aus dem Himalaja der Verdauung so viel Aufmerksamkeit schenken. Die Tibeter sehen dieses Thema in größerem Zusammenhang: Verdauungsfeuer ist für sie gleichbedeutend mit Lebensfeuer und meint im Grunde alle Vorgänge des Aufnehmens, Verarbeitens und Abgebens. Unsere Schwierigkeit, körperliche, mentale und emotionale »Inputs« zu verarbeiten, gilt in der tibetischen Naturheilkunde als Grundkrankheit aller Lebewesen. Um diese Wurzel aller Krankheiten zu behandeln, kann man bei der körperlichen Verdauung ansetzen. Funktioniert diese, kann Nahrung bis in die äußersten Gewebeschichten und über den Körper hinaus in die feinstofflichen Ebenen des Seins vordringen. So gesehen ist es verständlich, dass sich ein tibetischer Arzt bei jeder Krankheit auch der jeder Störung zugrunde liegenden Verdauungsstörung widmet.

So aktivieren Sie Ihre Verdauungshitze:
- Essen Sie viele Granatapfelkerne. Sie gelten als »unübertreffliche Arznei« bei allen Störungen der Verdauungshitze.
- Trinken Sie vor, während und nach dem Essen ein Glas abgekochtes, heißes Wasser.

- Trinken Sie öfter ein Glas Ingwertee nach folgender Zubereitung: Zehn Minuten lang ein Stück Ingwer in etwas Wasser köcheln lassen, evtl. mit Honig süßen.
- Essen Sie viel Knoblauch, Zwiebeln, schwarzen Rettich, Fisch, Hammel und Lamm.
- Nehmen Sie vor dem Essen etwas Saures zu sich.
- Kauen Sie gründlich. Vor dem Schlucken sollte die Nahrung fast schon flüssig sein, damit der vorverdauende »mischende Schleim« ansteigt, der die Verdauungshitze im Magen entlastet.

Besser leben

Akzeptieren Sie, dass Genuss Grenzen hat

Leben Sie! Aber hüten Sie sich vor Übertreibung und Exzess. Spaß und Genuss sind eine gute Sache. Doch auch Grenzen gehören zum Leben. Hier erinnert der Buddhist an ein Naturgesetz, das in unserer Spaßgesellschaft ziemlich in Vergessenheit geraten ist. Der Mensch verliert die Fähigkeit zum Genuss, wenn er dabei maßlos wird und Grenzen überschreitet. Gemeint ist damit jede Art von Übertreibung – bei Drogen oder Alkohol, Zigaretten, Kaffee, Süßigkeiten, Konsum, Sex, Arbeit, Fernsehen und vielem mehr. Wir tun gut daran, uns freiwillig bei allem, was wir gerne und ausgiebig tun, einzuschränken.

Freiwillig oder gezwungenermaßen: Wir haben die Wahl

Die Natur gibt uns nur zwei Möglichkeiten: Entweder wir begrenzen uns selbst oder wir bekommen die Grenzen von außen gesetzt. Dann erfahren wir sehr schmerzhaft, dass der Körper Übertreibungen nur bis zu einem gewissen Grad toleriert. Krankheit ist der Weg der Natur, den Menschen zur Einsicht zu zwingen. Die Tibeter sehen das ganz positiv: Mutter

Natur liebt uns so, dass sie es nicht mit ansehen kann, wie wir uns mit Genusssucht und Exzessen ruinieren. Sie warnt uns immer wieder mit kleineren Beschwerden. Erst wenn wir uns wieder und wieder weigern, ihre Signale zu verstehen, ergreift sie drastische Maßnahmen und wir werden ernsthaft krank. Das Paradoxe am Genuss ist, dass wir ihn nur genießen können, wenn wir gesund sind.

Die richtige Ernährung

Essen Sie nach Lust und Laune und richten Sie sich dabei nach Ihren Lebensumständen.

Grundregeln der tibetischen Ernährungslehre:
- Teilen Sie vor jeder Mahlzeit in Gedanken den Magen in vier Teile: Die Hälfte der verzehrten Nahrungsmittel soll feste Konsistenz haben, ein Viertel soll flüssig sein, das restliche Viertel des Magens soll leer bleiben.
- Trinken Sie vor, während und nach dem Essen keine kalten Getränke. Die meiste Flüssigkeit sollte man während des Essens (warme Getränke) und danach aufnehmen.
- Beziehen Sie die natürlichen, tageszeitlichen und jahreszeitlichen Schwankungen der drei Energien in Ihre Ernährung mit ein.

So könnte Ihr Essen für einen Tag aussehen

Frühstück
Nehmen Sie zum Frühstück nahrhafte Lung-Kost zu sich. Ein Vorschlag:
Früchteflocken
Weizenflocken kurz mit etwas Wasser aufkochen und einige Minuten bei leichter Flamme köcheln lassen. Währenddessen

einige zuvor in Wasser eingeweichte Trockenfrüchte wie Pflaumen, Rosinen oder Aprikosen kurz mitkochen. Würzen Sie mit Zimt und Kardamom und geben Sie einige geschälte Süßmandeln hinzu (am Abend vorher einweichen, damit die Schale sich löst). Als Getränk dazu passt Kräutertee mit Fenchel, Anis oder Kümmelsamen.

Das Mittagessen
Zum Mittag empfiehlt sich kühlende Tripa-Kost, zum Beispiel: Vorab einen Rucolasalat mit Mungobohnensprossen, dazu ein Dressing aus Buttermilch mit etwas Koriander. Die Hauptspeise kann aus einem vegetarischen Tofugericht mit schwarzen Linsen oder Kichererbsen bestehen, gekocht mit gesalzener Butter, dazu etwas Safranreis. Als Nachspeise: süße Früchte.

Das Abendessen
Das Abendessen sollte aus leicht verdaulicher Bäken-Nahrung zubereitet sein, zum Beispiel: Gemüseauflauf mit grünem Blattgemüse auf Basis von Eiern und Tsampa (Rezept Seite 199 f.), gewürzt mit Koriander und schwarzem Pfeffer.

Jahreszeiten und Geschmacksrichtungen
Orientieren Sie sich bei der Wahl Ihrer Lebensmittel auch an den Jahreszeiten. Jede hat ihre eigene Geschmacksrichtung. Eine größere Auswahl an Lebensmitteln, die zu den Geschmäcken passen, finden Sie auf Seite 22 ff.

Von Winter bis Frühjahr
Von Januar bis Mitte Mai wird Nahrung der Geschmacksrichtungen bitter, scharf und zusammenziehend empfohlen – zum Beispiel gekochtes Getreide, Ingwer, Hammel- und Lammfleisch, Kresse, Zwiebeln und scharfe Gewürze wie Chili oder Pfeffer.

Von Frühsommer bis Sommer
Essen Sie von Mitte Mai bis Mitte August hauptsächlich süß. Zu dieser Geschmacksrichtung gehören Artischocken, Bohnen, Erbsen, Honig, Melasse, Safran, Zimt, jede Art von Fleisch und Fisch, Milch von Kuh oder Ziege, alle Getreidearten, wie z.b. Buchweizen, Gerste, Hirse, Reis, Rispenhirse, Roggen, Weizen sowie süße Früchte wie Erdbeeren, Kirschen oder Wassermelone (wenn es sehr heiß ist), außerdem stärkehaltige Nahrung wie Kartoffeln oder Mais.

Im Spätsommer
Die empfehlenswerten Geschmäcke von Mitte August bis Mitte September sind süß, sauer, salzig – enthalten zum Beispiel in Ghee, Sesamöl, Fleischbouillon, Fisch, Fleisch von Hammel, Hase, Huhn, Lamm, Hafer, Kartoffeln, Knoblauch, Koriander, Linsen, Mais, Muskat, Roggen, Trauben.

Im Herbst
Bevorzugen Sie Mitte September bis Ende Oktober Lebensmittel mit den Geschmäcken süß, bitter und zusammenziehend, etwa Artischocken, Bockshornklee, Buchweizen, Erbsen, Linsen, Mais, Fisch und Früchte wie Aprikosen, Pflaumen oder Mango.

Zum Winterbeginn
Im November, Dezember wirken sich Nahrungsmittel mit den Geschmäcken süß, sauer und salzig positiv auf den Organismus aus. Zu ihnen zählen Fleisch vom Hammel und Huhn, Fisch, Fleischsuppe, Sesamöl.

Wellness

Wenn es Ihnen mal nicht gut geht, bringen sanfte Methoden Sie wieder ins Lot.

Tibetische Wellness-Massagen

Die folgenden Tipps stammen aus der tibetischen Heiltradition, gehören in der tibetischen Bevölkerung aber inzwischen zur Volksmedizin, die von Generation zu Generation weitergegeben wird.

Verwöhn-Massage

Tibetische Massagen unterscheiden sich eigentlich kaum von unseren Wohlfühlmassagen. Beginnen Sie mit langen, streichenden Bewegungen und verteilen Sie dabei das Massageöl über den gesamten Körper – angefangen beim Kopf und den Ohren über die Hand- und Fußflächen, die Brust, den Rücken und die Arme bis zu den Beinen. Nun führen Sie mit den Handballen oder der ganzen Handfläche kräftige, kreisende Bewegungen aus. Bitte keinen Druck ausüben. Im Magen-Darm-Bereich soll jede Bewegung nur im Uhrzeigersinn erfolgen. Behandeln Sie auf diese Art alle verspannten Partien, auch steife Gelenke. Sparen Sie die empfindlichen Bereiche um die Augen und das Herz sowie die Genitalien aus. Bei der anschließenden Knettechnik werden alle fleischigen Körperzonen bearbeitet. Beginnen Sie an den Schultern, machen Sie weiter mit den Armen, den Oberschenkeln, dem Rücken, dem Gesäß und den Waden. Ziel ist es, Verhärtungen aufzuweichen, die sich hauptsächlich in den fleischigen Teilen des Körpers festsetzen. Die Muskeln sollen weich werden wie Teig, sagen die Tibeter.

Mindestens ebenso wichtig wie die Techniken sind die Massageöle. Die Tibeter benutzen neben Öl (meistens Sesamöl) auch Butter, die mit entsprechenden Gewürzen gemischt wird. Da sie warm und flüssig sein muss, wird sie immer direkt vor der Behandlung zubereitet. Hier zwei Rezepte:

Muskatbutter
Zutaten:
- 1 TL Muskatnusspulver
- 1 TL Gerstenmehl
- 2 TL geschmolzene Butter

Die flüssige Butter mit den Zutaten mischen, bis eine Paste entsteht.

Muskat-Anis-Butter
Zutaten:
- 1 TL Muskatnusspulver
- 1 TL frisch mit dem Mörser gemahlenes Anissamenpulver
- 1 1/2 TL geschmolzene Butter

Alles zu einer breiartigen Creme vermengen.

Beruf und Berufung

Sie sollten einen Beruf wählen, der dem Wohl vieler Menschen dient.

Stehen Sie zu Ihrem Anliegen
Als Mensch mit besonderen Begabungen ist für Sie die Wahl des Berufs von großer Bedeutung. Schließlich ist das der Bereich, in dem Sie einen Großteil Ihrer Fähigkeiten verwirklichen können. Sie lieben Ihre Arbeit, wenn Sie viel mitreden, frei über Ihre Zeit verfügen und Ihre eigenen Ideen realisieren können. Menschen Ihres Typs sind unkonventionelle Freigeister. Deshalb trifft man Sie höchstens vorübergehend in lang-

weiligen Routinejobs an. Sie möchten ja viele Ihrer Fähigkeiten ausprobieren. Viele Lung-Tripa-Bäkens legen ein Sabbatical ein und reisen um die Welt, vielleicht bleiben sie dabei irgendwo hängen, wo es ihnen gefällt. Insgesamt sind die beruflichen Wege dieser Charaktere oft verschlungen und voller Überraschungen.

Grundsätzlich dürften Lung-Tripa-Bäkens in jeder Berufssparte einen guten Job finden. Die tibetische Harmonielehre rät Ihnen aber, einen Beruf zu wählen, in dem Sie möglichst viele Menschen erreichen. Die Weisen aus Tibet unterstellen Ihnen sogar, dass Sie eine Botschaft haben, und ermuntern Sie, dafür einzustehen. Erforschen Sie also, ob Ihnen etwas besonders am Herzen liegt. Welches ist Ihr inneres Anliegen?

Personen mit ausgewogener Energiekombination haben der Menschheit schon viel Gutes erwiesen. Sie haben neue Heilkünste erforscht und sich für ihre Verbreitung eingesetzt. Sie waren Prediger, Weise und geistige Lehrer, die anderen Trost, Hilfe und Orientierung vermittelten. Einige schrieben großartige Bücher, andere gründeten neue Lebensgemeinschaften, manche von ihnen waren wunderbare Lehrer, die ihren Schülern allerbeste Grundlagen fürs Leben weitergaben. Wieder andere gingen ins Kloster, weil sie dort ihre Lebensaufgabe fanden. Dieses sind nur Beispiele. Sie zeigen, was möglich ist, wenn ein Mensch wie Sie sein Potenzial nutzt.

Das, was nur wenigen Menschen beschieden ist, kann der ausgewogenen Persönlichkeit durchaus gelingen: ein persönliches Interessengebiet so aufzubereiten, dass es Geld einbringt. Forscher und Erfinder, die sich in eine grandiose Idee verliebt haben und dabei ganz unbeabsichtigt reich werden, gehören zu diesem Typ. Im Übrigen sind viele dieser Individualisten sehr hedonistisch veranlagt – und gleichzeitig sehr reflektiert: Sie legen sich rechtzeitig etwas auf die hohe Kante, um möglichst früh aus dem Berufsleben auszusteigen und das Leben zu genießen.

Das Liebesleben des Lung-Tripa-Bäken-Typs

Es gibt keinen falschen Partner für Sie
Eigentlich können Sie darauf vertrauen, dass der Partner, für den Sie sich entscheiden, der richtige ist. Zum einen lassen Sie sich bei der Partnerwahl nur selten von falschen Vorstellungen leiten, zum anderen verfügen Sie über gute Menschenkenntnis und ausgeprägte Instinkte. Auch die Tibeter glauben, dass es für Sie keinen falschen Partner gibt, weil Sie durch Ihre innere Ausgeglichenheit und Ihre Anpassungsfähigkeit in der Lage sind, mit sehr vielen Menschen eine gute Beziehung zu gestalten. Sie besitzen außerdem die Gabe, die Schwachstellen eines Partners auszugleichen und ihn durch Ihre gute Energie positiv zu beeinflussen. An Ihrer Seite gelingt es anderen Menschen, sich selbst besser zu entfalten und ihre Stärken zu entdecken. Alles in allem also optimale Voraussetzungen für eine Beziehung, in der beide Partner sich respektvoll behandeln und unterstützen. Die Tibeter raten übrigens allen Menschen, einen Partner der gleichen Konstitution zu wählen – weil sie sich eben in vielem so ähnlich sind. In solchen Beziehungen versteht jeder intuitiv, was den anderen motiviert und vorantreibt. Der negative Aspekt solcher Partnerschaften, dass beide Partner gegenseitig ihre negativen Tendenzen verstärken, besteht bei zwei Menschen mit vollkommen ausgeglichenen Energien nicht.

Lung-Tripa-Bäken und Lung-Tripa-Bäken als Paar
Die statistische Wahrscheinlichkeit, dass zwei Menschen Ihres Typs sich finden und ein Liebespaar werden, ist relativ gering. Unter hundert Menschen haben nur zehn Ihren Konstitutionstyp. Und unter diesen zehn Personen dann noch jemanden zu finden, der zu einem passt, dürfte nicht ganz einfach sein.

Der Traum von der großen Liebe
Sollte es Ihnen dennoch gelingen, einen Partner vom gleichen
Typ zu finden, haben Sie allen Anlass, Ihrem Schicksal zu
danken. Zwei Lung-Tripa-Bäken-Persönlichkeiten können
eine ungewöhnlich harmonische Partnerschaft eingehen. Ihre
Chancen stehen gut, den Traum aller Paare zu realisieren und
die große Liebe ein Leben lang zu leben. Ein solches Paar hält
man sich gerne vor Augen, wenn man ein Beispiel für zwei
Liebende sucht, denen der Absprung von der romantischen
Liebe in die Alltagstauglichkeit gelungen ist. Seite an Seite er-
arbeiten sich diese beiden »runden« Persönlichkeiten eine
Form des Miteinanders, die ihren Lebensbedingungen entspricht. Sie sind klug genug, die Fallstricke jeder Ehe zu umgehen, nämlich mit der Heirat in die Rolle der eigenen Mutter
beziehungsweise des eigenen Vaters zu schlüpfen und die Fehler der Eltern zu wiederholen. Zwei Lung-Tripa-Bäkens besitzen meistens genügend Bewusstsein, sich ein Beziehungsmodell
zu schaffen, das frei von alten Rollenvorbildern ist.

Lung und Lung-Tripa-Bäken als Paar s. S. 83 f.
Tripa und Lung-Tripa-Bäken als Paar s. S. 116 ff.
Bäken und Lung-Tripa-Bäken als Paar s. S. 145 f.
Lung-Tripa und Lung-Tripa-Bäken als Paar s. S. 178 f.
Lung-Bäken und Lung-Tripa-Bäken als Paar s. S. 210 f.
Tripa-Bäken und Lung-Tripa-Bäken als Paar s. S. 241 ff.

Die glückliche Lung-Tripa-Bäken-Persönlichkeit

Diesem Typ dürfte es schwerfallen, im Leben eine völlig falsche Richtung einzuschlagen. Dazu besitzt er zu viele gesunde
Instinkte. Und begeht er doch einmal einen Fehltritt oder lan-
det in einer Sackgasse, ist er klug genug, rechtzeitig umzukeh-
ren und es besser zu machen.

Der Glaube an sich selbst
In seiner erlösten Form ist es Lung-Tripa-Bäken gelungen, an sich zu glauben. Er hat gelernt, seiner Intuition zu vertrauen, die ihm schon so oft weitergeholfen hat, denn sie weist ihm den Weg nach innen. Außerdem erkennt er seine Bedürfnisse und geht ihnen auf eine Art und Weise nach, dass anderen kein Schaden entsteht. Auch seine vielen Talente hat er ausprobiert und entwickelt, denn seine Seele möchte möglichst viele Facetten des Lebens auskosten.

Es gibt kein Patentrezept
Für das Lebensglück dieses Typs gibt es kein Patentrezept. Und so weiß er, dass er den Weg zum guten Menschen über weite Strecken oft alleine gehen muss, denn seine Pfade sind sehr individuell und führen oftmals über einsame Strecken. Aber das Wissen um den rechten Weg, der wie so oft in der goldenen Mitte liegt, ist tief verwurzelt und stets abrufbar.

Menschen mit Vorbildcharakter
Da der glückliche Lung-Tripa-Bäken sein Leben frei von Normen und stark nach eigenen Vorstellungen gestaltet, kann es sein, dass er hin und wieder die Rolle des Außenseiters einnimmt, ohne dabei unangenehm aufzufallen. Im Gegenteil, sein Verhalten wirkt so überzeugend, dass er eine Menge Nachahmer finden dürfte. Selbst im engen Kreis der Familie oder im Freundeskreis erobern sich diese Charaktere sehr schnell eine Vorbildfunktion.

Ein Meister von hohem Bewusstsein
Im Zustand geistiger Reife hat der harmonische Typ eine hohe Bewusstseinsschulung durchgemacht. Er praktiziert spirituelle Techniken, um die Kanäle seines Bewusstseins für höheres Wissen zu öffnen. So findet er immer wieder Mittel und Wege, sich neue Quellen der Kraft zu erschließen. Er ist ein Mensch

auf hoher, wenn nicht gar auf höchster Bewusstseinsstufe, einer, den man gerne um Kraft oder um Rat bittet und dem man sein Leben anvertraut. Er kann es bis zur höchsten Meisterschaft in diesem Leben bringen.

Auf einen Blick

Tibetische Heilmittel

Räucherstäbchen rlung-poe

Wegen ihrer stark entspannenden Wirkung eignen sich die Räucherstäbchen besonders gut, um nach starkem Stress, wenn also die Lung-Energie zu stark angestiegen ist, wieder zu sich zu kommen. Besonders hilfreich ist der Duft für lungbetonte Typen und zur Unterstützung von Meditation. Rlungpoe energetisiert das Stirnchakra, entspannt körperlich und emotional und fördert die Kommunikation nach innen. Erhältlich online, u.a. bei www.tibet-waren.de unter dem Begriff »Sorig Stress Incense«.

Tibetische Heilmittel aus der Schweiz

Im Westen gibt es nach wie vor nur eine einzige Firma, die tibetische Heilmittel nach westlichem Standard herstellt: Die in der Schweiz ansässige Padma AG (Adresse im Anhang). Das Unternehmen produziert seit über 40 Jahren gemäß international gültigen pharmazeutischen Qualitätsrichtlinien Arzneimittel und Nahrungsergänzungsmittel auf Basis der Tibetischen Medizin. Die in diesem Buch beschriebenen Padma-Produkte sind in Deutschland, Österreich, Holland und der Schweiz sowie in weiteren Ländern Europas erhältlich. Da sich die Vorschriften der einzelnen Länder für Naturheilmittel sehr stark unterscheiden, gibt es für viele Präparate in unterschiedlichen Ländern unterschiedliche Bezeichnungen und Bezugsregelungen.

Für dieses Buch wurden die Präparate in Dosierung und Anwendung jedem Konstitutionstyp sozusagen individuell auf den Leib geschneidert. Damit sind Wirkung und Verträglichkeit optimiert. Auch tibetische Ärzte passen die Dosierung und Anwendung ihrer Heilmittel der Konstitution, den Lebensumständen, dem Klima und den Jahreszeiten an.

Im Folgenden die wichtigsten Padma-Heilmittel und ihre Dosierung für die drei Grundtypen. Mischtypen sollten die Präparate je nach Beschwerdebild entsprechend einsetzen.

Padma 28

Padma 28 ist das bekannteste auf Tibetischer Medizin basierende Kräuterpräparat im Westen und das am besten erforschte Präparat aus der Tibetischen Medizin überhaupt. Unzählige Studien haben seine Wirksamkeit bei Herz-Kreislauf-Krankheiten bestätigt, die durch Gefäßverengungen (Arteriosklerose) verursacht werden – und zwar vorbeugend wie auch heilend. Empfehlenswert ist das Präparat bei Risikotypen für Arteriosklerose, etwa durch Übergewicht, Rauchen, Stress, Diabetes oder eine sitzende Tätigkeit, und bei chronischen Entzündungen. In diesem Buch werden vor allem die immunstärkenden, antioxidativen, cholesterinsenkenden, Herz und Kreislauf schützenden Eigenschaften erwähnt, doch wie alle Heilmittel der tibetischen Tradition wirkt Padma 28 auch auf sehr vielen anderen Ebenen regulierend. Es wird zum Beispiel auch gegen chronische Hepatitis eingesetzt. Die Formel enthält eine Vielzahl verschiedener getrockneter und gemahlener, ansonsten aber unveränderter Pflanzenteile sowie natürlichen Kampfer und den Mineralstoff Kalziumsulfat. Die Zusammensetzung basiert auf der tibetischen Gabur-25-Rezeptur (*Gabur* = Kampfer). Sie wirkt kühlend, also antientzündlich und das Immunsystem harmonisierend, sowie lung-stärkend.

Dosierung:

Lung	Bei Stress, der auf den Körper schlägt: 1–2 Kapseln täglich, am besten morgens.
Tripa	Bei Stress und Arteriosklerose-Risiko: 3x2 Kapseln pro Tag für 1–2 Monate oder bei anhaltenden Beschwerden 1–3 Kapseln pro Tag über längere Zeit.
Bäken	Bei Arteriosklerose-Risiko durch Bewegungsmangel und Übergewicht: Dosierung wie bei Tripa.

Erhältlich

in Deutschland: unter dem Namen Padma 28 nur auf ärztliches Rezept in Apotheken.

in Österreich: als Padma Circosan rezeptfrei in Apotheken.

in der Schweiz: als Padma 28 rezeptfrei in Apotheken und Drogerien.

Padma Digestin

Padma Digestin, die tibetische Formel Se 'bru 5 (gesprochen: *Sedu ngaba*), ist ein klassisches tibetisches Hausmittel bei Verdauungsbeschwerden. Neben ihrem Hauptbestandteil, den Granatapfelsamen, enthält die Formel Kardamom, Galgantwurzel, Langen Pfeffer und Zimtkassie. Nach tibetischer Lehre fördert die wärmende Rezeptur die Verdauungshitze, die im Tibetischen *metö* heißt. Metö ist für eine gute Gesundheit auf lange Sicht von großer Bedeutung. Auch kalte Hände und Füße können nach tibetischer Lehre von ungenügender Verdauungshitze herrühren. Die Gewürzmischung stärkt die gesamte Verdauung und wird bei Neigung zu Verdauungsschwäche, die sich z. B. durch Blähungen und Völlegefühl zeigt, eingesetzt. Zudem regt sie den Appetit an und kann die »Nierenenergie« stärken, die direkt mit der Sexualkraft/Libido in Verbindung steht. Geschwächte Nierenenergie äußert sich auch durch Kreuzschmerzen und Ischias-beschwerden. Die Kapseln eignen sich besonders für alle Typen mit starken Lung-Anteilen (generell schwache Verdauung) und mit hohen Bäken-Anteilen (träge Verdauung). Ein gestärktes Metö hilft auch bei Allergien und Nahrungsmittelunverträglichkeiten und nach der Einnahme von Antibiotika.

Dosierung:

Lung: Bei Verdauungsproblemen und Reizdarm: 3x1 Kapsel nach den Mahlzeiten, evtl. auf bis zu 3x2 steigern.

Tripa: Da der Tripa-Typ meistens über gutes Verdauungsfeuer verfügt, ist das Präparat bei ihm nur in Ausnahmefällen angezeigt.

Bäken: Bei träger Verdauung und bei Flüssigkeitsstau in den Beinen. Allerdings Vorsicht: Das Essen schlägt dann besser an. Bei akuten Beschwerden 1 bis 2 Kapseln, maximal 6 pro Tag. Zur Stärkung der Verdauung morgens vor dem Essen 1 bis 2 Kapseln. Über einen längeren Zeitraum eingenommen (3 Monate), sollten Sie eine niedrige Dosis von 1 bis 2 Kapseln wählen, am besten mit heißem Wasser eine Stunde vor dem Frühstück und eine Stunde nach dem Abendessen.

Erhältlich
in Deutschland: Kann in deutschen Apotheken via Österreich bestellt werden.
in Österreich: rezeptfrei in Apotheken.
in der Schweiz: rezeptfrei in Apotheken und Drogerien des Kantons Appenzell Ausserrhoden.

Padma Hepaten

Padma Hepaten, tib. Bras bu 3 thang (sprich: *debu-sum-thang*), hat gemäß tibetischer Charakterisierung leicht kühlende Eigenschaften. Es fördert den Fluss der Galle-Energie und

die Körperwärme. Das Leber-Regulans wird bei einer ge-
schwächten Leberfunktion angewendet, die sich häufig durch
rasche Ermüdung, Appetitlosigkeit, Kopfschmerzen, Blähungen und Verstimmungszustände äußert, und besonders nach
einer durchlittenen Leberentzündung sowie bei Beschwerden
nach einer Gallenblasenentzündung. Es unterstützt die Leber
bei der Entschlackung sowie Entgiftung.

Erhältlich
in Deutschland: Kann in deutschen Apotheken via Österreich
bestellt werden.
in Österreich: rezeptfrei in Apotheken.
in der Schweiz: rezeptfrei in Apotheken und Drogerien des
Kantons Appenzell Ausserrhoden.

Padma Nervotonin

Die klassische tibetische Rezeptur hat leicht wärmende Eigenschaften und wird bei der Behandlung von überschießender
Lung-Energie angewendet. Sie stärkt den »lebenserhaltenden
Wind« und hilft vor allem in psychischen Stresssituationen
(Prüfung, Trauer, Emotionen). Stabilisiert die Nerven und
hilft bei Einschlaf-Problemen (es ist allerdings kein Schlafmit-
tel).
Um die reduzierende Wirkung auf Lung zu verstärken, sollte
das Mittel mit heißer Fleischsuppe (Rindssuppe, Fleischbrühe) oder mit heißer Milch eingenommen werden. Padma Ner-
votonin wendet man kurmäßig über zwei bis drei Monate
oder nur in Stresszeiten an.

Dosierung:

Lung: Wenn die Nerven blank liegen und bei überschießenden Emotionen: Bis zu 3x2 Kapseln regelmäßig einnehmen.
Tripa: Rund um Stresssituationen, insbesondere auch nach stressbedingter Erschöpfung oder Burnout: morgens und abends je 2 Kapseln mit genügend Flüssigkeit einnehmen.
Bäken: Rund um Stresssituationen. Dosierung wie bei Tripa.

Erhältlich
in Deutschland: Kann in deutschen Apotheken via Österreich bestellt werden.
in Österreich: rezeptfrei in Apotheken.
in der Schweiz: rezeptfrei in Apotheken und Drogerien des Kantons Appenzell Ausserrhoden.

Padma Lax
Padma Lax war 1970 die erste Formel aus der Tibetischen Medizin, die in der Schweiz erhältlich war. Sie basiert auf einer erweiterten sogenannten Zhi-byed-Rezeptur aus der Tibetischen Medizin und hat verstärkte abführende und darmreinigende Eigenschaften. Die offensichtlichste Verwendung ist die kurzfristige Anwendung bei akuter Verstopfung und bei Erkrankungen, die einen leichten Stuhlgang erfordern. Das Präparat zeigt jedoch auch sehr gute Resultate beim Reizdarmsyndrom vom Verstopfungstyp. Beachten Sie bitte hierzu auch die Anwendungstipps beim Bäken-Typ zum Thema Fasten auf Seite 135.

Erhältlich
in Deutschland: nur auf ärztliches Rezept in Apotheken.
in der Schweiz: rezeptfrei in Apotheken und Drogerien.

Symptomliste

Die tibetische Gesundheitslehre misst den Symptomen große
Bedeutung bei. An ihnen lässt sich feststellen, welche der drei
Energien gestört ist. Da jeder Mensch Anteile aller drei Ener-
gien in sich trägt, kann theoretisch jede Energie gestört sein –
auch wenn sie nur schwach ausgeprägt ist.
Sind Sie zum Beispiel ein Lung-Tripa-Typ, kann durchaus
auch Ihre Bäken-Energie aus der Balance geraten. Dann leiden
Sie unter bäken-typischen Beschwerden wie Antriebslosigkeit,
Ödemen oder einem anderen Symptom aus der Bäken-Rubrik.
Wählen Sie in diesem Fall bitte die beim Grundtyp Bäken auf-
gezählten Heilmittel.

Aggression	Tripa
Allergien	Lung
Anfälle, cholerische	Tripa
Ängste, unbestimmte	Lung
Antriebslosigkeit	Bäken
Apathie	Bäken
Appetitlosigkeit	Bäken
Appetitmangel	Lung
Ärgerlichkeit	Tripa
Arteriosklerose	Tripa
Arthrose	Bäken
Asthma	Bäken
Augeninfekte	Tripa
Benommenheit	Bäken
Blähungen	Lung

Blutdruck, niedriger	Bäken
Bluthochdruck	Tripa
Blutkrankheiten	Tripa
Blutvergiftung	Tripa
Bronchitis, chronische	Bäken
Cholesterinspiegel, hoher	Tripa
Darmträgheit	Bäken
Diabetes	Bäken
Dünndarmentzündung	Tripa
Durchfall	Tripa
Ekzeme, allergische	Lung
Entzündungen, eitrige	Tripa
Fanatismus	Tripa
Feindseligkeit	Tripa
Fieber	Tripa
Funktionsstörungen, organische	Lung
Gallensteine	Tripa
gelbliche Bindehäute	Tripa
Geschmackssinns, Verlust des	Bäken
Gesicht, aufgedunsenes	Bäken
Glieder, schwere	Bäken
Gliedersteifheit	Lung
Grübeln, ständiges	Lung
Hände und Füße, geschwollene	Bäken
Harnwegsinfekte	Bäken
Hass, Wut	Tripa
Hepatitis	Tripa
Herzprobleme, nervöse	Lung
Hitzegefühl, ständiges	Tripa

Hüftgelenksarthrose	Lung
Hunger und Durst, ständiger	Tripa
Ignoranz	Bäken
Impulsivität	Lung
Infektionskrankheiten	Tripa
Kältegefühl, ständiges	Bäken
Kopfschmerzen, stechende	Tripa
Körpergeruch, übler	Tripa
Kritiksucht	Tripa
Lärmempfindlichkeit	Lung
Leberprobleme	Tripa
Lendenschmerzen	Bäken
Lider, geschwollene	Bäken
Magengeschwüre	Tripa
Migräne	Tripa
Muskelverspannungen	Lung
Nervenkrankheiten	Lung
Nervosität	Lung
Nierenprobleme	Bäken
Panikattacken	Lung
Probleme, emotionale	Lung
Pünktlichkeitswahn	Tripa
Rachenschwellungen	Bäken
Rechthaberei	Tripa
Reizdarm	Lung
Rheuma	Lung
Rückenschmerzen, chronische	Lung
Schlafstörungen	Lung
Schlafsucht	Bäken

Schleimabhusten	Bäken
Schweratmigkeit	Bäken
Schwindel	Lung
Schwitzen, ständiges	Tripa
Sinusitis, chronische	Bäken
Spannungskopfschmerzen	Lung
Stimmungsschwankungen	Lung
Stoffwechselstörungen	Bäken
Störungen, psychosomatische	Lung
Stumpfheit, geistige	Bäken
Tinnitus, Hörsturz	Lung
Trägheit	Bäken
Übergewicht	Bäken
Unberechenbarkeit	Lung
Unfähigkeit zu entspannen	Lung
Unruhe, innere	Lung
Verhalten, klammerndes	Bäken
Verhalten, tyrannisches	Tripa
Verspanntheit, geistige	Lung
Verstopfung	Bäken
Verwirrung, geistige	Lung
Wutausbrüche, plötzliche	Lung
Zysten	Bäken

Anhang

Kontaktstellen für Tibetische Medizin

In Deutschland

Institut für Ost-West Medizin
Löwengasse 1
61348 Bad Homburg
Tel.: 06172 998111
Mail: info@ostwestmedizin.de
www.ostwestmedizin.de
Ärztliche Ausbildung in Tibetischer Medizin seit 1993;
Kurse, Vorträge, Konsultation und Information zu Tibetischer Medizin. Kooperation mit Prof. Pasang Yonten Arya
T. Sherpa.

Praxis für Tibetische Medizin
Sonja Marić
Mariannenweg 48
61348 Bad Homburg
Tel.: 06172 269532
Mail: info@tibetischemedizin-praxis.de
www.tibetischemedizin-praxis.de
Sonja Marić gehört zu den wenigen Europäern, die eine
umfangreiche Ausbildung in Tibetischer Medizin absolviert
haben. Sie praktiziert Tibetische Medizin in Bad Homburg.
Eines ihrer Spezialgebiete ist die Konstitutionsberatung.

Thomas Dunkenberger
Schwesternstr. 6
87733 Markt Rettenbach
Tel.: 08392 1622
Mail: th.dunkenberger@web.de
Einer der wenigen Heilpraktiker, die ausschließlich auf Basis
tibetischer Medizin behandeln und original tibetische Rezep-
turen erstellen. Dunkenberger hält Vorträge und Seminare
über tibetische Heilweisen.

DANA e.V.
Gesellschaft zur Erhaltung tibetischer Kultur und Medizin
e.V.
Otl-Aicher-Straße 21
80807 München
Tel.: 089 44499724
Mail: info@dana-ev.de
www.dana-ev.de
Unterstützt das Tibetische Medizininstitut Men Tsee Khang
in Dharamsala und organisiert Pulsdiagnosen und Gesund-
heitsberatungen durch tibetische Ärzte in München. Vermittelt Patenschaften und organisiert Studienreisen und
Retreats.

Tibet-Kailash-Haus
Wallstr. 8
79098 Freiburg i. Br.
Tel.: 0761 66814
Mail: info@tibet-kailash-haus.de
www.kailash-institut.de
Unter dieser Adresse sind vereint:

- Tibet. Förderkreis e.V.: Vorträge, buddhistische
Gesprächskreise, Studienreisen nach Indien, Tibet,
Nepal, Bhutan
- Tibet-Shop: Versand für Produkte aus dem Tibetischen
Medizininstitut in Dharamsala, z.b. tibetische Tees und
tibetische Räucherstäbchen wie rlung-poe
- Fortlaufend Pulsdiagnosen sowie Gesundheits- und
Ernährungsberatungen durch tibetische Ärztinnen und
Ärzte aus dem Men-Tsee-Khang in Dharamsala, womit
eine sehr gute Beratungskontinuität gewährleistet ist.

World Human Foundation e.V.
Kirchbergweg 13
64287 Darmstadt
Tel.: 05151 208286
Mail: info@worldhumanfoundation.org
www.worldhumanfoundation.org
Im Institut sind regelmäßig tibetische Amchis zu Gast, die
Gesundheits- und Ernährungsberatung anhand von Puls-
diagnosen durchführen. Außerdem: Studienreisen,
Patenschaften, Humane Projekte und Hilfsaktionen

Matthias Steurich
Heidenbergstr. 28
91186 Büchenbach
Tel.: 09171 9892227
Mail: Matthias.Steurich@kum-nye.de
www.kum-nye.de
Matthias Steurich gibt Kurse und Seminare zum tibetischen
Heilyoga Kum Nye. Er ist Autor des Buches und der
Übungs-CD »Wache Stille. Kum Nye – tibetisches
Heilyoga«.

Tibetisches Zentrum e.V.
Hermann-Balk-Straße 106,
22147 Hamburg
Mail: tz@tibet.de
www.tibet.de
Buddhistisches Meditations- und Studienzentrum unter der
Schirmherrschaft des Dalai Lama

In der Schweiz

Padma AG
(Hauptsitz)
Unterfeldstraße 1
8340 Hinwil
Schweiz
Tel.: +41 43 3434444
Mail: mail@padma.ch
www.padma.ch
Ausführliche Informationen zu den Padma-Produkten finden
Sie auf Seite 265 ff.

Praxiszentrum für östliche Naturheilverfahren
Dr. Kalsang Shak
Arbachstr. 56
6340 Baar
Schweiz
Tel.: +41 41 7608135
Mail: dr.shak@hotmail.com
Tibetische Gesundheitsberatung und Akupunktur, Seminare
über tibetische Medizin, tibetische Meditation und Buddhis-
mus.

Tibetan medicine education center – tme
Prof. Dr. Pasang Yonten Arya
rue Basse 12
2013 Colombier
Schweiz
Mail: tme@tibetanmedicine-edu.org
www.tibetanmedicine-edu.org
Ausbildungszentrum des tibetischen Arztes Prof. Pasang
Yonten Arya

Tibetische Mantra-Musik aus der Schweiz
Dechen Shak-Dagsay, Tochter eines tibetischen Lamas, gilt
heute als die erfolgreichste tibetische Mantra-Sängerin des
Westens. Die in der Schweiz lebende Künstlerin gibt Konzerte in der ganzen Welt. Die CDs mit ihren heilenden Mantra-
Gesängen sowie Infos über ihr Leben und ihre Hilfsprojekte
in Tibet finden Sie unter www.dechen-shak.com

In Österreich

Verlag, Bildungszentrum und Onlineshop Bacopa
Waidern 42
4521 Schiedlberg
Österreich
Tel.: +43 07251 22235
Mail: office@bacopa.at
www.bacopa.at
Im Online-Versandshop sind Kräutertees nach original
tibetischer Rezeptur für die drei Grundtypen Lung, Tripa
und Bäken erhältlich. Außerdem: original tibetische
Räucherstäbchen

Informationszentrum für Tibetische Medizin
Dr. Florian Überall
Franz-Stockmayer-Str. 30a
6410 Telfs
Österreich
www.tibetischemedizin.org
Das Informationszentrum erteilt Auskunft über Forschungs-
projekte, Ausbildungszentren, Literatur und Filme, Versand
und Handel von tibetischen Heilmitteln.

In Holland

NSTG, Niederländische Stiftung für Tibetische Medizin
Prinsengracht 200
1016 HD Amsterdam
Niederlande
Tel.: +31 20 6254138
www.tibetaansegeneeskunde.nl
In diesem Institut sind das ganze Jahr über tibetische Ärzte
für Konsultationen und Heilanwendungen anwesend, es
gibt dort eine Apotheke mit tibetischen Heilmitteln.

In Indien

Tibetan Medical & Astro Institute Men-Tsee-Khang
Gangchen Kyishong
Dharamsala-176215
Distt. Kangra, H.P. India
Tel.: +91 1892 223113 oder 223222
Mail: tmai@men-tsee-khang.org
www.men-tsee-khang.org
Das vom Dalai Lama gegründete Medizininstitut ist der
offizielle Sitz der Tibetischen Medizin. Es hat Zweigstellen
in ganz Indien und in Nepal.

Dr. Namgyal Qusar
Qusar Tibetan Healing Centre
P.O. Sidhpur-176057
Dharamsala
H.P. India
Mail: qusarheal@yahoo.com
Der tibetische Arzt betreibt eine große Praxis, in der alle
Krankheiten gemäß der Tibetischen Medizin behandelt
werden.

Ich bedanke mich

An erster Stelle danke ich Dr. Namgyal Qusar, der mir sein fundiertes Wissen zur Verfügung gestellt hat. Dr. Qusar ist Arzt für Tibetische Medizin und Pharmakologie. Er hat über zehn Jahre die Forschungsabteilung des Tibetischen Medizininstituts Men-Tsee-Khang in Dharamsala/Indien geleitet. Seit 2001 betreibt er sein eigenes Qusar Tibetan Healing Centre.
Ebenfalls dankbar bin ich Thomas Dunkenberger für seine wertvolle Kritik. Sie ermöglichte mir oft den entscheidenden Dreh.
Last but not least geht mein Dank in die Schweiz: An das Ehepaar Dechen und Dr. Kalsang Shak und an Dr. Herbert Schwabl von der Padma AG.

Lesenswerte Bücher über die tibetische Heilkunde und Philosophie

Dunkenberger, Thomas: *Tibetische Heilmassage und Moxibustion. Energetisch wirksame Punkte der Traditionellen Tibetischen Medizin für Massage, Moxa und Akupunktur*, Schiedlberg 2013.

Feyerer, Gabriele: *Padma 28 – Tibetische Naturmedizin für Körper und Geist*, Oberstdorf 2012.

Reichle, Franz: *Das Wissen vom Heilen. Die Geheimnisse der Tibetischen Medizin*, Aarau 2012.

Samel, Gerti: *Tibetische Medizin. Diagnosemethoden und Therapien auf einen Blick*, München 2005.

Sogyal, Rinpoche: *Das Tibetische Buch vom Leben und vom Sterben*, Frankfurt 2004.

Steurich, Matthias: *Tibetisches Heilyoga – Kum Nye*, Büchenbach 2006.

Tenzin, Wangyal Rinpoche und Kahn-Ackermann, Susanne: *Den feinstofflichen Körper aktivieren – tibetische Yogaübungen für innere Weisheit und Klarheit*, München 2011.

Tulku Lobsang und Loten Dahortsang: *Lu Jong. Die älteste tibetische Bewegungslehre zur Heilung von Körper und Geist*, München 2010.

Überall, Andrea: *Tibetische Hausapotheke. Die Geheimnisse lebenslanger Gesundheit*, Zürich 2005.

Überall, Andrea und Florian: *Herb- und Bitterstoffe – Rezepte und Anwendungen aus der Tibetischen Medizin*, Aarau 2013.

Inspiriert sein – inspiriert bleiben!

Ruediger Schache: Herzbewusstsein
Wie Liebe und Partnerschaft funktionieren, hängt
von den neun großen Kräften des Lebens ab.
Ruediger Schache benennt 99 motivierende Hand-
lungen für eine neue Ausrichtung unseres inneren
Magneten, zeigt, wie unser Herz wirkt und auf was
es reagiert. Inklusive CD mit Meditationen.
128 Seiten, mit CD, ISBN 978-3-485-02808-0

Ulli Olvedi: Heilmeditationen
Durch die Heilmeditationen aus der tibetischen
Tradition wird tiefe Ruhe erfahrbar und aus der
Entspannung des Geistes entstehen Impulse für
heilende Veränderungen. Inklusive CD mit geführ-
ten Heilmeditationen.
128 Seiten, mit CD, ISBN 978-3-485-01436-6

Lucia Nirmala Schmidt: Atmen jetzt!
Der Atem bestimmt die Qualität unseres Lebens.
Die Übungen im Buch und auf CD helfen, ihn bewusst wahrzunehmen, Sorgen loszulassen und die
eigene Lebendigkeit zu spüren, damit Heilung geschehen kann.
128 Seiten, mit CD, ISBN 978-3-485-01435-9

nymphenburger www.nymphenburger-verlag.de

Ankommen im Reich der Wunder

In tibetischen Exilklöstern in und um Kathmandu leben viele Kinder – Waisen, verlassene Kinder, Mönchsanwärter aus freiem Willen, aber auch Kinder, die von ihren Eltern nach Nepal geschmuggelt wurden, um ihnen dort eine tibetische Ausbildung zu sichern.

In ihrem faszinierenden und mit 108 Fotos reich bebilderten Bericht bringt uns Ulli Olvedi das Klosterleben »von innen« nahe. Einfühlsam erzählt sie vom Alltag der jungen Mönche und Nonnen, erklärt die buddhistischen Lehren und Methoden und sucht Antworten auf so heikle Fragen wie die nach der Sexualität – oder ihrer Zukunft. So gelingt es der Bestsellerautorin, ein feinsinniges Bild »zuversichtlicher Ungewissheit« zu malen, das uns buddhistisches Denken und Fühlen besser verstehen lässt.

Ulli Olvedi
Buddhas Kinder

184 Seiten mit 108 Fotos, ISBN 978-3-485-02805-9

nymphenburger   www.nymphenburger-verlag.de